GUÍA DEL INVESTIGADOR
DE LO PARANORMAL

Mundo MISTERIOSO

SECRETOS DE LO OCULTO

GUÍA DEL
INVESTIGADOR
DE LO
PARANORMAL

Carlos Martin-Parker

Fenómenos extraños
Fenómenos psíquicos
Experiencias extrasensoriales

El investigador de lo paranormal
© Carlos Martin-Parker, 2003, 2004

Diseño de cubierta: Enrique Iborra, P&M
Maquetación: Marc Acochea
Fotografías: archivo Leandro López, archivo Océano Ámbar

© Editorial Océano, S.L., 2004
GRUPO OCÉANO
Milanesat, 21-23 – 08017 Barcelona
Tel.: 93 280 20 20* – Fax: 93 203 17 91
www.oceano.com

Derechos exclusivos de edición en español
para todos los países del mundo.

ISBN: 84-7556-310-4
Depósito Legal: B-11614-XLVII
Impreso en España - Printed in Spain

9000513010304

Nota editorial

Este libro está dedicado a todos aquellos que tengan alguna curiosidad por
los fenómenos paranormales y busquen una guía que les oriente en este mundo
fascinante. Nuestro propósito ha sido mostrar todos los tipos de fenómenos
con los que puede encontrarse el estudioso y darle una serie de pautas
para que no caiga en el engaño.

A la hora de emprender una investigación, si usted no puede proveerse
de los instrumentos científicos más sofisticados, una libreta, una grabadora
y una cámara fotográfica serán suficientes para enfrentarse a un caso. A ello se deben
añadir la buena voluntad y el don de gentes que le abrirán camino hacia los misterios
más enconados.

El libro está dividido en fenómenos psíquicos, señales de la tierra y del universo,
criaturas extraordinarias, fenómenos sobrenaturales y poderes mentales. Abarca pues
todos los campos de una especialidad que se resiste a la comprobación científica,
pero que no por ello deja de impresionarnos con la certeza de sus manifestaciones.
Bienvenido al mundo de lo extraordinario.

Índice

El investigador de lo paranormal se siente atraído por los fenómenos inexplicados. Sin embargo, no busca interferir con estos fenómenos, sino observarlos y estudiarlos en profundidad. Tampoco ansía detenerlos en el tiempo, ni descubrir su verdadero significado. Como espíritu libre, desea escapar de la jaula de los convencionalismos y remontar el vuelo hacia la incertidumbre.

El alquimista ora en el laboratorio para que su alma, como la materia, sea purificada. Grabado de Heinrich Khunrat de 1595.

¿Podemos ser objetivos?

Los fenómenos paranormales desbordan los parámetros de la ciencia. Por lo tanto, no siempre tiene sentido evaluarlos según un criterio de objetividad. En la época moderna, el progreso científico ha traído consigo una transformación sin precedentes en las condiciones de vida de la humanidad, pero un gran número de acontecimientos siguen resistiéndose a todo análisis o clasificación. Estos acontecimientos sólo rara vez pueden reproducirse en el laboratorio, y la demostración científica de su existencia se ve así privada de su prueba fundamental. La investigación de lo paranormal se adentra en este terreno incierto, en un intento por entender y explicar los enigmas del mundo a nuestro alrededor. Sus observaciones y experimentos no abordan la realidad como un panorama de hechos demostrables, o incluso perceptibles, sino que exploran precisamente los resquicios de nuestra percepción, en busca de un atisbo de otras realidades. A lo largo de la historia, la poesía, la filosofía, la locura y la experimentación con las drogas han entreabierto también caminos hacia ese otro mundo que pone en tela de juicio nuestros hábitos mentales.

Los fenómenos paranormales no pueden reducirse a hechos científicos objetivamente comprobables. Tampoco es posible explicarlos mediante creencias y dogmas religiosos, que a menudo los presentan como manifestaciones de la divinidad. El investigador de estos fenómenos debe enfrentarse a su estudio con todo el pragmatismo del pensamiento occidental. Pero este pragmatismo no debe impedirle constatar la realidad de sus hallazgos. No hacen falta demostraciones para comprobar que lo inexplicado nos aguarda fuera del umbral del laboratorio.

En general, los fenómenos paranormales, por su naturaleza extraordinaria, no pueden reducirse a simples hechos científicos.

Algunas pruebas científicas pueden tener su utilidad. En ocasiones, han servido para descubrir las causas de procesos naturales o psíquicos, como el magnetismo o la hipnosis, que en su momento fueron mágicos y hoy forman parte de la teoría científica. Un análisis riguroso nos prestará también un valioso servicio para desenmascarar fenómenos paranormales que en realidad son bastante cotidianos.

CAPÍTULO 1

La investigación de lo paranormal

Fenómenos extraños

El estudio de lo inexplicado abarca distintos tipos de fenómenos extraños. Éste último término engloba los fenómenos paranormales y un amplio rango de fenómenos «normales» que sin embargo resultan insólitos. La conexión esencial entre unos y otros es que no admiten una explicación convencional. Sin embargo, en los últimos años también se han puesto de manifiesto coincidencias significativas entre estos sucesos extraños y la esfera de lo paranormal.

Por ejemplo, muchas personas que han visto objetos voladores no identificados (ovnis) también han protagonizado fenómenos psíquicos paranormales. En algunos casos, estas experiencias han tenido lugar después del primer encuentro con un ovni.

Desde luego, las personas interesadas en los ovnis pueden llegar a interesarse con facilidad en otros fenómenos como las líneas ley o la telepatía, y este interés compartido está en el origen de algunas de sus experiencias. En la práctica, los fenómenos extraños y los paranormales exigen un método similar de investigación. Por este motivo, los estudiaremos agrupados.

Fenómenos psíquicos

Los fenómenos psíquicos tienen origen en la capacidad real o aparente de algunas personas para percibir su entorno sin hacer uso de los sentidos o para alterar este entorno por medios que escapan a los sentidos de los demás. Entre estos fenómenos se incluyen la telepatía, la psicoquinésis, la mediumnidad, las visiones, la psicometría y las curaciones no convencionales como la «imposición de las manos». En general, se trata de habilidades que pueden desarrollar algunas personas, como doblar un cubierto de metal, o bien de sucesos de los que han sido testigos, como las apariciones. Si se trata de una habilidad personal, como predecir el futuro, el fenómeno puede evaluarse mediante un experimento. Si se trata de un suceso presenciado por un testigo, quizá sea posible investigarlo acudiendo al lugar donde ocurrió por primera vez. En este último caso, vale la pena llevar instrumentos para registrar el acontecimiento y estudiarlo siguiendo un método razonable.

Es muy posible que los dólmenes y los círculos de piedra sigan líneas imaginarias de carácter mágico por toda Europa.

Los misterios de la Tierra

Ciertos lugares del planeta encierran misterios que han intrigado durante siglos a los seres humanos. El ejemplo más conocido son las líneas ley, o leys, que pueden trazarse a lo largo de sendas prehistóricas o entre algunos monumentos sagrados. Los arqueólogos han puesto en duda la existencia de tales alineamientos. Sin embargo, numerosos investigadores han intentado encontrarlas y las han dibujado en sus mapas.

Las líneas de Nazca, trazadas en el suelo del altiplano peruano entre los años 200 y 600 d.C., podrían estar relacionadas con una civilización extraterrestre.

En algunos lugares, los investigadores dan fe de fenómenos inusuales, como luces, sonidos o sensaciones extrañas. Algunas personas dicen percibir la presencia de estructuras subterráneas. Esta habilidad psíquica, conocida como radiestesia, es empleada con frecuencia en el estudio de los misterios de la Tierra.

Para estudiar en detalle un área particular, los investigadores catalogan los fenómenos que se registran a lo largo de varios años y recurren a documentos antiguos o a leyendas locales, transmitidas de boca en boca, recopilando sucesos y experiencias paranormales del pasado. También examinan los distintos emplazamientos a través de la radiestesia o empleando instrumentos científicos para comparar objetivamente los fenómenos. Estos estudios establecen si, en efecto, un lugar es más proclive que otro a los fenómenos anómalos.

Ovnis

El avistamiento de objetos voladores no identificados figura entre las anomalías más conocidas por el gran público. A diferencia de otros fenómenos, los ovnis reciben atención en los medios de comunicación gracias a la difundida creencia de que son naves de otros planetas. Esta creencia es tan sólo una entre varias explicaciones. A lo largo de la historia, pueden encontrarse numerosos testimonios acerca de la presencia de objetos aéreos inusuales, que en otras épocas fueron identificados con dioses, espíritus y brujas voladoras. En la actualidad, diversas teorías explican su existencia, pero ninguna tan atractiva para la imaginación popular como la que los vincula con seres extraterrestres.

Los avistamientos de ovnis suelen ser motivo de controversia, con el argumento en contra de la escasa calidad de las fotografías.

Los ovnis son acontecimientos únicos en su género y raramente dejan rastros físicos. Existen áreas geográficas donde los avistamientos son más frecuentes. Sin embargo, es imposible predecir su aparición. Entrevistar a los testigos es el método más eficaz para estudiarlos.

Fenómenos fortianos

El término «fenómenos fortianos» alude a una amplia variedad de curiosidades científicas. Las lluvias de peces, la presencia de animales fuera de su hábitat, las estatuas que lloran y los círculos en las cosechas son algunos ejemplos de estos fenómenos, bautizados así en homenaje a Charles Fort, que se dedicó a documentar acontecimientos ignorados por los científicos porque no tenían explicación.

Los fenómenos fortianos, en general, ocurren «sin avisar». A menudo se informa de ellos después del acontecimiento, y aparecen vinculados a personas o lugares particulares. En ocasiones, se trata simplemente de hechos insólitos con uno o varios testigos (por ejemplo, la presencia de cocodrilos en las alcantarillas de Nueva York), que no dejan rastro alguno. Son acontecimientos raros e impredecibles, y difíciles de investigar, porque es poco probable que se repitan.

El profeta de lo inexplicable, Charles Fort, recopiló más de sesenta mil fenómenos inexplicables, la mayoría de ellos en Estados Unidos. Después de su muerte, las extrañas lluvias «fortianas» que describía en sus libros continuaron: peces, ranas, medusas, telas de araña, monedas flores, granos de maíz y agua de colores.

11

Los métodos de investigación

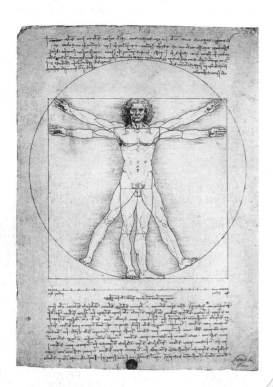

Leonardo da Vinci sitúa las medidas perfectas del hombre de Vitrubio en el centro del Universo. El sabio renacentista nos ha proporcionado una obra llena de símbolos.

El investigador de lo paranormal procura elaborar explicaciones racionales para los fenómenos. Como principio general, es absurdo explicar un fenómeno paranormal a través de otro fenómeno paranormal. Así, decir que una levitación está provocada por un espíritu resulta poco esclarecedor, pues ninguno de los dos fenómenos ha sido explicado con claridad.

Método científico estándar

El método científico estándar consiste en despedazar un fenómeno hasta sus partes más elementales. Se apoya sobre todo en el principio de que todo efecto responde a una o varias causas. La investigación debe ceñirse a una serie de parámetros:

- El objeto de estudio debe permanecer separado del sujeto que lo estudia.
- El investigador debe intentar permanecer neutral ante el resultado del experimento.
- Los fenómenos no pueden estudiarse fuera de su entorno.
- La investigación de un fenómeno consiste en detectar sus causas.
- Las causas se consideran detectadas cuando, reproduciéndolas, se reproduce también el fenómeno.

Buscar una explicación racional no implica limitarse a los métodos científicos. La filosofía contemporánea ofrece visiones alternativas para comprender el mundo a través de la razón, y los propios científicos reconocen las limitaciones de estos métodos en muchos campos. En el estudio del cerebro, por ejemplo, resulta imposible aislar las funciones cerebrales porque todas se encuentran interconectadas. La física cuántica, por su parte, ha demostrado que la sola observación de las partículas atómicas influye en su comportamiento y que, por lo tanto, ni siquiera los físicos pueden ser completamente neutrales.

Fenómenos paranormales y no paranormales

Como punto de partida, el investigador debe establecer si los fenómenos que se propone estudiar son en efecto fenómenos paranormales y descartar todos aquellos que puedan explicarse científicamente como fenómenos naturales o atribuirse a alucinaciones. Por ejemplo, conviene descartar:

■ Fantasías que se presentan como hechos reales, a causa de una alucinación. Las alucinaciones, que se producen por disfunciones en el lóbulo temporal del cerebro son más comunes de lo que pensamos y no se manifiestan sólo a causa de enfermedades, como los tumores o la encefalitis, o en episodios de locura.

■ Visiones relacionadas con el consumo de drogas alucinógenas o el uso de medicamentos anticonvulsivos.

■ Experiencias que se producen en estados de gran nerviosismo o de terror.

■ Las percepciones hipnagóticas (HG) que pueden experimentarse antes de caer en el sueño. En este estado, algunas personas pueden percibir presencias, escuchar voces e incluso tener sensaciones táctiles o corporales (como la impresión de resbalar y caerse). Éstos fenómenos subjetivos están relacionados con el sueño, no con lo paranormal.

■ Percepciones o sensaciones que son fruto de la intuición.

■ Casos de mentira patológica, en los que el testigo de un supuesto fenómeno no sólo miente sino que cree firmemente en sus propias invenciones.

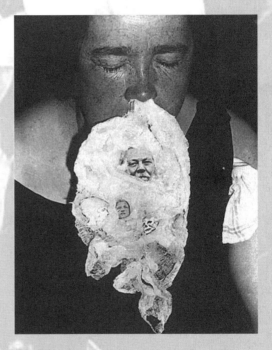

Algunos médiums emiten por los diferentes orificios de su cuerpo una sustancia de origen inexplicado que fluye en la oscuridad, suele ser luminosa y adopta la forma de personas desaparecidas, como sucede en esta fotografía de 1932 titulada «Conan Doyle vuelve con Mary Marshall», de la colección Wm. B. Becker del Museo Americano de Fotografía, presentada en la Douglas Hyde Gallery de Dublín.

La entrevista con el testigo

Las entrevistas con testigos tienen la función de descartar todos estos fenómenos imaginarios. Es recomendable reunir la siguiente información:

- Nombre, dirección, edad, sexo y ocupación.
- Estado de salud. Enfermedades importantes, deficiencias en la vista o en el oído, consumo de medicamentos.
- Estado emocional. El testigo puede estar pasando por un momento delicado, como la muerte de un familiar, tener problemas amorosos o dificultades económicas.
- Nivel cultural. Estudios, lecturas y música favorita.

- Creencias. Es importante conocer sus creencias, y si le interesaban con anterioridad los fenómenos paranormales.
- Interés particular en el caso. Hay que establecer por qué quiere dar a conocer el fenómeno y si lo ha dado a conocer a otras personas.

Si el testigo acepta, puede ser aconsejable someterlo a un análisis psicológico para descubrir factores que pueden pasar inadvertidos durante la entrevista o escapar al cuestionario. Por ejemplo, si es especialmente sugestionable o si es un mentiroso compulsivo.

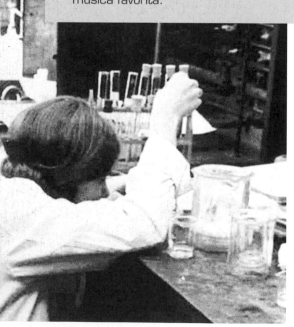

La actitud del investigador

El investigador debe mostrarse neutral y dejar que los testigos expongan sus casos sin juzgarlos de antemano. Debe mantener una actitud abierta y respetar las creencias ajenas, aunque no siempre las comparta. Los testigos no deben conocer su opinión hasta que él mismo haya analizado a fondo el caso.

El investigador, desde luego, nunca puede ser completamente neutral. Pero si parte de sus propias conclusiones, probablemente pasará por alto datos valiosos.

El famoso psiquiatra suizo, Carl G. Jung tuvo un gran interés por los fenómenos ocultos.

Como buen detective, debe respetar la presunción de inocencia, sin ignorar ningún detalle ni descartar ninguna hipótesis.

Empleo de médiums

El empleo de un médium, con mucha prudencia, es uno de los recursos que pueden contemplarse en la investigación. Los médiums son individuos que, supuestamente, pueden acceder a información o experimentar impresiones transmitidas por espíritus (véase Espiritismo). El don de la mediumnidad ha sido estudiado como fenómeno paranormal por derecho propio, y existen opiniones contradictorias sobre la validez de estas actividades. Algu-

nos médiums podrían obtener información imposible de conseguir a través de los sentidos. Sin embargo, introducir un médium en una investigación puede añadir otro «factor desconocido» en una situación llena de variables difíciles de controlar.

En apariencia, algunas revelaciones mediúmnicas podrían ser fruto de la criptomnesia, o memoria secreta, que nos per-

El famoso cazador de fantasmas Harry Price poniendo a prueba al medium austríaco Rudi Schneider.

mite recordar aspectos de nuestro pasado que desconocíamos poseer. Una persona, por ejemplo, puede rememorar acontecimientos que no recuerda haber obtenido en ningún sitio, pero que en realidad proceden de un libro que leyó hace años. Sin embargo, se han documentado casos de médiums que, con muy poca información, pueden localizar objetos o personas desa-

Fotografía tomada por William Hope en 1919 en la que aparecen los esposos Tweedale y el espíritu de F. Burnett, procedente del Museo Americano de Fotografía.

parecidas, además de otras capacidades extraordinarias.

En la mayoría de los casos, no existen motivos evidentes para recurrir a un médium. Se recomienda emplearlos sólo en una etapa avanzada de la investigación, una vez agotados los métodos convencionales. El investigador debe evaluar las revelaciones del médium con cautela y siempre que pueda comprobarlas por su cuenta. Por lo demás, esta información debe ser guardada en informes separados de las demás pruebas.

El Museo Americano de Fotografía

En 1869, William H. Mumler fue acusado de fraude por la presentación de una serie de fotografías de supuestos espíritus. Durante siete días, la corte de Nueva York interrogó a numerosos testigos. Varios fotógrafos aseguraron que eran simples trucos que se podían realizar manipulando las fotos, y el juez admitió no poder demostrar la verdad.

Durante años, los fotógrafos de espíritus fueron perseguidos en Francia, Gran Bretaña y Estados Unidos. Más tarde, para evitar la persecución, las fotografías se tomaban ante testigos. Unos estaban a favor, como Conan Doyle, el creador de Sherlock Holmes. Otros se dedicaron a demostrar el fraude, como el famoso ilusionista Harry Houdini.

Algunas de las fotografías mostradas en este libro proceden de la extraordinaria colección del Museo Americano de Fotografía, fundado hace treinta años por Bill Becker, que ha recopilado más de cinco mil fotografías de finales del siglo XIX y principios del siglo XX.

El fantasma de Cheltenham

Entre 1882 y 1889, un fantasma visitó en varias ocasiones la mansión de los Cheltenham en Inglaterra. El fenómeno fue particularmente importante, pues puso de manifiesto muchas características de las apariciones «clásicas» ante los ojos de varios testigos fidedignos.

El fantasma, descrito como una «dama alta vestida de lana negra», aparecía con frecuencia en el salón, de pie junto a un sofá, y ocultaba parte de su rostro con un pañuelo. Tras permanecer allí algún tiempo, se dirigía a la puerta, entraba en el recibidor y desaparecía, sin responder a ningún intento de comunicación. No todos los presentes podían verla. Caminaba a través de cordones que hubiera movido cualquier roce sin alterarlos lo más mínimo. Cuando alguien intentaba tocarla, desaparecía. Sus visitas solían estar acompañadas de golpes lejanos, pasos ligeros y movimientos en los pomos de las puertas.

Algunos testigos llegaron a tomarla por una persona real. Uno de los fenómenos asociados con su aparición era una brisa helada. Y nunca apareció ante alguien que hubiera acudido deliberadamente a deslumbrarse por su presencia.

Cómo empezar una investigación

La investigación de un fenómeno paranormal es un proceso que comprende varias etapas. En primer lugar, la labor del investigador consistirá en recoger información, empezando por entrevistas con los protagonistas, declaraciones de testigos y fotografías del entorno. Estos informes, similares a los realizados por un naturalista, se complementarán con el uso de instrumentos y la toma de datos. Si una persona no posee los instrumentos necesarios o no sabe utilizarlos, puede remitir sus hallazgos a asociaciones especializadas que se hagan cargo de las etapas siguientes. Si el investigador cree tener poderes mentales, como telepatía o precognición, conviene que se ponga en contacto con escuelas o centros de parapsicología, siempre y cuando se trate de instituciones que realicen experimentos serios.

Por encima del entusiasmo debido, el investigador debe seguir observando las convenciones sociales y obedeciendo la ley mientras progresa en su labor. Es aconsejable tener presentes las siguientes recomendaciones:

- Respetar las peticiones de confidencialidad de los testigos.
- No presionar nunca a un testigo.
- No entrar sin permiso en ningún lugar.
- No llevar consigo especialistas o reporteros sin autorización.
- Mantener con los testigos una relación profesional.
- Documentarse con bibliografía especializada.

Para garantizar la propia imparcialidad, puede ser buena idea hacerse miembro de una asociación que ofrezca formación y consejos sobre cómo conducir una investigación. Son fáciles de encontrar en las grandes ciudades. El contacto con otros investigadores puede enriquecerlo con otras experiencias, y las asociaciones suelen ofrecer posibilidades para publicar nuevos descubrimientos. Si los resultados de su investigación afectan a otras personas, a una comunidad o al mundo en general, es importante que se hagan públicos.

¿Dónde encontrar un caso?

Los fenómenos paranormales suelen aparecer ocasionalmente en los medios de comunicación. Sin embargo, investigar un caso famoso puede acarrear notables dificultades, sobre todo si las personas involucradas quieren serlo también. Es mejor recurrir a amigos y conocidos. Si hacemos correr la voz de que estamos interesados en lo paranormal, oiremos una sorprendente cantidad de historias curiosas. La gran mayoría de los casos son incidentes únicos en su género, y la única manera de acceder a los hechos es entrevistar a los testigos. Conviene empezar la investigación con una libreta o una grabadora en la mano.

La interpretación de los hechos

Nadie reacciona de un modo predecible ante un suceso extraño. Nuestra percepción de los hechos depende de qué conocimientos y creencias tenemos, y esta matizada desde un comienzo por nuestro punto de vista. Cuando presenciamos algo inusual, lo habitual es que intentemos encontrarle sentido acomodándolo a nuestra manera de pensar o relacionándolo con algún incidente similar. Podemos llegar a discutirlo con amigos y parientes, o incluso consultar con algún profesional o experto en la materia, esperando recibir una explicación que mitigue tan perturbadora experiencia. El solo esfuerzo de comprenderlas, por otra parte, puede alterar nuestros recuerdos, y más de una vez llegamos a racionalizarlas hasta el punto de confundir lo que vimos al principio. A veces, nos refugiamos en el escepticismo para escapar de la ansiedad de lo insondable.

El contexto cultural es otro factor determinante en la interpretación de un fenómeno anómalo. En Oriente, la reencarnación está considerada un hecho natural, pero en Occidente resulta inverosímil. De duendes están llenos los bosques húmedos, de espíritus las selvas tropicales, en las casas puede haber fantasmas, termitas o cambios de temperatura que nos hablan a través del crepitar de las maderas. Es aconsejable estudiar la historia local y sus leyendas, y comparar las historias escuchadas con lo escrito en bibliotecas, periódicos y archivos municipales. También conviene preguntar a los testigos sobre sus posibles interpretaciones.

Entrevistando a los testigos

Para adelantarse a las alteraciones de la memoria, las entrevistas con testigos deben llevarse a cabo lo más pronto posible tras la aparición del fenómeno, y se debe hacer un esfuerzo para no condicionar los testimonios con las propias interpretaciones. Aunque parezca evidente que un poltergeist está arrojando piedras en una casa, como investigador no debe manifestar sus conclusiones. Si nos concentramos demasiado en las piedras, podemos pasar por alto, por ejemplo, los efectos eléctricos causantes o causados por el fenómeno.

Desde luego, las entrevistas son un diálogo entre dos, y es inevitable que las palabras del entrevistador influyan en el entrevistado. Si en conversaciones posteriores, el testigo añade a las declaraciones detalles que tienden a confirmar sus hipótesis, debe mostrarse cauteloso. El testigo lo ha consultado como experto y, por consiguiente, hará suya cualquier teoría que le proponga.

Las siguientes indicaciones pueden hacer más productivas las entrevistas:

- Concierte una cita formal y acuda a la hora. Ha de ser amigable, pero también profesional.
- Si es posible, debe pedir a alguien que lo acompañe y actúe como observador mientras formula las preguntas. Aunque sus observaciones sean subjetivas, pueden llegar a ser iluminadoras.
- Explique al testigo el objetivo de su visita. Recalque que quiere investigar el fenómeno para intentar comprender sus causas y que la entrevista no se hará pública sin su consentimiento, salvo usando seudónimos.
- Si el testigo accede, emplee una grabadora. La conversación será más fluida y registrará los hechos con mayor exactitud.
- Una vez anotados los datos personales del testigo, invítelo a describir con sus propias palabras los sucesos que ha presenciado. Evite interrumpir hasta que termine el relato.
- A continuación, intente obtener detalles sobre la hora del incidente, el lugar exacto, las condiciones atmosféricas, la

iluminación, la presencia de otros testigos, etcétera. Este interrogatorio le dará una imagen completa del incidente.

- Cuando acabe de leer este libro podrá hacer preguntas más pertinentes relacionadas con los distintos fenómenos.

Explore las alternativas

Durante las entrevistas con los testigos, se pueden mencionar las probables explicaciones naturales del fenómeno. No es aconsejable hacerlas evidentes, pues parecerá que se ponen en duda los testimonios, sino sugerirlas de manera indirecta: «¿Y durante todo ese tiempo hubo una tormenta eléctrica?» La sutileza es fundamental, pues una conclusión prematura puede acarrear la pérdida de datos importantes. El testigo puede sentir que se desechan sus observaciones porque es demasiado crédulo o está mal informado.

En ocasiones, son necesarias varias entrevistas para esclarecer todos los hechos. Los testimonios pueden cambiar entre una entrevista y la siguiente por fallos en la memoria, o a causa del ansia del testigo por encontrar una explicación. Sin embargo, si los cambios son demasiado notorios, conviene estar alerta ante la posibilidad de un engaño.

En la medida de sus posibilidades, entreviste a todas las personas que presenciaron el acontecimiento. Lo mejor es que el testigo principal le presente al resto de testigos sin revelar de manera inmediata su identidad. Si aceptan una entrevista, trátelos igual que al testigo principal. Aunque en principio se trata de corroborar las declaraciones de éste, quizá emerjan hechos adicionales que iluminen la investigación.

Claves para las entrevistas

- No haga preguntas para obtener las respuestas que desea oír.
- Evite las preguntas que pongan en evidencia sus hipótesis; por ejemplo: «¿Podría haber sido un fantasma?»
- Compruebe si ha comprendido bien haciendo preguntas que aclaren las explicaciones y las resuman; por ejemplo: «¿Dice que tardó diez minutos en ir desde su casa hasta el despacho?»
- Muestre interés de principio a fin y evite distraer al entrevistado con gestos e interrupciones.

Volver sobre las huellas

A estas alturas, el investigador se ha hecho una idea del acontecimiento. Sin embargo, ¿conoce todos los detalles? Cuando se informa a la policía de un accidente de coche, los agentes suelen recorrer el terreno en busca de marcas de neumáticos u otros indicios. En más de un sentido, verse involucrado en un accidente es como presenciar un fenómeno extraño. Los testigos se encuentran a menudo conmocionados por una experiencia ajena a su vida cotidiana, y no logran recordar ciertos detalles ni establecer el orden de los sucesos. Una visita al lugar de los hechos puede esclarecer con más precisión lo que ocurrió y lo que no ocurrió.

Supongamos que un testigo declara que un ovni cruzó la carretera por encima de su coche cuando atravesaba un pinar. Al visitar el lugar del suceso, el investigador puede descubrir que no hay un solo pino en varios kilómetros a la redonda. Los acontecimientos, en tal caso, probablemente no se ciñan a la declaración. Quizá el testigo esté confundido o el avistamiento se produjo en otro punto de la carretera. Si el testigo accede, regrese con él al lugar donde se supone que tuvo lugar el incidente. Si el escenario es tal como lo ha descrito, sus declaraciones adquirirán credibilidad adicional y se podrá continuar la investigación.

Fecha y hora

Antes de visitar el escenario de un suceso, es fundamental precisar el momento exacto en que tuvo lugar. Puede que a la misma hora se diera otro acontecimiento en los alrededores que explique el fenómeno en cuestión. Muchas observaciones recientes de ovnis se debieron a conciertos o celebraciones que utilizaban rayos láser.

El estado del firmamento en el momento de una aparición ovni es crucial. El objeto volador no identificado podría ser un meteoro, un satélite o incluso un planeta. Si no se establecen las circunstancias precisas, el avistamiento tendrá poca credibilidad. Aunque ningún aficionado a la astronomía confundiría Venus con un ovni, a alguien menos informado le puede pasar.

El lugar de los hechos

Cuando visite el lugar de los hechos, siga este procedimiento:

- Dibuje un plano, a ser posible a escala. Tal vez necesite cinta métrica y compás. En el caso de un lugar al aire libre, puede emplear un mapa detallado.
- Señale en su plano todo lo que encuentre. Sitúe luego la posición de los testigos y el lugar o el recorrido preciso del fenómeno.

- Registre si es probable que el suceso haya sido presenciado por otras personas, ya sean vecinos, peatones, conductores, etc.
- Si es pertinente, coloque un anuncio discreto en un diario o una tienda local para buscar otros testigos. Si no comparece nadie, revise otra vez sus testimonios. Una aparición que se pasea a la luz del día por una plaza abarrotada tiene que haber sido vista por más de una persona. Si no es así, pregúntese por qué.
- Haga fotos de todos los puntos importantes. Ponga un objeto de tamaño reconocible en un ángulo de la imagen para indicar la escala. Filme toda la escena desde ángulos diferentes y haga tomas de puntos particulares.

- En el caso de un fenómeno que quizá haya dejado marcas, como por ejemplo, huellas de pezuñas, fotografíe todos los lugares donde podrían estar estas marcas aunque no pueda verlas en ese momento. Es posible que obtenga indicios posteriores al examinar la foto revelada.

- Recorra todo el lugar una vez más. Intente escenificar mentalmente el incidente original, en lo posible a la hora del día en que se presentó el fenómeno. Puede que descubra objetos o pormenores ausentes en los testimonios o en su primer examen del lugar. Si el testigo está presente, estos objetos pueden ayudarle a recordar más detalles.

Reconstrucciones

En ocasiones, la reconstrucción de un fenómeno en el lugar de los hechos puede concluir la investigación. Supongamos que una o varias personas han escuchado ruidos y gemidos en una casa en ruinas. El investigador puede descubrir que, algunas noches, el viento sopla a través de las ruinas en una dirección particular.

Este tipo de detalles sólo pueden apreciarse visitando el lugar de los hechos. En general, es recomendable realizar varias visitas. Un ruido un olor extraño puede deberse a la presencia de animales o a las características de la vegetación. También la luz puede producir efectos extraños, en un momento dado del día o en ciertas épocas del año.

Si de sus entrevistas ha conseguido extraer una explicación racional de un fenómeno extraño, la reconstrucción le servirá para ponerla a prueba. Si la criatura desconocida que ha espantado a su testigo se parece a la sombra de un gato o un perro, recorte una figura de cartón y colóquela donde el testigo dice haberla visto. Sitúese luego en la posición del testigo y observe con atención. Quizá la aparición haya sido el resultado de una ilusión óptica.

Revisando los antecedentes

Las entrevistas con testigos y la reconstrucción del suceso son las principales fuentes de información de un caso. Sin embargo, hay otros factores que vale la pena considerar. En el lugar de los hechos pueden haber ocurrido sucesos similares al investigado, lo cual sugeriría que estamos ante un fenómeno real, o al menos que los testigos no mienten. Si se hubieran visto en el mismo sitio fenómenos diferentes también

tural. En una mina abandonada, las corrientes de aire pueden causar ruidos extraños, identificados equívocamente con fantasmas. Si se producen hundimientos en los túneles y algunos objetos resbalan sin causa aparente, seguramente oiremos hablar de poltergeist.

sería de gran interés, pues nos indicaría que algún factor desconocido está en el origen de un amplio rango de acontecimientos, o bien que la «reputación» del lugar estimula la autosugestión.

Compruebe si los sucesos registrados anteriormente podrían ser diferentes interpretaciones de un mismo fenómeno na-

Si decide cotejar las declaraciones de sus testigos con vecinos, con la prensa local o con la policía, asegúrese de no comprometer su derecho a la confidencialidad. Busque coincidencias con fenómenos anteriores en bibliotecas y sociedades históricas. Utilice Internet y haga servir los buscadores para encontrar noticias parecidas.

No es oro todo lo que reluce

Por desgracia, los investigadores de lo paranormal son a menudo víctimas de engaños. En épocas pasadas, mucha gente temía dar a conocer una experiencia paranormal por temor a que se los tildara de locos. Hoy en día, la sociedad en general tiene actitudes más abiertas, y no falta quien quiere hacerse famoso contando historias raras.

Las personas que inventan experiencias con este propósito tienen poco que perder. Si alguien los denuncia, siempre pueden argumentar que querían poner en evidencia la credulidad de los investigadores, los medios de comunicación o el público en general. Es recomendable tener presentes las siguientes consideraciones:

Cómo reconocer un caso falso

El indicio más habitual de un caso falso es que, como dice el refrán, es «demasiado bueno para ser verdad». Como sabe cualquier investigador con experiencia, los casos «buenos» son excepcionales, y los fenómenos paranormales rara vez pueden registrarse con métodos tan sencillos como una filmación en vídeo. Si alguien le ofrece el vídeo de un «fantasma», empiece a sospechar que están tratando de tomarle el pelo o de darse notoriedad.

- Si las pruebas son demasiado perfectas y la investigación avanza con excesiva fluidez, no está de más redoblar las precauciones. Siga investigando, pero manténgase alerta.

- Evalúe las motivaciones de sus testigos. Algunas personas son capaces de hacer cosas extraordinarias con tal de llamar la atención. Si a su testigo le entusiasma la idea de salir en televisión, mantenga las distancias.

- Las evasivas en las entrevistas, las imprecisiones y las alteraciones en los testimonios son también factores significativos. En caso de dudas serias, pida a los testigos que firmen sus declaraciones. Quizá rehusen hacerlo si han falseado premeditadamente el caso.

Explicaciones naturales

Por supuesto, los testigos de un caso también pueden engañar sin querer al investigador. Un gran número de fenómenos extraños tiene origen en causas bastante comunes. A continuación, mostramos algunos ejemplos clásicos:

- **Fenómenos físicos:** El movimiento de uno o varios objetos puede deberse a temblores de la tierra de origen geológico; los ruidos extraños, al viento o a las corrientes de aire; las luces raras, al efecto de la aurora; los fallos de corriente, a la electricidad de la atmósfera.

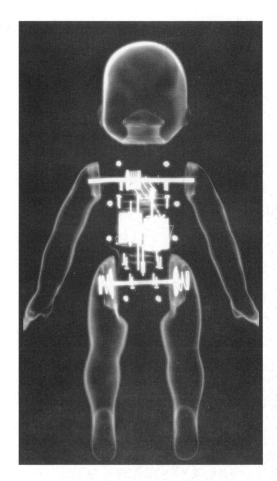

- **Animales misteriosos:** Si el motivo de la investigación es un animal misterioso, consulte con el zoo local y con los coleccionistas de animales de la región para comprobar si echan de menos algún ejemplar.

- **Acontecimientos traumáticos:** Los acontecimientos traumáticos en el trabajo, la salud o la vida afectiva pueden condicionar seriamente las declaraciones de un testigo. Investigue, siempre con sutileza, si sus testigos se encuen-

Tipos de alucinaciones

Autiditivas: Percepción falsa de sonidos, palabras o voces, que puede provenir de dentro o de fuera de la cabeza. Son las más frecuentes en los trastornos agudos psiquiátricos.

Táctiles: Sensación de que alguien nos toca o algo se mueve bajo nuestra piel. Entre las más comunes figuran los hormigueos y las descargas eléctricas.

Somáticas: Percepción de dolores, punzadas o cosquilleos sin causa física en una parte del cuerpo. Sensación de electricidad.

Olfativas: Percepción de olores inexistentes, por ejemplo a pescado podrido o a goma quemada.

Visuales: Percepción de imágenes inexistentes en la realidad. Entre las más corrientes figuran personas fallecidas, dioses o demonios, monjes, animales demoniacos, sombras, sillas danzantes, objetos voladores, seres de otros mundos y humanoides de diferentes tipos.

Gustativas: Percepción de sabores inexistentes, casi siempre desagradables, que pueden deberse, como los olores, a algún problema psíquico o neuronal.

tran en situaciones traumáticas o estresantes de algún tipo.

■ **Medicamentos:** Algunos medicamentos pueden alterar nuestras percepciones e incluso provocar alucinaciones. Por este motivo, es importante averiguar si los testigos consumían algún medicamento en la época en que se produjeron los acontecimientos. Si sus preguntas despiertan suspicacias, diga que forman parte de un cuestionario estándar.

■ **El entresueño:** En los estadios intermedios entre la vigilia y el sueño, algunas personas pueden padecer alucinaciones. Si la experiencia relatada por el testigo tuvo lugar en este estado, puede ser bastante difícil de corroborar.

El engaño de los sentidos

Las alucinaciones y las fantasías de los testigos son otra fuente frecuente de engaños involuntarios. Como se ha mencionado antes, las primeras no están siempre asociadas a la esquizofrenia u otras enfermedades y son mucho más comunes de lo que cabría suponer. El deterioro del córtex cerebral, los daños en los lóbulos temporales, las alteraciones vasculares y los fallos sensoriales son algunas de las causas clínicas de las alucinaciones. Sin embargo, éstas pueden ser también la consecuencia de una fiebre alta, la falta de sueño, agua o comida o el consumo de bebidas alcohólicas. Una descarga continuada de demasiadas imágenes o sonidos, o la privación extrema de los mismos, puede producir también episodios alucinatorios.

En principio, tanto las alucinaciones como las fantasías son errores de interpretación, que atribuyen realidad a ciertas percepciones equívocas de los sentidos o a ciertos estados de la mente. Quizá reconozcamos desde lejos a un amigo al pasar cerca de su casa, aunque la persona en cuestión sólo sea un paseante desconocido. La percepción equívoca puede atribuirse a un parecido físico o a la familiaridad del lugar, y el error de interpretación, que toma esta distorsión por la realidad, se conoce como fantasía o ilusión. Si, en lugar del desconocido, los otros transeúntes ven tan sólo la calle vacía, estamos siendo víctimas de un episodio alucinatorio. No interpretamos ya erróneamente los datos de los sentidos, sino que los inventamos y percibimos una presencia que no está allí.

Las alucinaciones sitúan en el mundo exterior el origen de imágenes y sensaciones provenientes del interior. Sin embargo, el mecanismo por el cual una persona alucinada percibe ciertas imágenes y sensaciones específicas, y no otras, sigue siendo un misterio. El hecho de que algunas visiones particulares se presenten en individuos de entornos y culturas diferentes ha llevado a vincularlas con estados alterados de la conciencia, en los que hipotéticamente podríamos acceder al ámbito de los arquetipos o al inconsciente colectivo. Las alucinaciones, después de todo, han sido asociadas en otras épocas a apariciones del más allá y mensajes del demonio, o, en el caso de los místicos, a trances en los que podríamos contemplar a Dios. Algunos estudios recientes han intentado plantear una conexión más sutil entre estas visiones y la memoria de vidas anteriores o el contacto con seres de otros mundos. El investigador de lo paranormal debe abordar con la máxima cautela estos engaños de los sentidos. Sin embargo, los interrogantes acerca de su naturaleza profunda permanecen abiertos.

Un fraude histórico

A lo largo de la historia, la investigación de lo paranormal ha tropezado con fraudes de mayor o menor envergadura. Uno de los más inquietantes fue el del «Experimento Filadelfia», un supuesto experimento ultrasecreto realizado por la marina estadounidense en 1943. La información sobre el caso provenía en su totalidad de dos cartas de un testigo que firmaba alternativamente como Carlos Allende y Carlos M. Allen. El destinatario de las cartas era el profesor de matemáticas y astronomía Morris Jessup, científico que había estudiado las ruinas prehispánicas de los mayas y de los incas. Jessup había publicado en 1955 *El caso de los ovnis* (México, 1956), un clásico de la ufología en el que argumentaba que los grandes monumentos de las viejas culturas americanas habían sido construidos con tecnología extraterrestre. También animaba a sus lectores a exigir que el gobierno estadounidense financiara investigaciones sobre la teoría del campo unificado de Einstein, que, en su opinión, encerraba la clave de los sistemas propulsores de los ovnis.

Según las hipótesis de Jessup, la creación de un campo de energía unificado permitiría construir vehículos que se desplazaran a las velocidades inimaginables de los ovnis. Tras la publicación de su libro, el profesor recibió una carta de Allende, en la que este último le informaba de que, de hecho, estos experimentos ya habían sido puestos en práctica. La evidencia era el Experimento Filadelfia, que en 1943 había conseguido teletransportar de un muelle a otro el buque de guerra *Eldridge* de la marina estadounidense. Allende, según él mismo, había presenciado el experimento desde otro barco, e incluso había llegado a meter una mano en el campo unificado de energía que había hecho desaparecer el buque ante sus ojos. El experimento, dirigido por un científico llamado Franklin Reno, había sido todo un éxito, salvo por los efectos secundarios padecidos por la tripulación del barco. Al-

Carlos Allende, el hombre que reveló con sus cartas el Experimento Filadelfia.

Destructor Eldridge, que desapareció unos instantes del mundo real en 1943, durante el Experimento Filadelfia.

gunos marinos habían muerto, otros habían enloquecido y unos cuantos seguían recayendo en la invisibilidad.

El profesor Jessup pidió a Allende alguna prueba de sus afirmaciones. El testigo citó un incidente ocurrido en Filadelfia, en el que, poco después del experimento, un grupo de marinos del Eldridge había provocado un escándalo desapareciendo repentinamente en un bar. El suceso podía haberle servido de inspiración a J.R. Tolkien, que acababa de escribir *El Señor de los Anillos*, pero es muy poco probable que éste creyera en los fenómenos paranormales, siendo como era un ferviente católico. Por lo demás, tampoco es muy probable que Carlos Allende hubiera leído el libro, y estando como estaba enfrascado en cosas mucho más serias y peligrosas se ofreció a ser interrogado bajo los efectos del suero de la verdad. El incidente del bar había sido registrado en un diario de Filadelfia, pero no se sabe si Carlos llegó a declarar en presencia de Jessup. Las investigaciones del profesor, entre tanto, habían llegado a conocimiento de la Marina estadounidense, que en 1955 recibió por correo una copia de su libro con anotaciones que sugerían un conocimiento detallado de los ovnis. Jessup fue llamado a comparecer por el comandante George W. Hoover y el capitán Sidney Sherby, de la unidad de Proyectos Especiales de la Marina. Sin embargo, el interés de estos oficiales en la teoría del campo unificado de energía y los posibles experimentos de Jessup nunca fue reconocido por el gobierno. En 1959, el profesor apareció muerto dentro de su coche, con el tubo de escape conectado al interior por una manguera. El testigo Carlos Allende desapareció sin dejar rastro.

El misterio del buque Eldridge, que en otro experimento habría sido teletransportado desde Filadelfia hasta el muelle de Newport, desató toda una serie de especulaciones y fue el tema de un libro de Charles Berlitz, autor de *El triángulo de las Bermudas* (1974). La verdad del caso nunca pudo establecerse, probablemente porque todos los involucrados habían mentido en mayor o menor grado.

Se cree que Carlos Allende murió en 1986, en una residencia de ancianos de Colorado, donde pasó sus últimos años.

Cómo dejar constancia de un caso

Para dejar constancia de un caso es recomendable seguir un procedimiento estándar. En primer lugar, identifique en las declaraciones de los testigos todos los incidentes aparentemente extraños, señalando por qué podrían ser manifestaciones de un fenómeno paranormal. Describa luego estos incidentes en un lenguaje sencillo, evitando clasificaciones e ideas preconcebidas. «La señora Q vio un fantasma del siglo XVII», es una afirmación contundente pero imprecisa. «La señora Q creyó ver una figura vestida con un traje del siglo XVII que atravesaba su sala de estar» es una descripción más exacta que no contiene etiquetas ni interpretaciones.

Cuando haya concluido esta descripción, pregúntese qué circunstancias excluyen una explicación natural. Si la señora Q, por ejemplo, estaba sola, con las puertas y las ventanas cerradas, no es probable que otra persona hubiera entrado en la casa. Cerciórese de que realmente estaba sola y las puertas y las ventanas estaban realmente cerradas.

Otro elemento a considerar en este caso sería el atuendo del siglo XVII. ¿Cómo sabe el testigo que pertenece al siglo XVII? ¿Viste como en las películas de esa época? ¿Puede circunscribirlo a alguna década de ese siglo? ¿Tiene sentido la descripción? Es decir, ¿cuántas personas se pondrían hoy en día una casaca y unas calzas como las que ha descrito la señora Q? Compruebe si hay espejos o superficies

Lista de comprobación de preguntas personales

La siguiente lista se refiere a factores que pueden alterar las percepciones de un testigo. En capítulos posteriores se mencionarán otras preguntas relacionadas con fenómenos específicos.

- ¿El testigo tiene un empleo fijo? ¿Cambia de empleo con frecuencia? ¿Está sin trabajo?
- ¿Tiene deficiencias en la vista o en el oído? ¿Tiene alergias o sufre epilepsia? ¿Toma tranquilizantes o medicamentos?

- ¿Cuál es su actitud ante los fenómenos paranormales? ¿Le interesaban antes del incidente?
- ¿Ha pasado recientemente por una experiencia estresante, como un divorcio o la pérdida de un familiar?
- ¿Ha referido el caso a otras personas o a los medios de comunicación?
- ¿Ha tenido otras experiencias paranormales?

que hayan podido reflejar una imagen, procedente, por ejemplo, de un televisor.

El registro de un posible fenómeno debe incluir la mayor cantidad posible de detalles:

- Anote la fecha y la hora, la duración del fenómeno, su posición exacta, las condiciones atmosféricas, la iluminación y la temperatura del lugar.
- Averigüe qué estaba haciendo el testigo cuando ocurrió el suceso y qué pudo haberlo distraído.
- Establezca las características principales del fenómeno: color, tamaño, olor, distancia, velocidad, volumen, expresión y sensaciones del testigo. Compare las dimensiones del fenómeno con un objeto común.
- ¿Dejó el fenómeno algún rastro físico que pueda analizarse? ¿Hay algún vídeo u otra grabación?

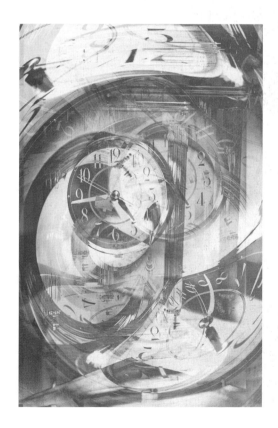

Instrumentos científicos

A lgunos fenómenos paranormales pueden registrarse con aparatos comunes, como una grabadora o una cámara de vídeo. Sin embargo, también existen instrumentos diseñados especialmente para captar señales que pasan inadvertidas a los sentidos y a los registros mecánicos convencionales. El objetivo de estos inventos es amplificar los sonidos y dar mayor nitidez a las imágenes asociadas a un fenómeno paranormal, para hacerlas perceptibles a los sentidos.

Clasificación

Instrumentos más comunes empleados en la investigación:

- **Aparatos comunes**
  Grabadoras, vídeos, vídeos de infrarrojos (para grabar en la oscuridad).

- **Medidores y detectores**
  Contadores Geiger (miden la radiación), magnetómetros (miden el mag-

Contadores Geiger

netismo), detector pasivo de infrarrojos PIR (detecta todo desplazamiento que se produzca en un lugar), detector de iones (mide el nivel de energía estática en una habitación)

Instrumentos meteorológicos

Los instrumentos meteorológicos más utilizados son el anemómetro, que mide la velocidad del viento; el barómetro, que registra la presión del aire; el higrómetro, que mide la humedad de la atmósfera, y el termómetro electrónico, que mide cualquier cambio de temperatura

El psicofón

El psicofón, desarrollado por Frank Seidl entre 1972 y 1974, es un instrumento diseñado para registrar los ultrasonidos o psicofonías con que pueden manifestarse las apariciones paranormales. El Psyvox2, diseñado por Guy Gruais, combina el invento original con un receptor de onda media de baja selectividad.

Amplificadores de Gruais

Guy Gruais diseñó también el Amplimicro, un amplificador para micrófonos que captan ultrasonidos, y el Amplivídeo, que aumenta el grado de nitidez de las imágenes de vídeo.

El Spiricom

A principios de 1960, George W. Meek y Paul Jones diseñaron un aparato electró-

El alma torturada de lady Brown, en realidad Dorothy Walpole, fotografiada mientras desciende por las escaleras de Raynham Hall.

nico para contactar con técnicos e ingenieros fallecidos conocido como Spiricom. En su laboratorio diseñaron también otros instrumentos, como un dispositivo electrónico para combatir la artritis.

El generador de campos

El generador de campos es un aparato que produce ultrasonidos con frecuencias que oscilan entre 2'5 y 1.700 kHz con el fin de combinarse con las psicofonías y hacerlas audibles mediante la resonancia. Fue desarrollado por Hans Otto Köning, licenciado en electroacústica que intentaba demostrar precisamente la inexistencia de las psicofonías. Para su sorpresa, su invento captó estos mensajes auditivos con gran claridad. Köning se convirtió en un investigador de las psicofonías, entre las que encontró mensajes de su madre fallecida.

- **La cámara para fotografiar espíritus**
  El espiritista científico brasileño Hernani Guimaraes Andrade diseñó una curiosa cámara cuyo funcionamiento

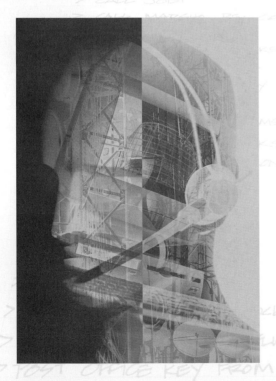

consiste en intensificar las radiaciones que emiten los espíritus para después registrarlas mediante una cámara convencional. El aparato consta de un oscilador magnético de alta frecuencia, un sistema para alterar la temperatura ambiente, un sistema de iluminación y una cámara fotográfica.

El equipo del investigador

El investigador de lo paranormal debe tratar de proveerse de la mayor cantidad y variedad posible de medidores, detectores y dispositivos. Sin embargo, no todos los casos exigen instrumentos sofisticados, y en caso de no tenerlos, se puede recurrir a un especialista. El equipo básico para las investigaciones debe incluir los siguientes elementos:

- Una cámara fotográfica, automática o manual, aunque en este último caso es muy importante prestar atención a los enfoques y las lentes para no crear efectos involuntarios en las imágenes. Las modernas cámaras digitales facilitan mucho el trabajo informático posterior de montaje y búsqueda de fenómenos invisibles a simple vista.
  Aunque hasta no hace mucho era preferible tener un equipo de revelado en casa, actualmente conviene tener un ordenador y programas de tratamiento de fotografías.

- Una cámara de vídeo, a ser posible digital. Las cámaras digitales ofrecen la ventaja de que permiten examinar más tarde el material en el ordenador. Sin embargo, también tienden a «crear» reflejos que pueden confundirse con fantasmas inexistentes.

- Una grabadora, a ser posible digital, para poder analizar los sonidos mediante el ordenador. En caso de que no esté a su alcance, es suficiente una pequeña micrograbadora de bolsillo de alta calidad. Controle la duración de la batería.

- Un juego de termómetros, para comparar las temperaturas en distintos puntos, por ejemplo, en el interior y el exterior de una casa. Existen algunos modelos de costo moderado que permiten registrar la hora en que se producen cambios de temperatura intempestivos.

- Si la investigación se realiza con ayuda de otras personas, es importante contar con un sistema de comunicaciones. Los teléfonos móviles son útiles, pero a menudo pueden causar y padecer interferencias electromagnéticas. Lo mismo ocurre con los transmisores de radio. Los sencillos buscas empleados por los médicos pueden ser una buena alternativa.

- Un juego de linternas con abundante provisión de baterías. Una lámpara de luz roja puede resultar también muy útil, pues no interfiere con la visión nocturna. El juego debe in-

cluir al menos una linterna fluorescente.

- Un cuaderno de notas para registrar las impresiones personales inmediatas acerca de los sucesos. Aunque se trate de notas sueltas, estas observaciones pueden ser muy valiosas para el análisis posterior.

- Una brújula y un GPS, para situarse exactamente y descubrir alteraciones electromagnéticas

- Si se anticipa una espera prolongada (la mayoría de los fenómenos suelen hacerse esperar), es importante contar con provisiones de agua y comida y con almohadas o cojines para sentarse en el suelo. También hay que llevar siempre ropa abrigada, aunque no lo requiera la estación.

Anomalías fotográficas

se usan adecuadamente, y todos podemos olvidar un detalle que nosotros mismos hemos fotografiado. También existe la posibilidad de que la anomalía sea producto de un fraude deliberado.

Para empezar, trate de identificar por su cuenta qué tiene de extraña la fotografía. Si no consigue precisarlo, pídale al testigo que se la ha entregado que describa lo que cree percibir. Quizá haya visto un rostro o una silueta donde sólo había una mancha o un juego de luces. Algunas personas perciben una cara en la luna llena. El cerebro humano tiende a buscar figuras y patrones familiares donde en ocasiones no

Las anomalías fotográficas son frecuentes dentro de la investigación de lo paranormal. Algunas ponen en evidencia objetos que no eran perceptibles a simple vista en el momento de tomar la fotografía, o que por lo menos nadie recordaba que estuvieran allí. Entre los ejemplos más comunes está la imagen de una persona de más en una foto de grupo o la presencia de rayas o siluetas coloreadas.

Como en otras situaciones, el primer paso de la investigación es determinar si la anomalía tiene un origen natural. Las cámaras de fotos se estropean y no siempre hay más que formas aleatorias. Por otro lado, una foto revelada es bastante diferente de una imagen de la realidad.

El ojo humano registra una gama de matices mucho más amplia que la película fotográfica. Una sombra tenue bajo una ventana puede convertirse en una forma negra en el papel de revelado. Las fotos, además, congelan la acción, y pueden registrar contornos y figuras apenas perceptibles a través de la lente. En las filmaciones de vídeo, estas «figuras» pasajeras, a menudo imaginarias, aparecen y desaparecen con igual facilidad que en la realidad.

Los espejos y las superficies reflectantes están a menudo en el origen de este tipo de anomalías. Un vaso de vidrio o el ángulo de una ventana que ni siquiera aparecen en una foto pueden reflejar una imagen inesperada. Asimismo, el reflejo de un objeto puede parecer más pequeño o más grande de lo que es en realidad, y desproporcionado en relación con los objetos circundantes.

Un análisis cuidadoso permitirá distinguir un accidente fotográfico del rastro de un fenómeno paranormal. Las anomalías fotográficas, en este sentido, se dividen en tres categorías principales:

■ **Anomalías accidentales**

La mayoría de las anomalías fotográficas son fruto de la casualidad. Entre los problemas más frecuentes aparecen:

1. Focalización

Una esquina borrosa en el ángulo de visión de una cámara puede producir formas extrañas e irreconocibles. El uso del enfoque automático puede resaltar un elemento situado en un plano distinto del elegido por el fotógrafo, que por lo tanto es invisible para sus ojos. En las cámaras sin enfoque, que funcionan con un gran angular fijo, los objetos sólo resultan nítidos a cierta distancia, pero si la foto se toma de cerca pueden distorsionarse y deformarse.

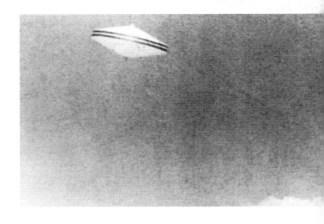

Avistamiento de un ovni en California. La foto podría haber sido manipulada.

2. El visor

La mayoría de las cámaras para aficionados son modelos «compactos» que funcionan con un visor situado por encima del objetivo de la cámara. Por lo tanto, el encuadre no coincide con el que luego aparece retratado, y puede sorprendernos hallar detalles que no recordábamos.

En las cámaras SLR o réflex, el fotógrafo ve la escena a través del objetivo y el resultado es igual al que se vio a través del visor. Una particularidad de estas cámaras es que la lente se abre cuando se toma la fotografía: el fotógrafo, en consecuencia, se queda «ciego» en el instante de la exposición y no puede percibir los cambios en la imagen.

Los fotógrafos profesionales saben que tienen que estudiar muy bien la imagen del visor para asegurarse de cómo será la imagen que aparezca en la fotografía. Los cables inesperados que emer-

3. El flash

Las cámaras comunes cuentan con un flash incorporado que opera automáticamente cuando hay poca luz. Aunque muchos usuarios creen que con uno de estos flashes puede fotografiarse la capilla Sixtina, en realidad sólo iluminan los objetos situados a tres o cuatro metros, aunque existen flashes mejores que iluminan incluso a ochenta metros y se pueden utilizar focos para distancias más largas.

gen de las cabezas o los contenedores de basura que estropean los paisajes son ejemplos típicos de las dificultades de los aficionados para «ver» lo que tienen en realidad ante los ojos. Y de la misma manera que pueden borrarse, se pueden añadir con un ordenador.

Aparte de su escasa potencia, los flashes pueden crear también efectos desconcertantes si algo cercano a la cámara se coloca sin querer delante del objetivo. Éstos pequeños estorbos pueden convertirse en manchas desenfocadas que pueden parecer fantasmas.

4. Reflejos ópticos

Otro tipo de accidentes frecuentes son los borrones o halos de luz que aparecen por encima de los protagonistas de una foto. Su origen son los reflejos internos que se producen dentro de la cámara cuando la fuente de luz se refleja en la lente. Se trata de un fallo común ente los fotógrafos aficionados, que puede producir «anomalías» bastante convincentes. Observe la foto en cuestión para deducir dónde están las fuentes de luz y compruebe si los borrones son sombras desenfocadas.

■ Anomalías deliberadas

En ocasiones, el fotógrafo puede crear efectos extraños en una imagen, bien con el propósito de engañar o para realizar un experimento. Entre los más típicos, está la yuxtaposición de dos o más imágenes en una fotografía. Esta alteración, conocida como doble exposición, puede producirse accidentalmente dentro de la cámara o durante el proceso de revelado. Si se eligen con cuidado las imágenes y se manipulan convenientemente, es posible obtener un resultado sorprendente.

Detectar una doble exposición deliberada es difícil. El análisis de los negativos o las transparencias originales ayuda a determinar si se trata de una manipulación de laboratorio. Todo el material fotográfico original debe exa-

Anomalías típicas

- **Manchas blancas:** La foto presenta áreas blancas definidas que aparentemente no están causadas por luz externa a la cámara.
- **Manchas difusas y arcos blancos y azules:** La imagen presenta manchas estriadas o brochazos de estos colores que sugieren movimiento.
- **Imágenes intrusas:** En la foto aparecen objetos extraños como esferas de colores y en algunos casos personas que no estaban presentes en el momento de la toma.

minarse con detenimiento, incluidas las otras fotografías del carrete, y sobre todo cualquier toma lateral. Este examen puede identificar fallos de la cámara o en el revelado, y contribuye a contextualizar la imagen. Compruebe si hay otras tomas de la misma escena y si aparece en ellas la anomalía. Averigüe si el fotógrafo conoce a fondo su oficio.

Si la fotografía en cuestión es de inferior calidad a las otras, es muy probable que haya habido un intento de disimular la manipulación. La pobreza técnica, identificada con el realismo, es hoy en día una convención del estilo documental.

Un fotógrafo experimentado puede también alterar la perspectiva y la escala de una imagen usando diferentes ángulos y objetivos. Los teleobjetivos acercan objetos lejanos, y los grandes angulares reducen de tamaño los cercanos. Según el ángulo de la foto, una persona puede parecer más alta o más baja de lo que es. Usando una velocidad lenta puede recrearse el movimiento, y una velocidad rápida puede congelar un gesto. Estas técnicas forman parte del acerbo del fotógrafo profesional.

La tapa de la basura puede convertirse en un ovni convincente con una cámara provista de motor. La secuencia revelaría el trucaje deliberado. Si el fotógrafo se rehusa a entregar los negativos o los «pierde» misteriosamente, saque sus propias conclusiones.

■ Anomalías inexplicables

El examen de una imagen extraña casi siempre revela accidentes involuntarios

Cámaras digitales

La aparición de cámaras digitales en el mercado ha revolucionado el mundillo de la fotografía. La principal ventaja que poseen es la rápida incorporación de la imagen al ordenador y su tratamiento inmediato con programas especiales. Por otro lado, permiten seleccionar sobre el terreno la resolución y la sensibilidad a la luz sin tener que cambiar el inexistente carrete. Algunas cámaras pueden hacer fotos en plena oscuridad y un aficionado con poco dinero puede proveerse de un chip que le permita realizar un millar de fotografías con un costo mínimo.

El único problema hasta ahora es la falta de resolución, inferior a la de las cámaras convencionales, aunque pasará poco tiempo hasta que se logre su equiparación e incluso las superen. Cuando esto suceda, el investigador tendrá la posibilidad de seleccionar sobre la fotografía un marco muy pequeño y hacer grandes ampliaciones, incluso podrá seleccionar una frecuencia de color determinada y hacer desaparecer el resto de elementos. No habrá nada que esté fuera de su alcance, salvo estar presente en el momento del acontecimiento para hacer la foto.

o apaños deliberados. Sin embargo, aun las anomalías que resistan este examen merecen su atención. Asegúrese de que el material fotográfico no está arrugado, doblado o rayado, consérvelo en un recipiente limpio y manéjelo sólo con guantes especiales de algodón. Haga un duplicado de alta calidad para usar en la investigación, y guarde los originales, pues se trata de pruebas irremplazables que podrán hacerle falta en un momento determinado. Quizá descubra más tarde una explicación carente de misterios para las imágenes extrañas. Si pasado un tiempo prudencial, sigue sin descubrirla, envíe copias e información de la fotografía a una revista especializada para que la estudien.

Sesión mediúmnica en la que se muestra la posible levitación de uno de los participantes.

CAPÍTULO 2

Frente a frente con el terror

Guía de campo de los sucesos paranormales

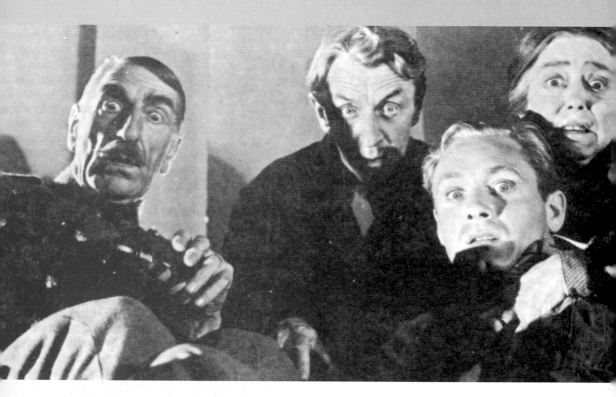

uántas veces nos llena de terror una situación que nosotros mismos hemos hecho aterradora? El terror es un estado anímico capaz de hacernos olvidar las coordenadas cotidianas y transportarnos más allá de los sentidos, igual que las drogas alucinógenas. Nos permite experimentar otros estados de conciencia, por vías que pueden ser peligrosas y no siempre aconsejables. Los principales perjudicados de esta pérdida de control suelen ser los propios involucrados, que pueden padecer no sólo terrores y alucinaciones de carácter psíquico, sino traumas físicos relacionados con los fenómenos poltergeist o la combustión espontánea. En el origen de estos fenómenos suele haber un malestar profundo que lleva al individuo a volcar contra sí mismo su propia energía, y desemboca en enfermedades autoinducidas (ciertos tipos de cáncer podrán deberse a esta causa), autoflagelación, poltergeist o suicidio inconsciente por medio de combustiones espontáneas.

Realidades fantasmales

odos hemos visto alguna vez un fantasma, en la televisión, las películas, un libro o una obra de teatro. En la mayoría de los casos, estos fantasmas de ficción son espíritus conscientes que regresan a la tierra con un propósito, ya sea para rondar la escena de un accidente fatal o para redimir una terrible equivocación. A pesar de sus fascinantes representaciones, muchos de estos espectros no son más fantasmales que un niño jugando con una sábana.

El término «fantasma» abarca un amplio rango de realidades para el investigador de lo paranormal. En principio, se trata de la presencia de una persona, un animal, o un objeto (como un coche de caballos) que «no deberían estar ahí». La razón más obvia por la que no debería estar ahí, por ejemplo, una persona, es que se sabe que ha fallecido. También puede estar viva, pero en un lugar distante, y aparecérsele a un amigo o un pariente en un momento crítico, por ejemplo, cuando ella misma se encuentra al borde de la muerte. Este tipo de visión se conoce como «aparición crítica».

La idea de que también los vivos pueden «aparecerse» puede contradecir la idea convencional que mucha gente tiene de los fantasmas. Otros aspectos de las realidades fantasmales son igualmente sorprendentes. Los fantasmas, por ejemplo, suelen ser bastante sólidos y muy parecidos a los vivos, y en muchas ocasiones un testigo solo es consciente de que ha visto un fantasma cuando éste hace algo «imposible» como atravesar una pared. ¿Cuántos fantasmas se cruzan a diario con nosotros sin hacer nada espectacular? Puede que hayamos visto a una persona fallecida sin saberlo.

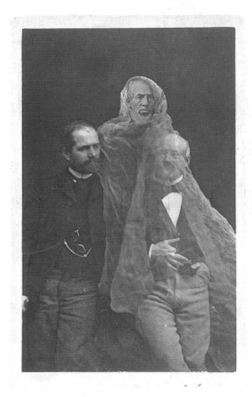

En 1875, Isidore Buguet, que hizo esta fotografía del espíritu de Edouard Poiret, fue condenado a prisión, junto con Leymarie, director de *La Revue Spirite*, a la izquierda de la foto, por fraude. Imagen procedente del Museo Americano de Fotografía

La memoria de los lugares

Una observación interesante es que los fantasmas suelen repetir los mismos actos cada vez que alguien los ve. Por ejemplo, recorren un pasillo, se dan la vuelta, miran a la izquierda y atraviesan una puerta. Durante este tiempo, rara vez miran a testigo alguno (véase «El fantasma de Chentelham»), y no prestan atención al lugar donde están, como si estuvieran recorriendo una ruta que ya no existe, usando las puertas y los pasillos de un edificio anterior. Esta ruta puede estar situada también por debajo del nivel del suelo. En el sótano de la tesorería de York, en Inglaterra, varios testigos afirman haber visto soldados romanos cortados por la cintura, andando por una carretera que debió estar situada a un nivel más bajo. Estos acontecimientos sugieren que las realidades fantasmales, o fantasmagorías, son «grabaciones» impresas en la memoria de ciertos lugares, que de cuando en cuando vuelven a ponerse en acción.

La dama rosa de Valencia

En el edificio de la Consejería de Sanidad y Trabajo de Valencia, España, varios trabajadores han visto el fantasma de una mujer embarazada que deambula por los pasillos vestida con un camisón rosa. En otra época, la Consejería era el hospital de maternidad La Cigüeña. Según cuentan, la Dama Rosa murió allí en el parto y desde entonces vaga por el edificio buscando a su hijo.

Espíritus bulliciosos

Otra manifestación de la realidad fantasmal son los fenómenos poltergeist, nombre que en alemán significa «espíritu bullicioso». No son propiamente fantasmas, sino fenómenos fantasmales que se manifiestan principalmente a través de actos físicos, como desplazamientos de objetos, ruidos, cambios térmicos y efectos luminosos. Aunque el fenómeno pueden incluir apariciones, no es lo más frecuente. Otro rasgo del poltergeist es que se produce casi siempre en torno a una persona o «foco» particular y tiene una duración finita, generalmente semanas o meses. Otros fenómenos fantasmales, con niveles de actividad más bajos, pueden prolongarse durante años o incluso siglos.

A menudo, los fantasmas aparecen en lugares donde se presentan otros fenómenos paranormales, como las clásicas casas o edificios «encantados». Estos fenómenos tal vez incluyan ruidos, voces, pasos, golpes de viento, objetos que se mueven, fallos eléctricos y olores inusuales, todos ellos sin causas naturales aparentes. El lugar donde ocurren, desde luego, puede considerarse «encantado» aunque no haga acto de presencia ninguna aparición.

Los «supuestos» fantasmas pueden adquirir el aspecto de transparencias inmóviles o desplazarse como súbitas corrientes de aire.

Los fantasmas de la ficción casi nunca se parecen a los fantasmas «normales», pero estos últimos no son menos inexplicables. Su existencia contradice el conocimiento científico actual, y los registros

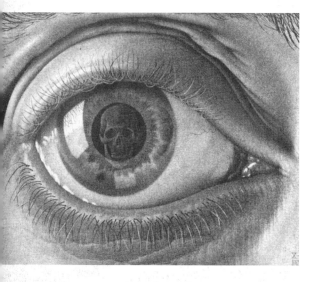

cuidadosos y exactos de sus apariciones son vitales para su comprensión. El desafío de los investigadores es convencer a los científicos y el público en general de que existe otra explicación.

El temor a la muerte

La mayoría de la gente imagina un encuentro con un fantasma como un suceso terrorífico. Sin embargo, no existen indicios para creer que los fantasmas, o incluso los poltergeist, se aparezcan a los vivos con el fin de aterrorizarlos. Como hemos señalado, los fantasmas no suelen reparar en la presencia de testigos. Aunque su aparición constituya un «mensaje», este último rara vez tiene significado para los presentes. Probablemente, el temor a estos fenómenos está relacionado con el hecho de que son personas difuntas. Y en este sentido reflejan nuestro propio temor a morir.

El misterio de la muerte está en la raíz de la espiritualidad humana. Sin embargo, ningún sistema de creencias puede explicar completamente el acto de morir, que escapa por completo a nuestro control. En la cultura occidental, desde los mitos de los griegos hasta las películas de Hollywood, el mundo de los difuntos se nos presenta como un escenario bastante familiar, en el

Comparación entre fantasmas y poltergeist		
	FANTASMAS	**POLTERGEIST**
Apariciones	Ocasionales	Ocasionales
Lugares	Siempre en el mismo	Siguiendo a una persona
Duración	Años o siglos	Meses o semanas
Tipo de fenómeno	Sensorial	Físico
Magnitud del fenómeno	Leve	Intensa

que los muertos no se diferencian demasiado de los vivos, salvo porque en principio no tienen cuerpo. Aún así, algunos pueden llegar a padecer tormentos físicos en el infierno o a tropezar con los muebles y arrastrar los zapatos en un estudio. La experiencia de la muerte nos resulta inconcebible, al igual que los posibles estados que nos depararía el acontecimiento. Ni siquiera conseguimos imaginar que no seremos ya los mismos, aunque en teoría nos resignemos a desvanecernos en la nada. Es comprensible que esta transformación radical nos suscite un profundo temor. Desde luego, también nos suscita una profunda curiosidad.

La investigación de los sucesos paranormales busca vadear el abismo entre el mundo de los vivos y el más allá. No en el sentido de revelar el enigma de la muerte, sino en el de estudiar sus manifestaciones. El propósito adicional de esta investigación es encontrar rasgos comunes en los fenómenos paranormales que acontecen en la existencia de los vivos. Las realidades fantasmales del mundo de los muertos, hasta donde llegamos a conocerlas, pueden abrirnos las puertas al funcionamiento profundo de la psique y sus facultades menos conocidas (véase el capítulo 5: «El poder de la mente»). Quizá este conocimiento no nos libre del temor a la muerte, heredado a través de generaciones desde los primeros seres humanos. Pero quizá podamos comprender mejor en qué consiste este suceso singular, consustancial con la propia vida.

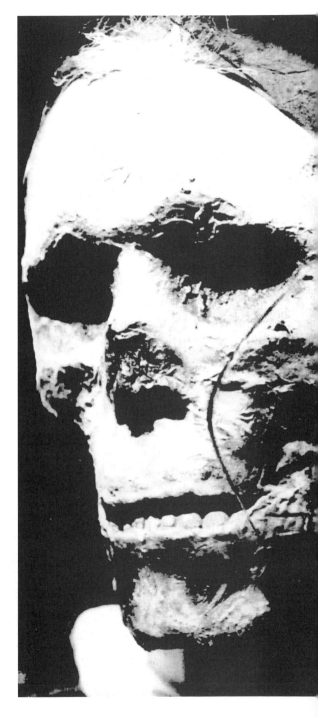

La comunicación con los difuntos

La comunicación con los difuntos ocupa un lugar importante en la investigación de los sucesos paranormales. Su estudio se remonta al apogeo del espiritismo que tuvo lugar en la segunda mitad del siglo XIX. El inventor Thomas Alva Edison, hijo de padres espiritistas, diseñó un teléfono con el que aspiraba a poner en contacto a los vivos con los muertos. A principios del siglo XX, algunos investigadores realizaron experimentos con telégrafos inalámbricos con el mismo fin. El fracaso de estos intentos y otros posteriores, junto con el declive del espiritismo, dio por perdida la esperanza de emplear medios técnicos para contactar con el más allá. Hacia mediados de siglo, el interés en esta posibilidad cobró un nuevo ímpetu a raíz de los hallazgos de Friedrich

El fotógrafo psíquico William H. Mumler fue grabador de joyas hasta que descubrió un fantasma en una foto que tomó de sí mismo.

Thomas A. Edison intentó construir un aparato con el que grabar las psicofonías de los muertos, pero no tuvo éxito.

Jurgensen y Konstantin Raudive, que consiguieron registrar voces de personas fallecidas en una grabadora. A los mensajes de las voces, conocidas como psicofonías, se añadieron más tarde las imágenes televisivas de los muertos descubiertas por Mario Rebecchi y Klaus Schreiber, que fueron bautizadas como psicoimágenes. (Véase «4. Psicofonías y psicoimágenes»)

Fotografías de los espíritus

El antecedente de las psicoimágenes fueron las fotografías de espíritus, descubiertas a inicios del siglo XX por un joyero de

Boston llamado William H Mumler. Su descubrimiento tuvo lugar por accidente, cuando Mumler tomó una foto de sí mismo en la que, después del revelado, su imagen aparecía junto a la de una persona muerta. Las fotografías se hicieron rápidamente populares entre los creyentes en el espiritismo, que veían en las fotos una prueba contundente de la supervivencia del espíritu tras la muerte. En las dos primeras décadas del siglo, el fotógrafo psíquico William Hope llegó a tomar, según sus propios testimonios, 2.500 fotos de personas muertas.

La fotografía de espíritus adquirió mala reputación en pocos años a raíz del gran número de falsificaciones en circulación. Los autores de los fraudes recurrían a menudo a la doble exposición, para yuxtaponer a la foto el negativo de la imagen de un difunto. Cada cierto tiempo, uno de estos «difuntos» aparecía vivo y en perfecto estado de salud. Sin embargo, algunos de los muertos retratados no habían posado nunca para una foto, y era imposible que su imagen fuera el fruto de una manipulación en el laboratorio. En su libro *Thoughtography*, publicado en 1931, el investigador japonés Tomokichi Fukarai señaló que ni siquiera hacía falta una cámara para tomar fotos de los espíritus, pues estos podían imprimir directamente sus imágenes en la película. Fukarai designó este fenómeno con el nombre de «fotografía del pensamiento».

En la actualidad, algunos investigadores de lo paranormal emplean la fotografía de espíritus en lugares donde se han presenciado apariciones de fantasmas. Durante el proceso de revelado, es recomendable buscar luces anómalas, sombras y siluetas que no fueran evidentes a simple vista en el momento de tomar la foto.

Fotografía de Moses A. Dow y Mabel Warren, perteneciente a la colección de W.H. Mumler del Museo Americano de Fotografía.

Los teléfonos del más allá

Los contactos telefónicos con personas fallecidas se conocen por su parte como «teléfonos del más allá». Los investigadores de lo paranormal suelen desconfiar de

51

estos contactos, pues muchos son producto de alucinaciones o actos psíquicos inconscientes de la persona contactada, casi siempre ligada al difunto por una relación sentimental. Dado que se producen de manera aleatoria, tampoco es fácil documentarlas con pruebas. En las llamadas, el timbre del teléfono puede sonar con un tono distinto del habitual. La conexión suele ser defectuosa, y la voz del muerto se pierde con frecuencia. Si la persona que recibe la llamada sabe que la otra persona está muerta, no podrá hablar, y la comunicación concluirá abruptamente. Sin embargo, existen testimonios de conversaciones de hasta treinta minutos, entre un difunto y un ser cercano que ignoraba su muerte. La mayoría de las llamadas se producen en las primeras veinticuatro horas después del fallecimiento, pero se conocen casos de llamadas realizadas hasta dos años más tarde. También hay casos de llamadas a personas que han muerto, en las que la persona que llamó sostiene una conversación normal y sólo más tarde se entera de que su interlocutor ya no estaba vivo. La finalidad de casi todas las llamadas suele ser un mensaje de despedida, una advertencia o una información urgente para los vivos.

Entre las hipótesis planteadas para explicar el fenómeno, está la de que los muertos realmente llevan a cabo las llamadas manipulando los circuitos mediante poderes sobrenaturales. Es más frecuente, sin embargo, que se traté de bromas de espíritus pedestres.

Cuando un ser querido se marcha

El fallecimiento de un ser querido acarrea complejos sentimientos de pérdida y culpabilidad. Una vez mitigado el dolor inicial de la pena, los deudos pueden encontrarse con muchas preguntas sin respuesta. Quizá, a sus ojos, se trató de una muerte injusta. Quizá tengan la fuerte sensación de que el amigo o familiar fallecido intenta conectar con ellos desde el más allá. La misión del investigador en estos casos no es actuar como asesor psicológico, sino evaluar de manera imparcial los indicios de que el espíritu de la persona sigue vivo.

Al cabo de siglos de especulaciones filosóficas, la pregunta acerca de qué parte de la personalidad sobrevive a la muerte, o si alguna sobrevive, sigue sin contestación. La diferencia entre la personalidad y el alma tampoco está clara, y no existe un consenso sobre si los recuerdos o los pensamientos del difunto forman parte de ésta última. Tampoco acerca de en qué momento después de la muerte sería posible contactar con el fallecido.

Todos hemos oído historias de espíritus que regresan para aclarar un asunto pendiente, como informar a su familia dónde escondieron la caja de caudales o acusar a su asesino. Sin embargo, muchos de estos casos son ficticios, «historias de fantasmas», antes que pruebas del retorno de un alma difunta. Aún si suponemos que la personalidad o la memoria individual sobreviven a la muerte, siempre hay que preguntarse qué motivos podría tener el muerto para comunicarse con los vivos.

Seres del pasado

En muchas culturas se considera natural que las almas de los muertos se encuentren entre los seres vivos. Por ejemplo, entre los mayas del Yucatán se denominan *pixaano'ob*, y durante varios días al año se celebran festividades para obsequiarlos. En Nicaragua se cree todavía que los muertos pasan cerca de allegados que no conocen su deceso, haciendo ruidos extraños para despedirse.

Los cuentos de aparecidos, por otra parte, son corrientes en México y no asustan ni alos niños. Pero el país en que las historias de fantasmas son más famosas es Escocia, donde se organizan rutas turísticas por las casas de campo y castillos donde se han producido casos de aparecidos.

Uno de los más conocidos es el del castillo Glamis, donde se oyen ruidos extraños que podrían tener diversos orígenes según las historias que se cuentan. Tal vez el monstruoso hijo del undécimo conde de Strathmore, que vivió encerrado en una habitación secreta y murió a los 21 años, o ciertos jugadores de póker que apostaron su alma con el diablo a una partida en la misma habitación de la torre y aún siguen empecinados en ella.

EL espiritismo

El espiritismo parte de una concepción dualista que concibe la vida como una conjunción del cuerpo y el espíritu. El cuerpo es la parte corruptible, que se degrada después de la muerte, y el espíritu es la incorruptible, que perdura en este mundo o en un mundo ulterior que desconocemos. En circunstancias excepcionales, como una muerte violenta, accidental o inesperada, algunos espíritus quedan atrapados en el lugar donde se separaron del cuerpo, y no encuentran el camino hacia ese otro mundo, al menos hasta haberse despedido o exculpado. La función de los médiums, capaces de comunicarse con el más allá, es transmitir los mensajes de los difuntos y encaminar sus espíritus hacia su destino final.

Sesión espiritista que muestra a los participantes cogidos de la mano entre sí y con la médium.

La energía material

El materialismo tradicional considera que lo único que existe es la materia y que el espíritu no es más que una manifestación de la energía corporal. Sin embargo, también esta energía puede trascender el cuerpo. Cuando un compositor escribe una sinfonía o un ingeniero construye un edificio, deposita sus energías físicas y mentales en sus obras. ¿Por qué no creer que podemos proyectar estas energías fuera de nuestro cuerpo con fines menos evidentes? Aunque racionalizamos nuestro entorno para hacerlo más cómodo, la realidad no siempre se comporta de manera racional. Las mismas energías que empleamos para construir el mundo a nuestra imagen y semejanza pueden producir fenómenos y realidades paralelas, que escapan tanto al consenso sobre lo que es «objetivo» como al reino subjetivo de la alucinación y la locura.

La energía material del cuerpo puede cobrar forma fuera del cuerpo mismo, se llame esta forma espíritu o personalidad. Pero, una vez aceptada esta hipótesis, surgen los interrogantes. ¿Qué pasa cuando esta energía se concentra en un objeto? ¿Por qué no podría el poder de la mente transformar ese objeto? ¿O desviar el viento para susurrar una palabra? ¿O alterar una pared para que aparezca una cara dibujada en ella? Las psicofonías y las psicoimágenes, de las que hablaremos más adelante, son manifestaciones de un espíritu material que perdura, igual que perduran las estatuas de Miguel Ángel o las sinfonías de Beethoven.

Mary Burchet con el espíritu de su maestro de escuela. Foto de William Eglinton tomada en 1886. Museo Americano de Fotografía.

A menudo, las presencias que conocemos como espíritus se manifiestan en lugares cerrados o abandonados desde su muerte. Esto ocurre porque, durante su vida corporal, estas presencias han transformado el lugar a su imagen y semejanza, y han dejado en él sus huellas al morir, igual que un cuerpo deja una ondulación en un colchón usado. Si el lugar ha permanecido más o menos intacto desde entonces, es probable que al entrar percibamos la energía material del espíritu de sus antiguos habitantes. Quizá algunas personas se fijen menos en los detalles y no perciban nada notable. Pero muy pocas dormirían tranquilas en el lecho de un difunto, en caso de

La inquilina de Julia

A finales de octubre de 1997, Julia Estévez se mudó a un piso viejo de Palermo, en Buenos Aires. Los pisos nuevos estaban por las nubes, y había decidido comprar uno antiguo, más amplio, aunque estuviera un poco ruinoso. Tenía cocina, comedor, un dormitorio y un baño. Y también un lavadero. En fin, podía ser un hogar.

Sin embargo, al cabo de algunas noches Julia empezó a sentirse inquieta. En el lavadero, las corrientes de aire producían silbidos siniestros, siempre hacía frío y ni siquiera la bombilla deshacía la penumbra. No quería dejarse llevar por miedos infantiles, pero algunas noches le costaba cenar

tranquila en la cocina, de espaldas al lavadero. Sentía una presencia acechando en lo oscuro, como un ave de rapiña. Pero por supuesto era ridículo salir corriendo de su propia casa. Como muchas presas de caza, permanecía inerte, con la esperanza de que se marchara el cazador.

«No puede aguantar ni un minuto más. Y me di la vuelta. Vi un rostro cadavérico mirándome. Sus ojos se clavaron en los míos, y entonces se acercó a dos dedos de mi cara. Me quedé sin respiración, como si un nudo se cerrara alrededor de mi cuello. Me retumbaban las sienes. Me desmayé, y no recuerdo más».

Más tarde, los vecinos le contaron a Julia que la anterior propietaria no se había ido a vivir a provincias, como afirmaban en la agencia inmobiliaria, sino que había muerto en extrañas circunstancias. La habían encontrado con una profunda herida en la cabeza. El dictamen forense establecía que se había golpeado contra el fregadero. Sin embargo, su marido se había esfumado.

«Llamamos a un médium para que limpiara la casa. Ahora puedo leer con claridad las señales de violencia que no había advertido antes. He tapado el agujero que había detrás del armario y he notificado a la policía que recibí dos llamadas misteriosas poco después de entrar en el piso. Dicen que probablemente son del marido de la difunta y las están analizando.»

que su presencia persista despúes de la muerte. Las huellas que ha dejado en su entorno pueden aportarnos datos sobre su vida y su fallecimiento, especialmente en casos de muertes violentas.

La fiebre de los espíritus

El espiritismo moderno nació en una casa de campo cerca de nueva York en la primavera de 1848. Los propietarios de la casa, John y Margaret Fox, se habían mudado allí con sus hijas unos meses antes, desoyendo los rumores de que la casa estaba encantada. Al cabo de un tiempo, empezaron a oír golpes y ruidos nocturnos, y las niñas, Margaret y Kate, acabaron durmiendo en el cuarto de sus padres. En la noche del 31 de marzo, los golpes se hicieron exasperantes, y Kate, de once años, respondió a ellos chasqueando los dedos en la oscuridad. A continuación, batió las palmas tras decir en voz alta: «Señor Pata de Cabra, haz lo que haga yo». Dentro de la pared, se escucharon otras tantas palmadas como contestación. La familia entera se unió al juego y tras varios experimentos establecieron un sistema de preguntas y respuestas con el espíritu invisible, en el que dos golpes significaban «sí» y un golpe «no».

La noticia de estas conversaciones hizo famosas a las hermanas Fox, que llegaron a hacer giras demostrando en público sus habilidades. En los Estados Unidos, se desencadenó una auténtica fiebre de espíritus, con la consiguiente aparición de círculos de aficionados, médiums y reglamentos cada vez más complejos para con

J.R. Mercer con el espíritu de su primera esposa y su madre, junto a un ramo de flores y un mensaje. Fotografía de Edward Wyllie.

tactar con el más allá. El entusiasmo en torno a estos contactos se trasladó a Europa, y especialmente a Inglaterra, donde vivió una larga edad de oro durante la segunda mitad del siglo XIX. Las habilidades de numerosos médiums se limitaban al poder de sugestión, cuando no al contorsionismo para dar golpes con el pie por debajo de una mesa. Sin embargo, el fenómeno llegó a atraer a algunas de las perso

Las famosas hermanas Fox, que cuando eran niñas se comunicaban mediante golpes con el espíritu que habitaba en su casa, llegaron a hacer giras y finalmente reconocieron haber mentido. Vivían en Arcadia, una pequeña localidad del Estado de Nueva York

Arriba, los fantasmas aparecían de la forma más insospechada en las fotografías que se tomaban a principios de siglo.

nas más brillantes de la época, como el inventor Thomas Alva Edison, el psicólogo William James y el laureado científico William Crookes. En 1850, las hermanas Fox confesaron que había simulado los primeros golpes, pero la revelación representó un incidente menor dentro de lo que era ya un movimiento multitudinario. En poco tiempo, surgieron entre los médiums personas con poderes inexplicables, que hacían levitar mesas, materializaban manos sin cuerpo, se transfiguraban en espíritus e incluso conjuraban ectoplasmas que aparecían luego en fotografías. El escocés Daniel Dunglas Home, la norteamericana Leonora Piper y la italiana Eusapia Palladino figuran entre los sesionantes más celebres de la época, junto con Hélène Smith y, ya en el siglo XX, Gladys Osborne Leonard. Muchas de sus proezas, sometidas a estrictos análisis por científicos e investigadores, nunca pudieron ser desmentidas.

El enorme entusiasmo suscitado por el espiritismo respondía a una necesidad compartida por muchas mentes inquietas en un siglo marcado por la vocación científica. Sin embargo, hacia finales de siglo, los investigadores más serios del fenómeno habían dejado de interesarse en los contactos supuestos o reales con los espíritus, y se concentraban en la posibilidad de que estos fenómenos fueran obra de facultades psíquicas desconocidas. (Véase el capítulo 5: El poder de la mente) En 1882, fue fundada en Londres la Society for Psychical Research. En los años siguientes, aparecieron en todo el mundo sociedades similares que atribuían las habilidades de los médiums a lo que hoy se conoce como PES, o percepción extrasensorial. La aparición de estos nuevos campos de investigación, junto con el elevado número de médiums denunciados ante la policía, selló el final del apogeo espiritista. El fenómeno, sin embargo, siguió contando con un gran culto popular hasta el presente.

Mentes inquietas

En 1920, el inventor Thomas Alva Edison anunció con setenta y tres años cumplidos que estaba inventando un teléfono para comunicarse con los espíritus de los muertos. El anuncio, que habría perjudicado la reputación de cualquier otro científico, ponía de manifiesto una relación de muchos años con el entorno y los fenómenos espiritistas. El inventor, en efecto, era un firme creyente en la telepatía, y llegó a defender públicamente a un vidente llamado Bert Reese, acusado de fraude ante la ley. Sus experimentos para encontrar un medio de comunicación con los muertos se remontaban al siglo anterior, cuando había creado un fonógrafo de parafina para registrar mensajes de difuntos. El invento del teléfono ofrecía una alternativa eléctrica a los rudimentarios sistemas de comunicación por medio de golpes y desplazamientos sobre tableros de ouija que seguían dominando la comunicación con los espíritus. A pesar de que trabajó en él hasta su muerte, nunca llegó a construirlo.

Thomas Alva Edison, que creía firmemente en la telepatía, trató de construir un teléfono para comunicarse con los muertos.

Otra de las personalidades del siglo XIX que se vio atraída por el espiritismo fue el pensador norteamericano William James. Hermano del novelista Henry James, este filósofo y psicólogo se interesó en el espiritismo sólo después de cumplir los cuarenta años, cuando ya había formulado muchos de los conceptos pioneros de la psicología moderna. Sus estudios de los fenómenos espiritistas, que realizó durante un cuarto de siglo con la médium Leonora Piper, lo convirtieron en el pionero más notable de la investigación psíquica moderna. Cuando publicó sus conclusiones, James se declaró

Arriba, a la izquierda, el psicólogo William James, que quedó maravillado por la médium Leonora Piper, a su derecha, en cuyas sesiones descubrió el espiritismo.

Abajo, Helena Blavatsky, que con su mirada hipnótica y sus revolucionarias ideas arrastró a miles de personas a creer en la teosofía.

desconcertado por los misterios de este ámbito de la naturaleza, que según él eran parte del «fluido continuo de la conciencia cósmica». La percepción sensorial del universo era para James sólo una velada muestra de fenómenos ocultos por el mundo de las realidades verdaderas.

La rusa Helena Blavatsky fue otra de las grandes protagonistas del auge del espiritismo. Su aparición en este escenario tuvo lugar en 1873, cuando, recién emigrada a Nueva York, se presentó en una granja donde habían ocurrido algunos incidentes misteriosos. Su personalidad hipnótica y sus dotes de persuasión le granjearon pronto numerosos seguidores, y en 1875 fundó la Sociedad Teosófica, una sociedad mística que llegó a contar con cien mil miembros. Los preceptos de la Teosofía, extraídos de diversas fuentes, predicaban la hermandad entre los hombres y alentaban la exploración de los poderes ocultos del ser humano. La propia Blavatksy, que se decía discípula de «almas grandes» invisibles, hacía numerosas demostraciones a pequeña escala de estos poderes, como restaurar una taza rota o encontrar una joya perdida. Tras su muerte en 1891, la Society for Psychical Research de Londres la declaró «una de las impostoras más cabales, ingeniosas e interesantes de la historia».

Hacia 1920, las controversias cada vez más álgidas entre los defensores y los detractores del espiritismo se encarnaron en dos personajes difíciles de olvidar, el escritor espiritista Sir Arthur Conan Doyle, creador del célebre Sherlock Holmes, y el no menos célebre mago y escapista Harry Houdini. Houdini desató una campaña feroz contra los médiums, que en su opinión estafaban a los ingenuos con trucos indignos de un mago profesional, y se complacía en reproducir sus simulaciones con bastante más habilidad. En compañía de Doyle, protago-

El novelista sir Arthur Conan Doyle, creador de Sherlock Holmes, se convirtió al espiritismo a raíz de la muerte de su hijo en la guerra.

nizó una larga serie de debates y conferencias y escribió incluso un libro titulado *Un mago entre los espíritus*, que Doyle trató de rebatir con su *Historia del espiritismo*.

El vocabulario de los espíritus

Durante el siglo XIX, las sesiones espiritistas y los códigos para comunicarse con los espíritus se hicieron cada vez más sofisticados y complejos. Estos son algunos de los términos básicos popularizados en aquel momento:

■ CONTROL: espíritu que «controla» al médium, y lo guía apoderándose de su cuerpo cuando el médiums está en trance.

■ CLARIVIDENTE: persona que puede ver sin emplear la vista.

■ CLARIAUDIENTE: persona que escucha sin emplear el oído.

■ CLARIPERCEPCIÓN: combinación de clarividencia y clariaudiencia.

■ ECTOPLASMA: sustancia que cobra la forma de un cuerpo o una parte de un cuerpo y potencia las manifestaciones de los espíritus.

■ MATERIALIZACIÓN: aparición de un espíritu que cobra forma en el ectoplasma a través de un médium.

■ MÉDIUM: término general que designa a las personas que pueden percibir las vibraciones del mundo espiritual y transmitir sus mensajes.

■ SESIÓN: encuentro casi siempre privado en el que uno o más espíritus transmiten mensajes a través de un médium.

■ GUÍA ESPIRITUAL: un espíritu alojado en una persona viva, que suele actuar como guardián durante las sesiones. Muchos artistas han dibujado a sus guardianes.

■ TRANCE: estado en el que alguien se apodera de la personalidad de un médium, que generalmente no es consciente de lo que sucede durante la sesión.

■ TRANSFIGURACIÓN: fenómeno por el cual el rostro y otros rasgos físicos del médium reflejan los rasgos del que se está comunicando en ese instante.

La sesión

El epicentro de toda sesión espiritista es el médium. El médium sirve de medio de comunicación con los espíritus, y a través de su cuerpo los espíritus transmiten sus mensajes desde el más allá. Desde la perspectiva materialista, el médium es un observador capaz de percibir los rastros de energía que han dejado en vida los difuntos.

El objetivo de la sesión es que el médium entre en un estado de conciencia que le permita acceder a la dimensión en la que habitan los espíritus. Los demás asistentes deben sentarse alrededor de una mesa redonda de madera, con las palmas de las manos abiertas de modo que sus propios pulgares se toquen y sus meñiques se entrelacen con los meñiques de los otros participantes. Es recomendable alternar hombres y mujeres, no cruzar las piernas, no pensar en nada concreto y despojarse de

todos los objetos de metal para evitar interferencias. Los integrantes de la cadena espiritista estarán así en disposición de sumar sus energías y dirigirlas hacia el médium.

Los momentos de la sesión

La sesión espiritista se puede dividir en apertura, desarrollo y conclusión

Apertura: Cuando se percibe la presencia de un espíritu, lo primero que hay que hacer es procurar que se identifique, con preguntas como «¿Quién eres?», «¿Cómo te llamas?», «¿Dónde te encuentras?»

Desarrollo: Los participantes formulan preguntas al espíritu a través del moderador.

Conclusión: El director se despide del espíritu y lo envía de nuevo al lugar del que ha venido.

La señora **Collins** y su suegro, reconocido por varios testigos. Fotografía de F.M. Parkes, tomada en 1875.

La cadena debe contar con un moderador. Debe ser una persona fuerte y tranquila, con gran capacidad de autocontrol, pues su misión consiste en evitar que el médium o cualquier participante se exceda y se haga daño. Es el intermediario entre el mundo de los muertos y el de los vivos y formula las preguntas. También puede intervenir un secretario, que no forma parte de la cadena, y se encarga de anotar o grabar las preguntas del moderador, los mensajes del otro mundo y los fenómenos que acontezcan durante la sesión.

Los espíritus pueden comunicar sus mensajes a través de la voz del médium o de la escritura automática, o mediante golpes en la mesa u otros muebles. En este último caso, un golpe significa sí y dos golpes significan no.

Los médiums

No todos los médiums trabajan de la misma manera ni tienen las mismas facultades. Algunos transmiten los mensajes de los muertos mediante la escritura automática y otros incitan al espíritu para que se manifieste por medio de algún efecto físico (como golpes o descenso de la temperatura). Otros se expresan mediante la voz y otros mediante la pintura. Los médiums más comunes pertenecen a estos tipos:

■ Médium mental: persona dotada de clariaudiencia, clarividencia o claripercepción.
■ Médium físico: persona que puede producir efectos físicos como la materialización y la transfiguración. Hoy en día existen pocos médiums con estas habilidades.
■ Médium de trance: persona que entra en otro estado de conciencia durante la sesión de espiritismo para transmitir mensajes de los muertos.
■ Médium de transfiguración: persona cuyo rostro o cuerpo pueden alterarse

para reflejar los rasgos de los espíritus fallecidos.

■ Artista psíquico: Médium que produce dibujos o bocetos guiado por un espíritu.

Estudiosos de toda Europa viajaban a Nápoles para dejarse deslumbrar por los poderes extraordinarios de Eusapia Paladino.

También es capaz de dibujar al guía espiritual de los vivos, aquél ser que supuestamente nos acompaña siempre y nos guía por el buen camino.

■ Psicometrista: Médium que utiliza un objeto personal del difunto, como un pañuelo o un sombrero, para contactar con él.

■ Detective psíquico: Médium que colabora con la policía en la búsqueda de desaparecidos, en la persecución de los asesinos y en el esclarecimiento de crímenes.

La investigación

El espiritismo tuvo su momento de mayor auge en el siglo XIX, pero hoy en día está muy desprestigiado. En parte, este declive se debe al descubrimiento de numerosos fraudes, tanto conscientes (trucos de prestidigitación) como inconscientes (desdoblamientos psíquicos). Para demostrar el poder de sugestión que puede llegar a tener un médium, el doctor Richard Wiseman convocó a varias sesiones de espiritismo a un grupo de individuos que no sabían que el médium presente era un actor, y grabó las sesiones con una cámara de rayos infrarrojos. El «médium» ordenó a los espíritus que movieran la mesa, y una tercera parte de los asistentes vio levitar la mesa. Sin embargo, la cámara no registró movimiento alguno.

Los médiums reales o supuestos que cobran por adelantado y trabajan fuera del escenario en el que vivió el difunto invitan al escepticismo, y es difícil no ima-

Fotografía tomada en 1922 por W. Hope de un grupo de estudiosos del espiritismo. En el centro de halla Conan Doyle.

ginar que tienen trucos preparados en sus gabinetes. Si usted está interesado en los fenómenos espiritistas, procure atenerse siempre a hechos objetivos y recurra a instrumentos de medición para verificar los fenómenos.

El principal obstáculo para estudiar objetivamente una sesión de espiritismo es que muchos espiritistas no soportan a los escépticos. El investigador debe buscar un grupo abierto a los extraños, o bien disimular sus instrumentos y sus técnicas de verificación. En el siglo XIX, un fraude clásico era el del médium de túnica oriental que hacía sonar disimuladamente con el pie la campanilla con la que supuestamente se comunicaban los espíritus. Hoy en día, los embaucadores pueden recurrir a diversos medios tecnológicos, y hacen falta métodos más sofisticados de investigación. Sólo así es posible descartar los fenómenos falsos y disfrutar de experiencias auténticas, sean éstas obra de los espíritus o del inconsciente.

■ Registre la sala antes de que se apaguen las luces. Busque sobre todo proyectores y focos de luz o de sonido. Desconfíe de los espiritistas que no le dejen registrar la habitación.

■ Anote las preguntas que se realizan y los mensajes de los espíritus, y luego compruebe si las respuestas son correctas. Por ejemplo, si el espíritu dice que se llama Rosana Fuentes, que murió en 1965 y que es la madre biológica de uno de los participantes, al cual dio en adopción, compruebe las actas de defunción de ese año, verifique si la mujer tuvo un hijo y lo dio en adopción, compruebe que ese hijo y el individuo presente en la sala de espiritismo son la misma persona. Finalmente, trate de averiguar si la persona ignoraba quién era su madre biológica antes de la comunicación con el otro mundo.

■ Si es posible, grabe la sesión con una cámara de rayos infrarrojos para detectar cualquier maniobra disimulada. Si los participantes aceptan, llévela al descubierto y diga que es una cámara normal que utilizará para registrar los movimientos de objetos o la aparición de espectros luminosos.

■ Haga las mismas preguntas a los mismos espíritus a través de diferentes médiums y compare las respuestas. Trate de interpretar las respuestas sin dejarse influir por la semántica del discurso.

■ Pida a diferentes artistas psíquicos que dibujen a su guía espiritual y compare los resultados. Si no conoce a nadie, busque en los anuncios y visite a médiums o visionarios conocidos, incluso lectores de cartas que puedan darle consejo o indicarle direcciones interesantes.

■ Pida al médium que haga predicciones, anótelas y compruebe si se cumplen o en qué se equivocan.

■ Para explorar el campo de la psicometría, tome un objeto personal de un difunto que haya conocido en vida, muéstreselo al médium y hágale preguntas concretas sobre la vida de esa persona. Compruebe si las respuestas son correctas. Pregunte por otros aspectos de la vida del fallecido que desconozca y después trate de corroborar las respuestas. A veces, cuando conocemos la respuesta, la misma formulación de la pregunta insinúa la contestación. Los médiums son personas muy intuitivas, que interpretan fácilmente los gestos y las señales involuntarias de los vivos y pueden hacerlos pasar por mensajes del otro mundo. Para comprobar si el médium tiene poderes paranormales verdaderos, deberá ponerle una prueba difícil.

■ Siempre es conveniente registrar la sesión con una cámara de vídeo, o al menos con una grabadora de audio. Después, podrá analizar con detenimiento si usted mismo hizo alguna insinuación que guió al médium hasta la respuesta correcta. Descarte todos los mensajes del más allá que usted mismo haya podido insinuar.

El día de la limpieza

Un médium no es sólo un intermediario de los espíritus en una sesión. Otra de sus funciones, y tal vez la más importante, consiste en limpiar las casas de fantasmas o presencias inquietantes.

A pesar de su mala reputación, los médiums tienen una función social respetable y nadie puede asegurar que no requerirá nunca de sus servicios. Cualquiera puede tropezar con los indicios de un crimen sin resolver, con los restos de un accidente o con extraños incidentes que un día acaban alterando su vida diaria. Tal vez un día requiera de sus servicios para librarse del terror.

La moda del espiritismo llevó a intelectuales como Frederic Myers a aceptar declaraciones de médiums como si fueran ciertas.

Las pruebas

La prueba más clara de la autenticidad de un médium es que transmita información que no habría podido obtener de ninguna otra fuente aparte del contacto con los espíritus. Sin embargo, demostrar que esta información sólo la conocían el difunto y el investigador es muy difícil. El siguiente caso, ocurrido hacia 1900, ilustra el grado de complejidad que pueden alcanzar las pruebas y sigue siendo hoy objeto de especulaciones.

Robert Whiteford, fotografiado con un espíritu sobre el vientre por Edward Wyllie en 1909.

A principios de la década de 1900, Frederic Myers, Henry Sidgwick y Edmund Gurney, los investigadores que fundaron la Society for Psychical Research, estaban todos muertos. Algunas médiums de trance que trabajaban con sus sucesores empezaron a recibir mensajes que sobrepasaban sus conocimientos. Las médiums en cuestión eran Margaret Verrall y su hija Helen, la hermana de Rudyard Kipling, que figuraba como la señora Holland en los informes, y una tal «señora Willett», que más tarde resulto ser la estadista británica Winifred Coombe-Tenant. Los mensajes que recibieron, al parecer, manifestaban el deseo de los investigadores fallecidos de probar la supervivencia de los espíritus. En su mayoría, eran textos de escritura automática anotados por las médiums. Por separado, las notas no significaban nada, pero una vez que las piezas de cada vidente se juntaron con las de las demás el resultado fue sorprendente. La señora Holland, que vivía en la India, comenzó a recibir escritura automática, supuestamente dictada por el espíritu de F.H. Myers, que contenía citas eruditas de clásicos latinos y griegos. Durante una visita a Inglaterra en 1906, sus escritos fueron comparados con los de Leonore Piper, una médium estadounidense que entonces también visitaba Inglaterra y recibía asímismo oscuras comunicaciones con referencias clásicas. En una sesión con la señora Piper, J.G. Piddington recibió un mensaje de Myers diciéndole que encontraría una pista en la escritura automática producida por la señora Verrall. La clave para comprender cómo encajaban los mensajes, de hecho, apareció en uno de los textos de Helen Verrall.

Los mensajes siguieron recibiéndose hasta 1910, con intervalos de algunas semanas. Aunque se han conservado todos los documentos, su significado pleno sólo puede dilucidarse recurriendo a la erudición clásica típica de ciertos intelectuales de la época como el propio F.H.Myers. Las citas cruzadas de los clásicos que aparecen en los textos fueron descartadas por algunos investigadores como un experimento equívoco, pero muchos otros las consideraron una prueba de que F.H. Myers seguía vivo en alguna parte. Frank Podmore, también de la SPR, afirmó que podían explicarse por contactos telepáticos entre las médiums, pues la señora Verrall era la esposa de un profesor de estudios clásicos de Cambridge. Hoy en día, cualquier crítico citaría la percepción extrasensorial o PES para explicar el caso.

Desde que los investigadores acuñaron los términos «PES» y «super PES», ha sido necesario aplicar un estricto sistema para investigar las manifestaciones de los espíritus. Según esta teoría, aunque un hecho se registre en otro lugar, la mente del médium puede viajar a ese lugar para encontrar la información y repetirla en una sesión. Quizá, el médium pueda leer también la mente del participante, entrar en una habitación cerrada y leer el contenido de un sobre sellado, o incluso consultar los «registros akashicos», un banco de datos cósmico en el que, según determinadas teorías, están registrados todos los hechos conocidos y los acontecimientos que han tenido lugar alguna vez.

Los investigadores serios rechazan la idea de usar un fenómeno no probado para refutar otro, y antes de buscar pruebas irrefutables de la supervivencia de un espíritu, su método consiste en acumular indicios de que quizás este espíritu siga vivo. Si se analizan luego todos los indicios, puede resultar bastante convincente.

Cómo encontrar un médium

Para realizar una investigación en el campo del espiritismo, la primera tarea es buscar los servicios de un médium de confianza. La mayoría de los médiums contemporáneos son «médiums mentales». Muchos operan a través de iglesias espiritistas o hacen demostraciones públicas. Otros pueden encontrarse en las ferias de atracciones o incluso por anuncios en los diarios. Si pregunta entre sus conocidos, le sorprenderá enterarse de cuántos colegas o amigos conocen a un médium local.

El modus operandi del médium determinará en buena medida cómo debe conducirse la investigación. Si el médium hace una demostración de clarividencia en una iglesia espiritista, tendrá que esperar pacientemente a que se dirija a usted con un mensaje, y la posibilidad de que esto ocurra dependerá del número de espectadores. Sin embargo, la experiencia puede instruirlo acerca de cómo trabajan los médiums y del tipo de mensajes que suelen transmitir. Aquí tiene algunos experimentos útiles para elegir un médium con ciertas garantías:

■ Contacte con diversos artistas psíquicos a la vez para comparar los retratos que dibujan. ¿Cuántos guías espirituales presentan? Evalúe los mensajes escritos enviados con los retratos. Vea si coinciden en algunos puntos.

■ Consulte su situación personal con diversos médiums. Evalúe sus respuestas

Matrimonio con el espíritu de un viejo doctor de la familia. Foto hecha por Robert Boursnell en 1893. Museo Americano de Fotografía.

y busque similitudes. Compruebe si sus predicciones se realizan verdaderamente y cuándo tienen lugar.

■ Acuerde una serie de sesiones con un médium y ponga en un recipiente sellado un objeto que haya pertenecido a un difunto. Compruebe si el objeto suscita mensajes relevantes. Asegúrese de que no es posible distinguir el objeto de ninguna manera a través del recipiente, por ejemplo, agitándolo o palpándolo. Para variar el procedimiento, oculte el objeto de la persona y no se refiera a él, o bien mencione que le gustaría ensayar un experimento si el médium no pone objeciones, y deje el recipiente sobre la mesa. Permítale tocar el recipiente para establecer un contacto psicométrico.

■ Lleve el objeto anterior a una serie de médiums diferentes y compare los resultados.

Si puede concertar una sesión privada, tanto mejor para sus investigaciones. Los médiums que trabajan en las iglesias espiritistas querrán proporcionarle pruebas contundentes de sus capacidades, incluidos nombres y fechas. Los videntes que trabajan en las ferias usan métodos de trabajo similares, aunque a veces usen las cartas del tarot, las runas u otros recursos para ayudarse en su trabajo. Tenga presentes estas recomendaciones cuando vaya a la sesión:

■ Lleve un cuaderno de notas o, si el médium lo acepta, use una grabadora portátil.

■ Guárdese de suministrar información durante la sesión. No le beneficia ni a usted ni al médium.

■ Espere a que el médium le explique cómo se va a desarrollar la sesión y esté atento si le aconseja cómo responder.

■ Muéstrese cauto con los médiums que piden información. O no son muy perceptivos, o no están en forma ese día, o son sólo unos farsantes.

■ La mayoría de los médiums le hará preguntas, pues el sonido de su voz puede ayudar a que fluyan los mensajes. Intente contestar sin delatarse.

■ Incluso si se las arregla para no revelar hechos al hablar, su lenguaje corporal puede revelar mucha información. Los médiums son personas muy sensibles, y pueden captar la menor pista con bastante exactitud.

Una vez que haya adquirido experiencia sobre cómo operan los médiums puede dar inicio a su investigación, por ejemplo sobre uno o varios espíritus en particular. Puede ser muy beneficioso que el médium tenga también interés en el proyecto. Desde luego, a esas alturas de la relación, el médium ya conocerá bastante información sobre usted, y será importante centrar las indagaciones en otra «historia». Si no encuentra un médium con el que se sienta cómodo, puede tratar de trabajar simultáneamente con varios a la vez durante algún tiempo y comparar los resultados. Aunque la idea de contactar con un médium pueda hacernos palidecer, no se desanime.

Las fotografías de espíritus han perdido valor en la actualidad. Con un equipo al alcance de cualquiera se pueden realizar montajes caseros que en otro tiempo hubieran pasado por reales. Es posible que la pérdida de actualidad de los viejos fantasmas se deba a la imposibilidad de registrar de una manera fehaciente una imagen creíble.

Evaluando la sesión

En general, una sesión de espiritismo puede abarcar entre media hora y una hora de mensajes o predicciones. Un buen método para evaluar el éxito de una sesión es tomar notas o transcribir la cinta por separado y evaluar cada fragmento de información, descartando cualquier afirmación inducida por algo que dijo usted mismo.

Escriba un comentario al lado para explicar por qué acepta o rechaza cada afirmación. Otorgue a cada una de ellas una nota de «veracidad» en una escala del uno al diez; cero para las totalmente irrelevantes y diez para las pruebas contundentes. Si aplica la misma escala siempre, pronto tendrá un corpus de pruebas que podrá someter a una investigación objetiva. Su sistema de evaluación mejorará con algunos conocimientos básicos de estadística.

No todos los mensajes pueden evaluarse de manera tajante. En muchos casos, no

El testamento de Chaffin

Este caso clásico de la comunicación con los espíritus se registró en la década de 1920. El señor Chaffin murió en 1921. En su testamento, redactado en 1905, legaba el grueso de su patrimonio a su tercer hijo, y el resto de la familia se quedaba prácticamente sin un céntimo. Sin embargo, poco después de morir, el señor Chaffin se presentó en la cabecera de la cama de uno de sus hijos desheredados. Lo reconoció por el viejo abrigo que solía llevar en vida. En una segunda aparición, habló a su hijo diciéndole que buscase el testamento en el bolsillo del abrigo. Cuando buscaron el abrigo, que entonces pertenecía a otro hijo, encontraron una nota cosida en el forro que hacía referencia a una Biblia que en un principio había pertenecido al padre del señor

Chaffin. Esta Biblia la había conservado la señora Chaffin. Se abrió en presencia de testigos y apareció otro testamento. Databa de 1919 y dividía el patrimonio del señor Chaffin en partes iguales. El señor Chaffin apareció aún una tercera vez después de haberse encontrado el testamento, preocupado por la injusticia cometida con su familia.

Esta cadena de sucesos puede considerarse una prueba convincente de la supervivencia de un espíritu. La aparición no dijo estrictamente la verdad, pues el testamento estaba en la Biblia, no en el bolsillo o en el forro del abrigo. Sin embargo, nadie, salvo el finado, señor Chaffin, conocía toda la historia, y las piezas tuvieron que ser reunidas por varios miembros de la familia, que siguieron las pistas para encontrar una respuesta.

es posible identificar claramente al espíritu comunicador, y otros son difíciles de corroborar, sobre todo si aluden a historias de familia o al historial médico de otra persona. En algunas situaciones, el médium se presenta a la sesión con un ramo de flores o los espíritus se manifiestan a través de accesos de tos. El primero es un instrumento del proceso de comunicación con el más allá, y los últimos pueden indicar un «estado vital» que tal vez haya contribuido a la muerte del difunto.

El cuadro siguiente ilustra cómo evaluar algunos mensajes típicos. Después de ver nuestra puntuación, y siendo objetivo, ¿cuál les otorgaría usted?

Fragmento de mensaje
«Una dama, tal vez su madre, le trae un ramo de pensamientos»
Comentario
La madre del involucrado aún vive. Demasiado vago para vincularlo con alguien.
Puntuación: cero

Fragmento de mensaje
«Un caballero habla de una caja cerrada con una nota en su interior que es para usted.»
Comentario
Comprobación. Se encontró la caja en la casa de mis padres y contenía una carta a mi nombre.
Puntuación: diez

Fragmento de mensaje
«Presiento una gran alegría alrededor del día 15, posiblemente un aniversario.
Comentario
No se dice el mes, pero el día 15 es significativo en dos meses diferentes. Aniversarios de grandes ocasiones.
Puntuación: seis

Fragmento de mensaje
«Percibo a un anciano con tos. Creo que tenía molestias en el pecho. Capto el nombre de George. ¿Puede situarlo?
Comentario
Bastante detallado, pero no significa nada para mí. Lo comprobé con la familia y nadie lo conocía.
Puntuación: cero

Fragmento de mensaje
«Una niña le trae un arco iris»
Comentario
Demasiado vago para situarlo.
Puntuación: cero

Fragmento de mensaje
«Una señora mayor sostiene una aguja de punto. Tendría que haber estado en casa antes de morir».
Comentario
Una pariente de edad sí hacía mucho punto y no podía salir de casa. Pero no se da ningún nombre, y esto podría aplicarse a muchas personas..
Puntuación: tres

Experimentos por cuenta propia

Si no desea recurrir a un médium, puede explorar el campo del espiritismo a través de otros experimentos. Los resultados pueden ser decepcionantes, aunque en principio todos tenemos dotes espiritistas que solamente habría que desarrollar. Muchas iglesias espiritistas ofrecen cursos para novatos, pero si no está seguro de sus creencias, tal vez quiera desarrollar sus dotes por otro camino.

Escritura automática

La escritura automática tiene cierta tradición como medio de contacto con los espíritus. Sin embargo, no hay garantía alguna de que los mensajes anotados provengan del otro mundo. El arqueólogo Frederick Bligh Bond descubrió los planos perdidos de las ruinas de la abadía benedictina de Santa María, en Glastonbury, en la foto de arriba, anotando automáticamente mensajes que supuestamente provenían de monjes ya desaparecidos. Los surrealistas dirigidos por André Breton usaron esta técnica en la década de 1920 para explorar el subconsciente y generar una escritura poseída por la imaginación.

Siéntese en un lugar cómodo, con un papel y un bolígrafo, y trate de despejar su mente. Deje que su mano escriba lo que se le ocurra, ya sean garabatos o una escritura reconocible. Si puede leer luego lo que ha escrito, cópielo y sométalo a una evaluación como la indicada más arriba. Desde luego, puede que no haya más que sinsentidos y borrones. Si la escritura no aflora espontáneamente, el aburrimiento puede llegar enseguida.

Al igual que otras técnicas, la escritura

Las «Cartas después de la muerte» de Julia Stead entre los años 1942 y 1943 son un referente de la escritura automática.

automática entraña algunos riesgos psicológicos. Mucha gente ha experimentado en su juventud con tableros de ouija que produjeron mensajes sensacionales de entidades que afirmaban ser «el diablo» o cosas similares. Por más infantiles que parezcan, estos mensajes pueden llegar a ser bastante perturbadores, y pueden emerger también en la escritura automática. Si no le atrae exponerse a estas contingencias, evite los experimentos.

Regresión hipnótica

La regresión hipnótica ha sido reconocida como un método para investigar las vidas anteriores. Sin embargo, la información que proporciona rara vez resiste un análisis minucioso. Si quiere experimentar con las regresiones, asegúrese de consultar a un hipnotizador acreditado. Esta práctica conlleva peligros inherentes, y más de un hipnotizador ha sido llevado a juicio por descuidar el bienestar mental y físico de sus pacientes.

Entre las teorías relacionadas con la regresión, una de las más notables es la de la lámpara matamoscas, concebida por el investigador de lo paranormal Hugh Pincott a mediados de la década de 1980. Pincott propone que dentro de cada persona hay una personalidad latente que cifra nuestros deseos inconscientes y nuestras aspiraciones. Puede permanecer dormida la mayor parte de la vida pero, como una lámpara matamoscas, atrae hacia sí todos los hechos y experiencias de la experiencia diaria que podrían asociarse con ese personaje ideal. Un conductor de metro

puede verse a sí mismo como un explorador de las profundidades marinas; un ama de casa infeliz, como la reina Margot; un banquero, como un marino. No importa la época a la que nos traslademos, un ejecutivo occidental puede verse como un

verdadero samurai hace más de doscientos años. Estas aspiraciones pueden haberse visto frustradas por el entorno, la educación o la necesidad.

Pincott señala que ninguna teoría individual explica plenamente las observaciones registradas en la regresión. Sin embargo, tampoco hace falta ceñirse a una sola para analizar la información proporcionada por un sujeto. Si el material oral es de una calidad excepcionalmente alta, y la investigación histórica ha descartado el engaño, la fantasía y la criptomnesia, nos quedan sólo unas pocas «explicaciones» para los episodios de regresión. Éstas incluyen el banco de datos cósmico, las vidas anteriores genuinas y la supervivencia del espíritu tras la muerte. Aunque, quizás sean todas distintas expresiones de un mismo fenómeno.

El fenómeno poltergeist

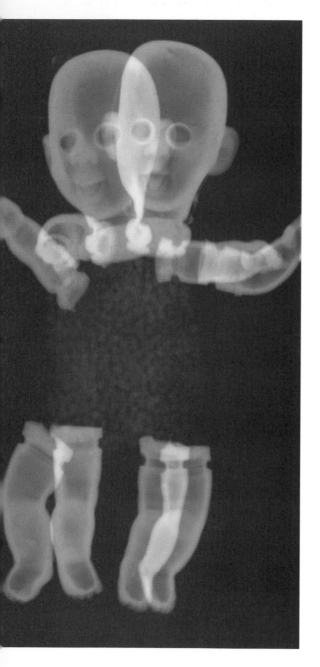

La palabra alemana «Poltergeist» designa un conjunto de fenómenos anómalos que acontecen en un lugar determinado. Entre ellos figuran la levitación de cuerpos, cambios térmicos, aparición de ruidos, luces u objetos que no pertenecen a la casa, fallos de los aparatos eléctricos, incendios, inundaciones y desaparición de objetos que luego aparecen en otra parte.

Como se ha señalado antes, estos fenómenos pueden ser obra de fantasmas o del poder mental de una persona viva que, inconscientemente, vuelve sus energías contra sí misma. Los fenómenos de poltergeist suelen producirse en casas donde las relaciones personales son tensas o donde alguno de sus ocupantes se ve obligado a reprimir sus afectos o energías. Las anomalías, por otro lado, suelen desaparecer cuando se intenta grabarlas. Estos dos factores sugieren que los fenómenos proceden de una persona que está viva y desata sus energías en la intimidad sin ningún impedimento, pero las reprime cuando se siente observada. Sin embargo, éste no es siempre el caso.

El investigador debe recordar que mucha gente sería capaz de destruir su casa con tal de aparecer en la televisión o en las revistas especializadas. Las técnicas descritas a continuación sirven para evaluar los casos de poltergeist que encuentre en sus investigaciones.

Sus causas

Según Hans Bender, la mayoría de los casos poltergeist se presentan en casas donde hay jóvenes en la pubertad o personas con desequilibrios emocionales o psíquicos. La fuerza psíquica descontrolada de estos individuos, desatada por cambios hormonales o alteraciones íntimas, provocaría inconscientemente los fenómenos. Estos casos de poltergeist serían en realidad casos de psicoquinesia descontrolada.

Otros estudios explican los poltergeist como manifestaciones de otra dimensión. La causa de los fenómenos sería la presencia de una persona especialmente sensible, que contacta sin saberlo con esa dimensión. La explicación parte del supuesto de que la realidad física no es única, sino que está formada por innumerables planos temporales que coinciden en un mismo espacio. Los acontecimientos del presente pueden coincidir así con hechos ocurridos doscientos años atrás. Si una persona muy sensible establece el contacto entre estos dos planos, dichos hechos podrían colarse en el plano de la realidad actual. Las diferencias de frecuencia entre los planos explicarían las alteraciones en los instrumentos de medición que intentan registrar los casos de poltergeist.

Cuando una ventana se abre sin motivo alguno y empiezan a volar todos los objetos que hay en la habitación, podemos tener un poltergeist, o, como se insinúa en la película *El exorcista*, un caso de posesión.

La investigación

Para encontrar un caso de poltergeist, le sugerimos que coloque un anuncio en un diario, aclarando que no piensa retribuir económicamente la colaboración para evi-

tar malentendidos. Si lo que desea es investigar un caso que ya conoce, hable con el propietario o inquilino de la casa y pida permiso para realizar todas las pruebas necesarias.

Entreviste al principal afectado y a los testigos, y pida que le describan con precisión todos los fenómenos. Pregunte a qué hora tuvieron lugar y en qué parte de la casa, y quién estaba en ese momento en esa habitación y en el resto de la casa. Trate de averiguar también si las relaciones entre los habitantes de la casa son tensas, si alguno de ellos sufre desequilibrios emocionales o si han estado sometidos recientemente a un trauma. Las familias con hijos adolescentes, la pérdida de un familiar o los casos de maltratos son cuadros habituales.

Las características físicas de la casa y el terreno sobre el que está construida también son relevantes. ¿Hay algún pozo o una cueva en el sótano, que pueda crear corrientes de aire? ¿Es un terreno inestable, propenso a deslizamientos que puedan abrir grietas en

Imagen de un presunto poltergeist con los muebles acumulados al fondo de la habitación.

las paredes? ¿La casa está construida sobre algún manantial subterráneo que pueda producir reverberaciones extrañas? Examine el terreno en busca de animales. Un nido de abejas tras una pared podría ser la causa de un zumbido siniestro. También podría tratarse de escarabajos, o hasta de ratas. Por otro lado, un cable de alta tensión podría crear un campo magnético que altere el funcionamiento de los aparatos eléctricos y el estado de ánimo de los habitantes.

Dibuje un esquema de la casa, con las habitaciones, las ventanas y las puertas. Averigüe si se han hecho obras que hayan podido dejar huecos entre las paredes. Describa en el plano los materiales de construcción, la posición de espejos y cristales, los sistemas de ventilación y calefacción, y otros elementos susceptibles de causar ruidos, movimientos extraños o luces. Un ruido que pasa desapercibido durante el día puede parecer mucho más sonoro por la noche, especialmente en una noche de insomnio. En una ocasión, una señora llamó a la empresa del gas porque oía un zumbido raro cada vez que iba a encender la cocina. El técnico descubrió que era sólo el ruido del gas al circular por la tubería, y que jamás lo había escuchado pese a llevar veinte años en el oficio. El miedo a la explosión había aguzado al extremo el oído de la cocinera, como puede ocurrirle a cualquiera en una noche de inquietud.

Cómo organizar una vigilia

Las vigilias o sesiones de observación de poltergeist suponen todo un trabajo previo de entrevistas e investigaciones. Conviene que se realicen el día (de la semana o el mes) en que suelen producirse los fenómenos, y es indispensable contar con varios ayudantes, ya que pueden durar varias horas y hay muchas tareas que realizar. Tenga presentes las siguientes recomendaciones antes de empezar:

■ Obtenga permiso por escrito de los propietarios del edificio y llévelo consigo durante la vigilia, pues más de una vez la policía se presenta alertada por un vecino inquieto. Además, ofrézcase a pagar por la electricidad y la calefacción que use durante la espera.

■ Seleccione con cuidado a sus colaboradores. En principio, sólo se necesita que sean personas que compartan su actitud neutral frente a la investigación. Es útil contar con uno o dos especialistas para las fotografías o el sonido y otras personas con capacidades técnicas relevantes que puedan traer su propio equipo (véase «Instrumentos de medición»). Todos los participantes de la vigilia deben acatar las reglas e instrucciones del investigador principal.

■ No diga a los participantes lo que deben esperar. Ninguno de los participantes debe saber nada acerca del caso antes de la vigilia. Si durante la noche en cuestión presencian algo que coincide con los informes previos, el caso se verá obviamente reforzado.

■ Prepare el terreno de antemano usando el plano que ha hecho de la casa. Busque las tomas para los equipos y los lugares más convenientes para apostar observadores. Uno de los problemas de emplazar gente y equipo en lugares donde se han presenciado fenómenos es que pueden llamar la atención de curiosos. Ubique puestos de vigilancia para evitar interrupciones.

■ En su recorrido por el terreno, trate de identificar una vez más todos los factores naturales que puedan confundirse con fenómenos paranormales. Los sistemas de calefacción central producen ruidos muy extraños al enfriarse por la noche. Los espejos, los vidrios y las superficies que reflejan deben tenerse en cuenta al preparar más tarde los informes de la vigilia.

■ Prepare con cuidado los instrumentos. El equipo de la vigilia sirve a dos propósitos. El primero es eliminar las causas natu-

rales; por ejemplo, una cámara de vídeo registraría a cualquier persona que toque un objeto que en apariencia se mueve por sí mismo. El otro es registrar realmente el fenómeno. Hay muy pocas grabaciones auténticas de fenómenos aparentemente paranormales (ver Recuadro: «Una vigilia en el castillo de Dover»), y tienen más credibilidad científica que cualquier historia contada por un testigo que no pueda contrastar sus palabras con imágenes.

■ Haga una prueba práctica con todos los instrumentos que va a emplear durante la espera, para saber cómo y si funcionan.

En 1982, la película *Poltergeist*, protagonizada por la desaparecida actriz Heather O'Rourke, popularizó los fantasmas salidos de la televisión.

Compruebe el efecto que ejercen sobre ellos los objetos de la vida cotidiana y verifique la duración de las baterías. Familiarícese con los instrumentos básicos, como vídeos o magnetómetros. Si alguno es difícil de manejar, redacte unas instrucciones sencillas para que los demás puedan usarlo. Compruebe que los instrumentos están calibrados, en particular los detectores Geiger que llevan algún tiempo sin usar.

Instrumentos de medición

Las mediciones con instrumentos constituyen las pruebas más contundentes de los casos de poltergeist. Los instrumentos básicos que deben emplearse en una vigilia son los siguientes:

■ ANEMÓMETRO: Mide la velocidad del viento

■ BARÓMETRO: Registra la presión del aire

■ CÁMARA DE VÍDEO: Graba los fenómenos y actúa como «control» para descartar causas naturales. Muchos modelos modernos pueden usarse con nivel de luz bajo.

■ CÁMARA FIJA: Graba los fenómenos. Las digitales son especialmente útiles, pues pueden conectarse directamente a un ordenador.

■ CONTADOR GEIGER: Mide el nivel de radiación

■ DETECTOR PASIVO DE INFRARROJOS (PIR): detecta cualquier movimiento en la oscuridad.

■ GRABADORA: Registra notas vocales en la oscuridad y sonidos como golpes o pasos.

■ HIGRÓMETRO: Mide la humedad de la atmósfera.

■ MAGNETÓMETRO: Registra cambios en el campo magnético local.

■ TERMÓMETRO: Registra los cambios de temperatura, los «fríos» repentinos y las brisas paranormales.

Es importante planear dónde poner exactamente los instrumentos. Sitúelos de modo que no puedan moverse e intente emplazarlos unos cerca de otros. Desde luego deben estar colocados donde tengan más probabilidades de «observar» el fenómeno, pero esto no debe ser obvio para todos los participantes.

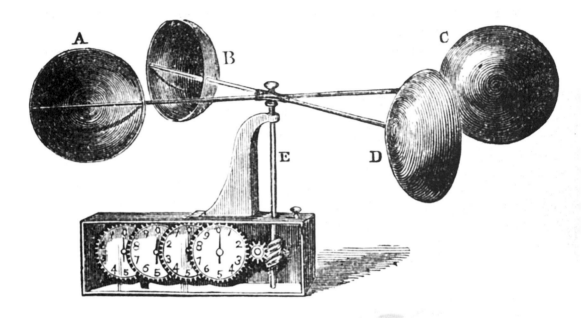

Anemómetro de principios de siglo. Los
actuales pueden conectarse a un ordenador.

Lleve aparatos de reserva por si alguno se
estropea y, si es posible, realice las mismas
mediciones con diferentes dispositivos,
por ejemplo, una cámara de vídeo y un
detector de infrarrojos. Trate de sincroni-
zar los instrumentos para que empiecen a
funcionar todos a la vez. Así sabrá si una
lectura inusual corresponde a un incidente observado o no.

Durante la investigación, lo ideal sería
introducir los registros en un ordenador
personal, pues la cantidad de datos resul-
tantes es enorme y el ordenador facilita el
análisis posterior. Lo ideal sería conectar
los instrumentos en serie o en paralelo al
ordenador, para coordinar las diferentes
tareas simultáneamente. Antes de empezar, sincronice las horas en el ordenador y
asegúrese de que todos los cables son lo
más cortos posible, pues los largos pueden
sufrir interferencias eléctricas.

El paso de la noche

Las esperas tienen lugar casi siempre de
noche. No porque los fantasmas prefieran
la noche, sino porque es más fácil disponer
del edificio. La noche ofrece además tran-
quilidad, y pueden registrarse fenómenos
más sutiles. Aunque no hace falta apagar
todas las luces, un bajo nivel de iluminación
puede contribuir al ambiente propicio.

El coordinador de la vigilia debe dividir
a sus colaboradores en equipos de dos o
más personas y apostar los equipos en posi-

Esquema de rotación para los equipos A, B, C, D			
	22-23:30	**0:00-1:30**	**2:00-3:00**	**3:00-5:00**
Primera planta	A	D	C	B
Escaleras	B	A	D	C
Recibidor	C	B	A	D
Segunda planta	D	C	B	A

ciones estratégicas para manejar los instrumentos allí situados. Los equipos deben rotar por las posiciones, y cada dos horas debe haber una breve pausa general. Todos los participantes deben ir equipados con un cuaderno de notas, un bolígrafo, una linterna y un reloj. También puede ser necesaria ropa abrigada. La comida y los líquidos ayudan a la gente a mantenerse despierta, pero deben evitarse los alimentos aromáticos o muy condimentados si pueden presentarse olores anómalos. Ninguna

persona debe quedarse sola en ningún momento, pues no habrá modo de probar si presenció un fenómeno. Es frecuente que a un investigador novato le «hable» un espíritu o le ocurra un portento imaginario. Un transmisor portátil puede ser útil en caso de que un incidente dramático haga necesaria la presencia de más personas. También puede ser buena idea reservar media hora en algún momento de la noche para examinar entre todos los acontecimientos y la táctica a seguir.

Si se filman a distancia ciertas áreas, dos investigadores deben vigilar siempre los equipos. Las cámaras de vídeo deben conectarse a monitores de televisión para detectar e investigar enseguida cualquier suceso inusual. Es necesario tomar nota regularmente de la lectura de los termómetros, pues en las vigilias son comunes los cambios drásticos de temperatura. Otro suceso corriente son los ruidos de pasos, y es importante asegurarse de que no sean accidentales, por ejemplo, prohibiendo todo movimiento en ciertas partes de la casa.

A veces, realidad y ficción se confunden en los sueños, como sucede en esta *Pesadilla* **de 1871 pintada por el suizo Henry Fuseli.**

También son muy frecuentes las cisternas que se vacían en un momento crítico, y lo ideal es que los participantes sólo usen los aseos en las pausas y anoten si lo hacen en caso de urgencia. Todo el trabajo puede echarse a perder si no puede probarse que un ruido era de origen paranormal.

Después de la vigilia, los participantes deben analizar juntos los acontecimientos de la noche. Lo ideal es reunirse después de que todos hayan dormido bien, y el coordinador debe conversar en privado con los participantes que no puedan asistir en ese momento. Las sesiones de evaluación

El castillo de Dover

Los castillos encantados abundan en las guías turísticas y las leyendas populares. Sin embargo, el imponente castillo de Dover, construido hacia 1180 durante el reinado de Enrique II, no tenía prontuario alguno de espantos antes de que el investigador de lo paranormal Robin Lawrence diera inicio a su investigación. Lawrence se interesó por el castillo tras enterarse de que varios miembros del personal habían tenido experiencias extrañas. No sólo obtuvo testimonios sobre sonidos anómalos y testimonios vistosos, sino que también produjo pruebas de vídeo extraordinarias. El siguiente extracto de su informe detalla algunas de las experiencias referidas por el personal del castillo:

■ «Una mujer de la limpieza vio a una figura masculina vestida con un traje de principios del siglo XVII de estilo caballeresco (predominante entre 1610 y 1630), hacia las 8:30 de la noche».

■ «Otro testigo vio a un soldado de infantería del siglo XVII que llevaba un morrión y una pica. La aparición entró en un aposento por una pared y salió por otra».

■ «Durante el verano de 1991, un turista estadounidense y su esposa comentaron a un miembro del personal que habían oído gritos y gemidos «muy veraces» al visitar los corredores. Eran los últimos visitantes del día, y creían que habían estado escuchando una grabación de efectos de sonido. No podía haber nadie más en los túneles en ese momento».

■ «El fenómeno que se detectó con más frecuencia fue el sonido de unas puertas de madera dando un fuerte portazo».

pueden ser muy valiosas para determinar si tuvo lugar algún fenómeno. A menudo, ponen de manifiesto fenómenos que ni siquiera se apreciaron durante las guardias, por ejemplo, ruidos de pasos que alguien supuso que eran de otro participante. En el caso del castillo de Dover, varios participantes vieron una figura en sombras delante de una escalera y supusieron que se trataba simplemente de un compañero. Sin embargo, ¡nadie se había movido en toda la noche! Al final de la evaluación, el organizador debe recoger todos los diarios de notas de los participantes.

Lawrence llevó a cabo una vigilia con dieciséis investigadores divididos en ocho equipos de dos personas el 12 de octubre de 1991. El vídeo que grabaron es uno de las pocos registros de un poltergeist en plena acción. La investigación no logró establecer un motivo histórico específico para los fenómenos, y los acontecimientos que los originaron probablemente fueron bastante mundanos y no figuran en los anales. Los extractos de los diarios de la vigilia resumen lo que ocurrió:

Diario de la vigilia

23:22 Equipo F: se escuchó «un sonido similar al de un portazo». No había ninguna puerta en las inmediaciones.

02:10 Equipo D: se escucharon fuertes sacudidas en una puerta grande durante cuatro segundos. Los dos investigadores recorrieron la zona controlada y no encontraron explicación alguna que les mostrará su origen.

02:20 Equipo H: los dos miembros del equipo vieron una figura en sombras en el umbral de la escalera de piedra al final del corredor.

03:15 Equipo G: se oyó un nuevo portazo en el mismo lugar.

03:40 Equipo H: otro portazo, registrado en la grabadora.

04:40 Equipo H: portazo de nuevo, registrado en la grabadora.

05.15 Varios equipos: se oyó una vez más un portazo. Se escuchó también en los túneles subterráneos.

05:20 Equipo B: los dos miembros del equipo tenían una cámara de video enfocada frente a las puertas de la escalera de la segunda planta (la torre del homenaje), donde los miembros del equipo D habían registrado ya alguna actividad. A las 5:20, estas puertas se sacudieron durante seis segundos y el incidente se grabó en vídeo. Los equipos A y D recorrieron enseguida el área de la escalera. No se encontró a nadie en las escaleras y no había ninguna salida. Las puertas que daban a la azotea estaban cerradas con llave y la salida del sótano estaba cubierta por el equipo D. Finalmente, no se pudo encontrar ninguna explicación natural de este fenómeno.

Cómo librarse de un fantasma

A los investigadores de lo paranormal se les pide a menudo que «expulsen» los fenómenos particulares que han ido a investigar. Esto es perfectamente comprensible, ya que los fantasmas suelen irritar y hasta perjudicar a los afectados. Pero, ¡no es menos natural que el investigador no quiera librarse enseguida de un buen fantasma! Lo aconsejable es explicar a los testigos que todavía no comprendemos del todo la realidad fantasmal y que hay que estudiar los fenómenos antes de tratar de «expulsarlos». Quizá lleguen a interesarse en estas presencias fascinantes y a menudo inofensivas. Si el fenómeno genera demasiado estrés, existen varias técnicas para reducir la tensión:

■ Escuche a los testigos con atención y hábleles de otras personas que hayan tenido experiencias similares. El hecho de que otros individuos perfectamente cuerdos haya presenciado la misma clase de fenómeno resulta tranquilizador.

■ Sugiera a los testigos que lleven un diario e intenten grabar en audio o en vídeo los fenómenos. Si logra despertar su interés, verá como su ansiedad también se relaja. Se ha comprobado que «vigilar» constantemente un fenómeno disminuye su intensidad. La presencia de investigadores también inhibe a menudo los fenómenos, aunque no se sabe la causa de este efecto. Por eso resulta tan difícil obtener registros de la actividad paranormal.

■ Explique que muchos fenómenos se desvanecen por su cuenta. Los fenómenos de poltergeist tienen siempre una duración limitada. No puede decirse lo mismo de otras realidades fantasmales, pero éstas casi nunca resultan igual de aterradoras.

■ Sugiera al testigo que consulte a un profesional. Si los testigos continúan angustiados, sugiérales con delicadeza que visiten a un psicólogo para controlar el estrés. Nunca lleve a «expertos» en psicología o hipnosis por su cuenta.

■ Resístase a las peticiones de exorcismos. El investigador de lo paranormal no debe involucrarse en rituales de este tipo, ya que suelen estar relacionados con sistemas particulares de creencias que el testigo puede o no compartir, y, en contra de lo que se suele creer, a menudo agravan los niveles de estrés en personas vulnerables e intensifican las manifestaciones anómalas. Aparte de los dilemas éticos implicados, casi nunca funcionan.

Los peligros de la Ouija

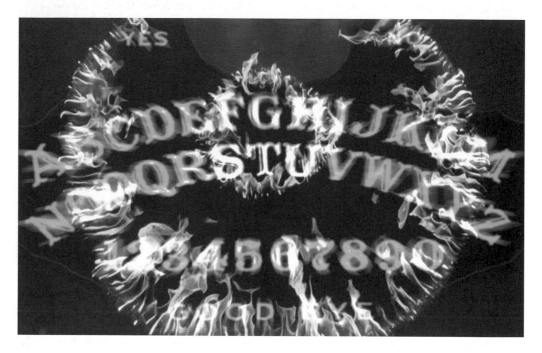

La palabra «ouija» significa afirmación y es una combinación de «oui», que quiere decir sí en francés, y «ja», que quiere decir lo mismo en alemán. La popular tabla de la ouija es para algunos el teléfono de los muertos. Y para otros el telégrafo de nuestro propio inconsciente. El antecedente de la ouija es la *planchette*, un mecanismo para comunicarse con los muertos desarrollado en el siglo XIX. La *planchette* estaba formada por un tablero con las letras del alfabeto y un triángulo con ruedas. El médium, con los ojos vendados, colocaba sus manos sobre el triángulo para señalar diferentes letras y formar un mensaje impulsado por los espíritus.

En principio, la ouija es un tablero que tiene grabadas en un círculo las letras del alfabeto y los números 0 a 9, con las palabras «sí» y «no» dentro del círculo. Los participantes se reúnen alrededor del tablero y colocan los dedos índices sobre un vaso invertido que se mueve y señala las diferentes letras, formando palabras y frases en respuesta a preguntas que se le han formulado a un difunto. Según las interpretaciones psicologistas, estas respuestas son ejemplos de escritura automática que exteriorizan traumas o recuerdos inconscientes (véase Escritura automática). Para los creyentes en el espiritismo, son mensajes de los espíritus, que crean

Una velada con el demonio

Una noche de viernes, John Ravens, su esposa y sus dos hijos se sentaron en la sala de su casa en Toronto, Canada, en torno a un tablero de oujia que habían comprado en una tienda de juguetes. Su intención era pasar una velada divertida en familia, pero al cabo de un rato el cristal del tablero empezó a moverse con vertiginosa rapidez. El «espíritu» preguntó si podía entrar en la sala, y Ravens lo invitó a pasar convencido de que uno de sus hijos les estaba gastando una broma. Unos segundos más tarde, un anillo de fuego se encendió en la habitación, y una aparición de color rojo y negro, con cuernos y escamas en la piel, se materializó en el centro de la habitación. La figura, identificada por los Ravens con el demonio, arrojó a los niños contra las paredes, y cuando los padres lograron rescatarlos tenían marcas de pezuñas y quemaduras. Todos los miembros de la familia tuvieron que ser tratados por heridas y quemaduras.

en el médium una respuesta nerviosa automática que hace mover el vaso.

Algunas personas conciben la ouija como un método para acceder a estados alterados de conciencia, comparables a los que producen algunas drogas alucinógenas. Al igual que estas drogas, el uso del tablero entraña riesgos. En un gran número de casos, los espíritus contactados han sido víctimas de suicidios o asesinatos, o por lo menos eso describen las respuestas de la ouija. Es posible que estos relatos procedan del subconsciente, o del así llamado «plano astral inferior», y la carga emocional a la que se ven sujetos los practicantes puede dar paso a alucinaciones e incluso traumas. Los creyentes en el espiritismo advierten también contra la tentación de pedir a los espíritus pruebas físicas de su existencia, abriéndoles así las puertas al mundo de los sentidos. A menudo, las personas que así lo hacen pueden tropezar con incidentes desagradables. En el plano psicológico, la búsqueda de respuestas sobre el pasado, el futuro y el presente puede convertirse en una obsesión. El practicante puede empezar a supeditar sus decisiones a los mensajes frecuentemente erráticos de la ouija, hasta el punto de sentirse poseído por el tablero y sus espíritus.

Psicofonías y psicoimágenes

Las psicofonías y las psicoimágenes suelen identificarse con rastros que han dejado en el mundo los espíritus de ciertas personas. Su existencia se atribuye a episodios traumáticos que tuvieron lugar en vida de estas personas, o bien a angustias íntimas o deseos profundos que no pudieron hacer realidad antes de morir. Las legendarias «voces de enamorados» que se escuchan en lugares donde tuvo lugar una separación trágica serían un antecedente histórico de estos deseos perpetuados en palabras que quedaron por decir. Las psicoimágenes, por su parte, podrían remontarse a las tradicionales apariciones de ciertos espíritus en espejos y pozos de aguas tranquilas que reflejaron en otra época sus rostros.

Las psicofonías

Los investigadores definen las psicofonías como sonidos de origen desconocido que aparentemente flotan en un lugar. Estos sonidos han sido interpretados como mensajes de los muertos, pero también como señales de seres que viven en otra dimensión o incluso de visitantes extraterrestres. Y aun como proyecciones del inconsciente de los vivos o como vestigios del pasado que han permanecido intactos en ese lugar.

La investigación de las psicofonías se remonta a finales del siglo XIX, cuando el célebre inventor Thomas Alva Edison diseñó un fonógrafo destinado a captar las vibraciones sonoras de las voces de los muertos. El primer registro de una psicofonía, sin embargo, fue realizado accidentalmente por Friedrich Jurgenson, autor del clásico sobre el tema «Las voces del universo». En una ocasión, Jurgenson, que era músico y productor de cine, dejó una grabadora encendida en

el campo para registrar el canto de los pájaros y cuando escuchó la grabación encontró entre los trinos palabras en sueco y noruego acerca de los pájaros. Repitió el experimento y esta vez las palabras le resultaron más familiares. «Jurgi... Jurgi... mi pequeño Jurgi», le pareció oír. La voz era indudablemente la de su madre.

En 1964, el novelista y filósofo Konstantin Raudive entró también de la mano de su madre en el mundo de las psicofonías. Un día salió de casa y dejó la grabadora enchufada y cuando regresó y rebobinó la cinta oyó la voz de su madre muerta que lo llamaba. Raudive se propuso diseñar un aparato para amplificar los sonidos, conocido luego como goniómetro, que construyó la empresa Telefunken. A partir de la década de 1980, el número de aparatos usados para contactar con el más allá fue en aumento. Los hermanos Maggy y Jules Harsch-Firschbach, de Luxemburgo, diseñaron varios instrumentos para investigar las psicofonías, entre ellos el europuente de señales, un aparato capaz de registrar mensajes de varios minutos. Según ellos mismos, los espíritus les indicaron más tarde cómo construir el GA-1, un dispositivo de audio para sostener diálogos con los muertos.

Las psicofonías suelen registrarse en una lengua que conoce el investigador. Este hecho singular ha impulsado la hipótesis de que provienen de su propio inconsciente. El misterio de cómo llegan

Un dolor de muelas psicofónico

Un día de verano de 1971, Friedrich Jür- genson estaba en su casa esperando al profesor Hans Bender y a la señorita Gi- sela para iniciar una sesión de psicofoní- as. Para distraerse, probó una vez más la grabadora, y al rebobinar la cinta es- cuchó: «Sie kommen bald. Zahnarzt. Zah- narzt». («Vendrán pronto. Dentista. Den- tista»). Al parecer, también los espíritus estaban distraídos.

Cuando llegó la visita, Jürgenson se asombró al enterarse de que Gisela había sufrido un repentino dolor de muelas y habían tenido que detenerse en la farma- cia. Pidió enseguida a su esposa, que era dentista, que examinara a Gisela. Y pro- cedió a efectuar las grabaciones con Ben- der. La cinta registró la palabra «¡Peng!» («¡Bingo!»), justo en el momento en que la señora Jürgenson encontró el foco del dolor. Sin embargo, nadie había abierto la boca, aparte de Gisela. Jürgenson obtuvo sus primeras grabaciones de voces del más allá en 1959.

El sueco Friedrich Jürgenson fue pionero en el campo de la transcomunicación instrumental.

hasta una cinta de audio ha sido examinado por el especialista en psicofonías Pedro Amorós. Tras varios experimentos, Amorós llegó a la conclusión de que si una presencia quiere comunicarse con los vivos no necesita emitir sonidos para que un micrófono capte sus mensajes: ciertas modificaciones en el aire alrededor del micrófono bastarán para que el mensaje quede registrado. Asimismo, si colocamos ante nuestra boca un micrófono muy sensible y vocalizamos una palabra sin emitir sonido alguno, la palabra

quedará grabada como si la hubiésemos pronunciado. Los cambios en la forma de la cavidad bucal generan vibraciones en el aire, que el oído no capta pero el micrófono sí. ¿Ha tenido alguna vez la impresión de escuchar un sonido mientras estaba contemplando algo con la boca abierta? Quizá usted mismo fue quien emitió ese sonido casi inaudible.

Existe una posibilidad bastante alta de que muchas psicofonías procedan del propio investigador. Basta con que éste mueva inconscientemente los labios, como algunos espectadores cuando ven una película conocida, para que un micrófono sensible capte las palabras. Algunos estudios han llegado a sugerir que por esta vía podrían captarse incluso los pensamientos: cuando pensamos hacemos gestos imperceptibles, y quizá estos gestos también alteran las condiciones acústicas del aire de una manera

aún por descubrir. Para evitar estas interferencias involuntarias, lo apropiado es dejar la grabadora encendida y volver al cabo de un par de horas a recoger los resultados. Los mensajes serán más nítidos cuanto mayor sea la calidad de los aparatos. También pueden captarse empleando un receptor de ondas de radio o un receptor de diodos, como se detalla más adelante. Algunos programas para ordenadores, como el Goldwave, pueden servir para analizar más tarde las psicofonías.

El periodo más apropiado para registrar psicofonías es entre la puesta de sol y el amanecer. Las grabaciones deben durar unos dos minutos, pues su análisis requiere mucha concentración. Algunos métodos eficaces para registrar psicofonías son:

■ Conectar el micrófono a la grabadora, a suficiente distancia para que ésta no capte el ruido del motor. Introducir una cinta nueva (en las cintas usadas pueden quedar rastros de anteriores grabaciones)

Los habitantes de Eguilior

En el Palacio de Eguilior, en Cantabria, España, se han encontrado tres fantasmas de los antiguos habitantes del lugar. Se trata de una dama noble llamada Margarita, que murió de pulmonía en 1928 a los 29 años, de uno de sus hijos y de un sirviente, cuyo cuerpo fue desenterrado en 1936 y desapareció. El grupo de investigadores ICOA de Santander ha obtenido una psicoimágen de Margarita y una psicofonía en inglés, en la que, tras una melodía de piano, se puede escuchar: «*Now, you are a lady*» («Ahora eres una dama»). Está previsto transformar este antiguo palacio en un parador turístico, pero los investigadores de ICOA vaticinan que los equipos informáticos fallarán constantemente.

y pulsar la tecla de grabación. Se pueden hacer preguntas en voz alta o esperar en silencio. La grabadora y el micrófono pueden aislarse con goma-espuma, y si hay ruido de fondo se puede emplear una caja hermética, o «caja sorda».

■ Encender una radio de onda media y sintonizarla en una banda de «ruido blanco». Conectar la grabadora a volumen intermedio y registrar en una cinta los ruidos. Se puede conectar la radio a la grabadora para evitar ruidos ambientales. También se puede conectar un micrófono a la grabadora para ir formulando las preguntas.

■ Conectar un diodo a la grabadora y poner el volumen al máximo. Este sistema permite recibir mensajes más claros.

En el diario de la investigación, anote el día y el lugar en los que se registró la psicofonía, los instrumentos utilizados y los asistentes al experimento. Si se hacen preguntas, conviene también anotarlas. Describa las condiciones climatológicas y los ruidos que se produjeron durante la grabación (roces, tropiezos, crujidos, caídas de objetos, ecos de tuberías, etcétera). Una vez realizada la grabación, escuche la cinta y anote todo lo que se pueda oír, incluyendo sonidos de fondo, el viento, gritos, voces y mensajes. Señale los ruidos que tengan una explicación racional e indique su causa. Los programas informáticos de sonido facilitan mucho el análisis y permiten representarlo mediante gráficos que son más fáciles de comparar. También permiten eliminar el ruido de fondo, amplificar el sonido y escuchar los mensajes sílaba por sílaba.

Las psicoimágenes

Como las psicofonías, las psicoimágenes son imágenes de origen desconocido captadas por aparatos de registro automático. Las primeras fueron obtenidas por el italiano Mario Rebecchi. Las investigaciones más conocidas son las de Klaus Schreiber, quien solía recibir psicofonías de su hija Karin, fallecida de septicemia a los dieciocho años. Un día, su hija le dijo: «Papá, estaré junto a la ventana». Su rostro apareció al cabo de un momento en la pantalla del televisor.

Para captar una psicoimágen lo ideal es emplear un circuito cerrado de televisión, con una videocámara conectada a un monitor. Coloque una lámpara en ángulo delante del monitor y apunte a la pantalla, en la que se irá proyectando la propia grabación, con la cámara. Cuando en la pantalla aparezcan unas franjas luminosas, desplace la cámara de vídeo hasta que se estabilicen y aparezcan manchas o «motas» y grabe entonces la pantalla durante algunos minutos. El circuito cerrado registrará todas las señales que aparezcan en la pantalla, incluso las más tenues.

La cinta debe analizarse luego fotograma a fotograma en busca de imágenes ordenadas y reconocibles. Si alguien le encarga analizar una cinta, la primera tarea es detectar posibles trucajes o fallos técnicos,

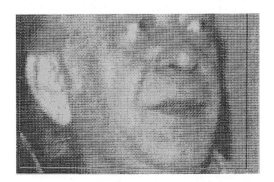

Arriba, psicoimagen de Klaus Schreiber en la pantalla del televisor después de su muerte. Debajo, su hija muerta.

como superposición de fotogramas o rastros de otras grabaciones. Lo más probable es que necesite consultar a un especialista. Del mismo modo que con las psicofonías, los mejores lugares para encontrar psicoimágenes son sitios poco concurridos donde hayan ocurrido episodios violentos, bien sea al aire libre o dentro de una edificación. El investigador debe recurrir a su sensibilidad para detectar los escenarios que parecen albergar algún misterio. Si el lugar donde se quieren hacer los registros es de propiedad privada, es necesario pedir permiso por escrito al dueño.

La combustión espontánea

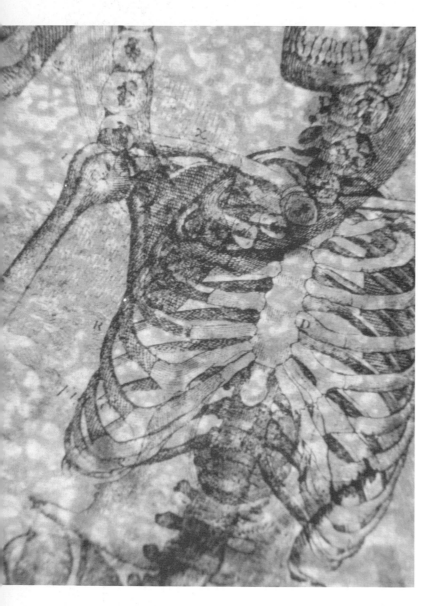

La combustión espontánea puede ser un fenómeno de una virulencia extraordinaria. Aunque haya casos en que la ropa no resulte afectada, a veces, el calor interior generado por el cuerpo puede proyectarse al exterior como lanzado por un soplete, y en el suelo, en torno a las cenizas del afectado, se llega a formar un agujero que deja al descubierto las vigas de la casa.

La combustión espontánea es un fenómeno que se ha registrado en todas las épocas de la historia. La creencia de que el cuerpo humano puede arder por decisión propia, esgrimida durante siglos para justificarlo, dista sin embargo de ser una explicación. Los casos de combustión espontánea son perfectamente distinguibles de las muertes por incendio y desconciertan a los científicos y a los médicos forenses. Los cuerpos de las víctimas quedan reducidos a cenizas blancas, aunque a menudo las piernas o las manos no resultan afectadas. Los objetos circundantes suelen permanecer también intactos, y, en ocasiones, ni siquiera la ropa presenta huellas del fuego inexplicable.

La combustión se produce en pocos minutos, y es tan rápida que el cadáver (si algo queda de él) aparece inerte, como si no hubiese detectado las llamas. La rapidez y la focalización del incendio son los mayores enigmas de la combustión. Para reducir los huesos humanos a cenizas, es necesario someterlos a temperaturas muy altas. Incluso en los hornos crematorios, que arden a más de 1.100 grados, los huesos permanecen enteros y hace falta triturarlos después. Se calcula que el fuego de una combustión espontánea debe llegar a los 1.650 grados centígrados, una temperatura muy superior a los doscientos grados que alcanza un incendio doméstico habitual. Dada la falta de una explicación para el incendio, se cree que su origen está en el interior del cuerpo calcinado. Sin embargo, ¿en qué circunstancias podría arder un cuerpo humano con tal violen-

El dormitorio de la condesa

La condesa italiana Cornelia Bandi protagonizó uno de los primeros casos documentados de combustión espontánea. En una noche de abril de 1731, en su casa de los alrededores de Verona, se quedó dormida después de conversar varias horas con su doncella. A la mañana siguiente, la doncella llamó en vano a la puerta, y cuando entró presenció un espectáculo espeluznante. El dormitorio estaba negro de hollín. Del borde de la ventana goteaba un líquido amarillento que tenía un olor horrendo, y en el suelo había charcos pegajosos del mismo color. Sin embargo, la cama no había sufrido daños. Las sábanas estaban del revés, e indicaban que en algún momento de la noche la condesa se había levantado. A un metro y medio de la cama, había dos piernas tendidas en el suelo, con las medias puestas, en medio de un montón de cenizas blancuzcas. Entre las cenizas se encontró el cerebro, un hueso del cráneo, el mentón y tres dedos chamuscados de la condesa Bandi. Los testigos que tocaron las cenizas decían que se les pegaban como una baba entre los dedos.

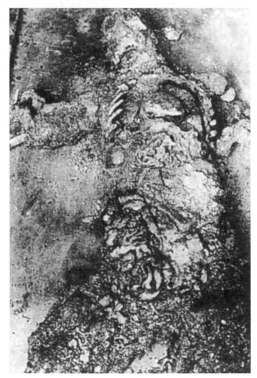

A la izquierda, el doctor John Irving Bentley, encontrado en su casa de Pensilvania en 1966, es uno de los casos más famosos de combustión espontánea. En estos casos, el fuego procede del interior del cuerpo, contrariamente a lo que suele suceder durante los incendios.

cia? ¿Qué hacía que los cuerpos de las víctimas fueran tan inflamables?

Algunos investigadores creen que la combustión se produce por una reacción anormal del hidrógeno y el oxígeno presentes a nivel celular. Este tipo de reacción química produce un calor muy intenso y es la que se utiliza para propulsar los cohetes espaciales. Los doctores norteamericanos Ivan Sanderson y Vincent Gaddis, por su parte, han estudiado la formación de fosfágenos como la vitamina B1 en los músculos humanos. Estas sustancias, similares a la nitroglicerina, podrían tender a acumularse dentro del cuerpo de personas sedentarias como los ancianos, que son las víctimas más frecuentes de la combustión. Sin embargo, ninguna de estas teorías ex-

Una noche cualquiera

El norteamericano Jack Angel fue una de las pocas personas que sobrevivió a la combustión espontánea. Una noche cualquiera de 1974, se fue a dormir en su casa de Georgia. Despertó cuatro días más tarde, víctima de terribles quemaduras. El fuego se había concentrado en su brazo derecho, y los médicos tuvieron que amputárselo. Sin embargo, ni el pijama ni las sábanas parecían quemados. Angel no sintió ningún dolor hasta varias horas después de recobrar la conciencia. Nunca pudo recordar como empezó el fuego, ni siquiera bajo los efecto de la hipnosis.

plica de dónde surge la mecha que enciende las llamas. Ciertas hipótesis sugieren que la ruptura de un hueso podría desencadenar el incendio. Entre las personas mayores, en efecto, son frecuentes las roturas espontáneas de huesos por descalcificación.

Los casos excepcionales de sobrevivientes no contribuyen demasiado a despejar las incógnitas. Según los informes forenses, algunas víctimas parecen haber inhalado grandes cantidades de humo al iniciarse la combustión, y por este motivo, entran en una especie de letargo y no intentan siquiera apagar el fuego. Casi todos fallecen poco después a causa de las quemaduras. No existe un solo registro de un sobreviviente que recuerde cómo empezó el fuego. Según los anales médicos, cada cuatro años se produce un caso de combustión. Sin embargo, los investigadores del fenómeno sostienen que son muchos más los casos que nunca se registran.

La dificultad de encontrarse cara a cara con uno de estos fenómenos obliga a ser muy perspicaz al investigador.

Milagros de sangre y caras en el suelo

La aparición de rostros difuminados, muchas veces imágenes de Cristo, en paredes viejas o recién encaladas, es tan impactante como los rostros de iconos religiosos que lloran sangre, más relacionados con las reliquias de sangre coagulada que se licúan periódicamente. Éstos últimos fenómenos se consideran milagrosos y gozan de enorme devoción entre las personas devotas. Por desgracia, también en este campo existen casos fraudulentos. El investigador de lo paranormal debe actuar con gran prudencia para desenmascararlos o, si es el caso, para estudiar los fenómenos auténticos sin ofender la sensibilidad ajena.

Imágenes sangrantes

En la investigación de imágenes sangrantes, compórtese con respeto aunque no sea creyente. Pida al dueño de la imagen que le deje tomar una muestra de la sangre para analizarla. Procure tomar sangre no coagulada, porque sólo podrá obtener el el factor RH. Puede usar un cuentagotas de cristal para absorber algo de la sangre que se haya acumulado bajo de la imagen. Guarde la muestra en un pote de cristal y llévela lo antes posible al laboratorio. Solicite un análisis de sangre para averiguar el factor RH y el grupo sanguíneo y pida también un análisis de ADN.

Tesoros inexplicables

En su casa de Villa Madero, Argentina, Marta Rosenberg tiene enmarcada una postal de Cristo que sangra profusamente por los ojos sin importar en que habitación se la coloque. Se trata de sangre humana de factor RH+, y actualmente se está analizando su ADN.

En la capilla del Tesoro de san Genaro, en la catedral de Nápoles, se preserva una muestra de la sangre de san Genaro. La sangre, solidificada, se licúa por sí sola tres veces al año, el primer sábado de mayo, el 19 de septiembre y el 16 de diciembre.

La sangre recogida en la decapitación del mismo san Genaro, ocurrida en el año 305, se conserva en la iglesia de Solfatara de Pozzuoli. Se licúa cada 19 de septiembre a las diez y un minuto, el aniversario de la ejecución del santo.

En el Monasterio de la Encarnación, en Madrid, se conserva una muestra de la sangre de san Pantaleón, que se licúa cada 27 de julio.

Con esto averiguará si la sangre es de un animal o de un conocido y confirmará el fraude. El caso revestirá interés si la sangre no pertenece a ningún animal conocido o si el ADN corresponde al de un grupo humano de una región distinta del planeta.

El misterio de las reliquias

En los casos de las reliquias que se licúan no es posible investigar, pues está prohibido tomar muestras para no estropear los restos. Quizá en poco tiempo algunas técnicas en desarrollo como el análisis espectroscópico permitan analizar la sangre de los santos sin tener que abrir los recipientes que las contienen, que son por otra parte objetos consagrados.

El profesor de química y tecnología Agustín Fernández y el periodista José Manuel Alonso Ibarrola, ambos españoles, han sugerido la hipótesis de que la sangre milagrosa de algunos santos puede ser el fruto de una antigua formula alquímica. En un libro del alquimista del siglo XVI Evónimo Filiatro, seudónimo del médico suizo Conrad Gesner, figura la siguiente fórmula para destilar el «óleo santo», un líquido con la apariencia de la sangre que podría alterar sus propiedades físicas con el paso del ciclo lunar:

«Se toman tres libras de sangre de un hombre bien sano o de varios entre los veinticinco y los treinta años. Una libra de esperma de ballena y otro tanto de médula de buey. Se destilan en un alambique bien zulacado. El agua primera saldrá blanca; la segunda, pálida; la tercera, leonada, y la cuarta, roja y un poco grasienta. El aceite así destilado crece y decrece con la luna.»

En su Gran diccionario universal del siglo XIX, Pierre Larousse ofrece una receta similar para obtener un líquido rojo que se coagula y licúa periódicamente: «Se pone

En los casos de imágenes sangrantes el fraude siempre puede estar presente. Arriba, retoque fotográfico; abajo, Cristo de la Concordia, de Cochabama, que sangra desde 1995.

al rojo éter sulfúrico con orcaneta (Alkanna tinctoria) y se satura la tintura con espermaceti (esperma de ballena). Esta sustancia, que permanece sólida a diez grados bajo cero, se funde y hierve a veinte. Basta

con mantener algún tiempo en la mano la ampolla que la contiene o ponerla cerca de un cirio encendido para hacerla entrar en ebullición (...) El clero de Nápoles usó frecuentemente el pretendido milagro de san Genaro en beneficio de sus pasiones políticas. Cuando Championnet, al frente de un ejército francés, se apoderó de Nápoles en 1799, se enteró de que con el fin de excitar contra él la irritación popular, el milagro de san Genaro no tendría lugar. El día fijado para la exhibición de la sangre, fue a la catedral. Llegada la hora, la sangre no entró en ebullición y la gente empezó a vociferar. Entonces, el general republicano dijo a uno de sus ayudantes de campo: «Vaya a ver al sacerdote oficiante y dígale de mi parte que si la sangre no entra en ebullición en cinco minutos, hago bombardear Nápoles». Faltaba mucho para los cinco minutos cuando se produjo el milagro».

El «óleo santo» de Filiatro y el curioso líquido de Larousse parecen poner en duda el carácter milagroso de ciertas reliquias. Sin embargo, quizá sólo indiquen un curso diferente para una posible investigación. Tanto la fórmula alquímica como la receta química posterior evocan en efecto la llamada «cera rubea» de los alquimistas, que podía presentarse en la forma de una cera sólida o una tintura líquida, entre otras alternativas. Esta misteriosa sustancia ha sido identificada por diversos estudiosos con la célebre piedra filosofal.

Las caras de Belmez

En el último siglo, la investigación de lo paranormal ha registrado un enorme núme-

ro de fenómenos sin explicación para la ciencia. Uno de los más duraderos e intrigantes es el enigma de las caras de Belmez, que salió a la luz pública a fines del verano de 1971 en la provincia española de Jaén. El 23 de agosto de ese año, en el número 5 de la calle Real, en el pueblo de Belmez de la Moraleda, una extraña mancha apareció en la losa de la cocina de María Gómez Camara, la propietaria del inmueble. En un principio parecía una especie de borrón, pero enseguida adquirió los rasgos de un rostro humano. María y su esposo Juan Pereira Sánchez pidieron auxilio asustados a su hijo Miguel, que rompió la losa con un pico para deshacerse de la imagen fantasmagórica y alisó el suelo con cemento. Sin embargo, al cabo de unos días apareció en el suelo y en el mismo sitio, otra cara aún más terrorífica, bautizada posteriormente como «la Pava». Se trataba de un rostro de mirada perdida, boca abierta y nariz fina, de la que brotaba un hilo de sangre, o quizá unos bigotes.

El pueblo entero quedó conmocionado y el alcalde Manuel Rodríguez Rivas ordenó recortar la cara para analizar y perforar el suelo de la casa. A tres metros de profundidad se encontraron restos humanos. El agujero se selló acabada la excavación, pero en septiembre del mismo año apareció otra cara, esta vez el rostro de una mujer joven. Poco a poco fueron apareciendo caras pequeñas a su alrededor, que con el paso de las semanas cambiaban de forma y luego desaparecían para dar cabida a nuevas imáge-

En la página anterior, arriba, iglesia de San Genaro, donde se produce la licuación de sangre más famosa de Italia; abajo y en esta página, La Pava, el rostro más famoso aparecido en la calle Real de Belmez. Sobre estas líneas, dos investigadores fotografiando el rostro protegido por un cristal.

nes. La mayoría de ellas fueron recortadas y se conservan enmarcadas tras cristales en la casa de los Pereira. Algunas han aparecido y han desaparecido rápidamente delante de testigos. Las caras, conocidas técnicamente como teleplastias activas, son bastante complejas. Muchos rasgos sirven a la vez a dos caras, incluso a tres: el ojo de una cara lo es a la vez de otra, la nariz de una es la ceja de otra, y así sucesivamente. La más famosa de las teleplastias es «la Pava». Es la más antigua que se conserva y ha continuado transformándose hasta hoy.

Treinta años sin respuesta

Las caras de Belmez han sido reconocidas como un fenómeno auténtico por todos los investigadores que han visitado el predio. No se borran con productos de limpieza. Y tampoco se encuentran «dibujadas» en la superficie del cemento, sino por debajo del mismo. En algún momento, se sugirió que podían ser pinturas al fresco realizadas con alguna sustancia incolora que, mezclada con la cal

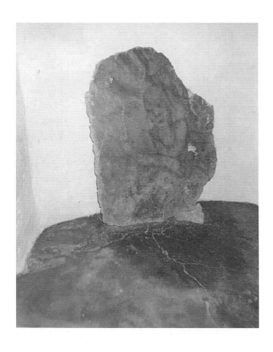

de las losas, emergiera al cabo de un tiempo ante los ojos, como sucede con la tinta invisible. En 1991 y en 1994, el sacerdote José María Pilón mandó hacer dos análisis químicos de las caras, pero no se encontraron rastros de pigmentos. En una ocasión, la cocina de la casa se precintó ante notario para evitar que alguien pudiera pintar o manipular las caras. Tres meses después, el precinto se levantó ante las cámaras de la televisión alemana, convocadas por el investigador Hans Bender. Una cara nueva se había formado y otras habían virado 180 grados. El experimento quedó recogido en la Notaría de Huelva, en los folios 462 y 667 del año 1973. Sin embargo, algunos testigos pusieron en duda la fiabilidad del notario.

El caso de Bélmez ha atravesado toda clase de vicisitudes. Tras la aparición de las primeras caras, el alcalde Manuel Rodríguez Rivas fue llamado a Madrid a dar explicaciones. El periódico *Pueblo*, que empezó comentando el fenómeno con entusiasmo, elevó poco después acusaciones de fraude, y encargó una prueba para detectar sales de plata en las imágenes, que se harían visibles progresivamente a causa de la exposición de las sales a la luz. El resultado fue positivo, pero no se ofrecieron datos rigurosos acerca del experimento. Hans Bender había efectuado ya una prueba similar en Alemania con resultados negativos. Además, los Pereira no tenían mucho que ganar con la falsificación.

Mensajes de ultratumba

Algunos investigadores han visto en las caras una manifestación de los espíritus. De acuerdo con las excavaciones realizadas, los números 3 y 5 de la calle Real de Bélmez se construyeron sobre una iglesia del siglo XIV y su cementerio. La iglesia y parte del cementerio fueron trasladados en 1838 antes de construir las casas. El resto de cementerio se trasladó precisamente en 1971, poco antes de la aparición de la primera teleplastia. Cuando apareció la segunda imagen, la Pava, y se excavó el suelo de la cocina, se encontraron restos humanos que se remontaban al año 1300. Entre tanto, en el inmueble correspondiente al número 3 se han producido periódicamente fenómenos de poltergeist desde 1971, que incluyen ruidos, gemidos, muebles que se arrastran y cuadros que se caen solos. También se han registrado psicofonías estremecedoras como: «Yo sigo enterrada», «Aquí empieza el infierno», o «Yo he sido... tú». Algunas fotografías de las caras revelaron fogonazos de luz en forma de garras.

Entre las hipótesis barajadas está también la de que María Gómez haya producido las caras con el poder del inconsciente. La aparición de las imágenes cobró un ímpetu renovado cuando su marido cayó enfermo en 1981. A su fallecimiento en 1991, aparecieron varias caras nuevas. Las imágenes han ido perdiendo nitidez a medida que envejece

A la izquierda, losa arrancada del suelo que conserva los rostros misteriosos. Arriba, Imagen del castillo de Belmez, situado en el valle del Alto Guadiato, en Córdoba.

María. En una ocasión, fue ingresada al hospital, y las imágenes se difuminaron en el suelo.

Las puertas abiertas

Y el misterio sigue. A la hora de escribir este libro, Belmez aparece de nuevo en los diarios como una noticia que induce al viaje, pero sin demasiadas novedades. La casa de los Pereira tiene las puertas abiertas para cualquiera que desee hacerles una visita. La cocina se conserva como hace tantos años, aunque los rostros se han ido desdibujando hasta parecer simples manchas de humedad. Nunca sabremos si la causa está en el cementerio medieval o en un episodio sangriento de la guerra civil española.

CAPÍTULO 3

Las señales del universo

Guía de campo de los ovnis

En la localidad italiana de Val Camonica aparecen estos extraños seres pintados en la roca.

A finales de la década de 1940, el público estadounidense se vio sacudido por una serie de noticias acerca de naves extrañas que surcaban el firmamento. Se trataba del comienzo del fenómeno ovni, que daría lugar a innumerables teorías, especulaciones y falacias a través de todo el planeta. El impacto de los primeros avistamientos, y las sucesivas historias de abducciones y visitas de extraterrestres, se han atribuido al ambiente de incertidumbre ocasionado por el final de la Segunda Guerra Mundial. Tras el hallazgo de los campos de exterminio y las explosiones nucleares de Hiroshima y Nagasaki, cientos de personas optaron por mirar al cielo en busca de signos de otras formas de vida, que habían de ser necesariamente más civilizadas e inteligentes que sus congéneres. Los mensajes sobre el gran peligro que se cernía sobre la Tierra transmitido por los primeros terrestres en contacto con los ovnis expresaban un temor generalizado al comienzo de la peligrosa era nuclear.

Las leyendas sobre naves luminosas en el cielo se remontan a la prehistoria. La asociación entre estas naves y seres de otros mundos está presente en textos sagrados como el Mahabharata de los hindúes y el Popol Vuh de los mayas. Los ovnis figuran también en numerosas referencias de los clásicos latinos, en los autores eclesiásticos medievales y en los cuadros del Renacimiento. A finales del siglo XIX se registraron aterrizajes y explosiones espectaculares, y aumentaron los testimonios documenta-

dos. Sin embargo, el auge del fenómeno a mediados del siglo XX no resiste comparación con las épocas precedentes. Según los creyentes en los ovnis, la crítica situación del mundo fue la causa de las visitas casi insistentes de naves intergalácticas durante estos años. Hay quien ha visto tras el despliegue de los medios y el interés real o fingido de ciertos gobiernos una vasta maniobra de distracción. En los años cincuenta y sesenta, en cualquier caso, los ovnis se convirtieron en el fenómeno anómalo más difundido de la historia.

El fenómeno ovni

El fenómeno ovni comenzó en 1947 a raíz de un avistamiento realizado por un piloto escéptico. El 24 de junio de ese año, Kenneth Arnold buscaba a bordo de su aeroplano otro avión accidentado en el noroeste de Estados Unidos. De repente, unos destellos de luz captaron su atención. El único avión que había en el cielo aparte del suyo era un DC4, pero Arnold distinguió a lo lejos nueve luces que se movían de manera errática por encima del monte Baker. Los objetos parecían discos con una especie de cola, similares a un bumerán. Arnold los describió como «platillos voladores» porque le pareció que gi-

raban como un plato lanzado al agua. En los años siguientes, esta definición se haría

Kenneth Arnold muestra la representación de uno de los ovnis que avistó desde el avión.

popular con el término más técnico de ovnis, objetos volantes no identificados.

Aunque Arnold vio sus platillos desplazarse por el cielo haciendo ondulaciones, casi todos los informes posteriores describen los ovnis como objetos en forma de disco, cigarro o triángulo, que se mueven muy deprisa en línea recta. Quizá las luces que vio el piloto fueran los reflejos de un camión que pasaba por la carretera, o del fuselaje del DC4. El propio Arnold nunca pensó que se tratara de naves de otro mundo, y ningún otro testigo avistó esa tarde en el cielo la flotilla de naves interestelares, que tampoco fueron registradas por ningún radar. Sin embargo, el hallazgo fortuito dio inicio a una ola de avistamientos en Estados Unidos, que no parecía dar cabida a alucinaciones ni a acontecimientos meteorológicos. El gobierno estadounidense creó una comisión para investigar las misteriosas incursiones en su espacio aéreo, y la comisión, conocida como el Project Sign («Proyecto Signo»), determinó que las naves avistadas eran reales y que dada la velocidad de sus desplazamientos no habían sido construidas con tecnología terrestre.

Las conclusiones del proyecto Signo conmocionaron a la opinión pública. Las noticias se difundieron por el planeta, junto con las especulaciones sobre una inminente invasión extraterrestre, y genera-

Arnold dio a conocer su historia en un diario de Oregón al encontrarse con que las oficinas del FBI estaban cerradas en aquel momento.

ron una afición masiva por la astronomía y los fenómenos estelares. Según algunas teorías conspiratorias, este interés genera-

La luz verde

En 1978 se produjo una intensa oleada de ovnis en Australia. En la noche del 21 de octubre, un joven piloto llamado Frederick Valentich desapareció con su avioneta cuando sobrevolaba Bass Strait, una de las zonas con mayor número de avistamientos. Unos minutos antes, había llamado al servicio de vuelo para informar de la presencia de un objeto luminoso que volaba por encima de su Cessna 182. Durante la investigación oficial, más de veinte personas confirmaron haber visto una luz verde en Bass Strait a la hora de la comunicación por radio. Un empleado de banco y su mujer la describieron como un objeto luminoso de color verde, en forma de estrella de mar. Sin embargo, las autoridades australianas rehusaron dar información sobre el caso, argumentando que se había tratado de un accidente aéreo.

lizado en el firmamento iba en contra de los designios del propio gobierno estadounidense, que habría urdido la coartada de los ovnis para «explicar» pruebas militares secretas que se adelantaban en su espacio aéreo. Fuera o no el caso, en 1949 las autoridades de este país crearon una nueva comisión, bautizada como el proyecto Grudge, que, en contraste con la anterior, se consagró a desestimar los testimonios de nuevos avistamientos y contactos con naves mediante pruebas y justificaciones racionales. El secretismo oficial que acompañó desde entonces el fenómeno acrecentó el interés de muchos aficionados. En los círculos afines a los ovnis, se afirmaba que el ejército estadounidense custodiaba naves interespaciales y que tenía seres extraterrestres secuestrados en sus bases. En 1952, el gobierno creó una nueva comisión, el proyecto Plato, cuyo objetivo manifiesto era contactar con visitantes alienígenas para intercambiar tecnología.

El fenómeno ovni cobró nuevo ímpetu con los primeros vuelos espaciales y la llegada del hombre a la Luna en 1959. Sin embargo, estos acontecimientos también pusieron de manifiesto que el vasto espacio estelar no estaba precisamente repleto de naves intergalácticas. En la década de 1960, siguieron produciéndose avistamientos y contactos de diverso orden, incluidas abducciones cuyas vícti-

Imagen de la misión del Apolo XV. Tras la ladera se observa lo que podría ser un ovni.

mas habrían pasado horas, días, semanas o incluso meses a bordo de las naves. Hasta 1969, el proyecto Blue Book, creado una vez más por el gobierno estadounidense, continuó adelantando investigaciones acerca de la tecnología de los ovnis. El ministerio de defensa de EE UU mantiene todavía un departamento creado en estos años para estudiar los ovnis, bajo el nombre más o menos anónimo de Personal del Aire 2-A. En el año 2001, el proyecto Disclosure, apoyado por un gran número de países y dirigido por Steven Greer, inició labores con el propósito de dar a conocer la tecnología de los ovnis, el aspecto de sus tripulantes y las estrategias empleadas en el pasado por diversos gobiernos para mantener al margen de sus hallazgos a la población.

Uno de los casos más curiosos relacionados con los ovnis y el secretismo se dio durante el alunizaje del Apolo XI en 1969. Neil Amstrong reveló que durante aquella misión habían visto a dos ovnis

La nitidez con que se observa el traje de Aldrin con el sol detrás crea sospechas de fraude.

observándoles desde el borde de un cráter. En una fotografía del Apolo XV se observa la silueta de un ovni detrás de la ladera de la montaña. La NASA siempre lo ha negado, y otros avistamientos hechos desde estaciones orbitales o naves espaciales se han ocultado. La imagen y la historia podían haber sido inventadas, como los presuntos ovnis que escoltaban a las naves , pero lo cierto es que desde el Apolo XVII en 1972 nadie ha vuelto nuestro satélite. Algunas fotografías incluso hacen dudar de que se llegara alguna vez.

Los **OVNIS** en la historia

Según los archivos de la Fuerza Aérea de los Estados Unidos, los primeros avistamientos de objetos voladores controlados por seres de otros mundos se remontan a los tiempos prehistóricos. En el año 216 antes de Cristo, un soldado romano que inspeccionaba las murallas del puerto de Cerdeña vio arder en sus manos un bastón al mismo tiempo que aparecían extraños barcos en el cielo.

Otros soldados en Sicilia vieron arder sus jabalinas. Desde la isla de Capri, se avistaron grandes escudos redondos, y los testigos interpretaron el suceso como una lucha entre la Luna y el Sol. El faraón Tutmosis III, Alejandro Magno, Timoleón, Julio César, Pompeyo y Constantino el Grande fueron algunos de los testigos eminentes que avistaron ovnis en la antigüedad. Según Flavio Josefo, una espada voladora fue vista en el cielo de Jerusalén en el siglo I.

Las visitas de naves extrañas se registraron también en la Edad Media. En el año 1211, los parroquianos de Cloera, en Irlanda, vieron bajar un ancla del cielo al salir de misa un domingo, y por encima del ancla divisaron una nave con dos tripulantes. A partir del siglo XV, las naves quedaron plasmadas también en cuadros como «La Madonna e san Giovannino», de la escuela de Filippo Lippi, en el que un ovni aparece en el cielo junto a la Virgen. Los anales de la Inquisición hablan de un ovni que transportó a un doctor de apellido Torralba de ida y vuelta entre Valladolid y Roma en 1527. El siguiente testimonio es de Bernal Díaz del Castillo, cronista de Hernán Cor-

tés, que describe un suceso acaecido en el Nuevo Mundo en 1527: «Dijeron los indios mexicanos que vieron una señal en el cielo que era como verde y colorada y redonda como rueda de carreta y que junto a la señal venía otra raya y se venía a juntar con la raya colorada. [Y una] espada larga, como entre la provincia de Pánuco y la ciudad de Tezcuco, que no se mudó del cielo en más de veinte días.»

En el siglo XVI, unos cilindros voladores fueron vistos sobre Nuremberg y unos globos ígneos sobrevolaron Basilea. Una columna de luz se elevó sobre el cielo de la batalla de Lepanto. Benvenuto Cellini, Pedro de Valdivia, Pedro Cieza de León y

Arriba, fragmento del cuadro de Lippi en el que aparece un posible ovni. Abajo, fresco del siglo XIV mostrando un presunto astronauta.

Debido a las distancias que imperan en el firmamento, los ovnis tendrían que dominar los viajes a través del espacio-tiempo para poder visitarnos.

Fray Junípero Serra dieron fe de haber visto objetos singulares en el aire, y a comienzos del siglo XVII los ovnis sobrevolaron Cataluña y el sur de Francia, y una «hostia voladora» pasó a gran velocidad sobre la ciudad de Braga. En 1663, en la localidad de Belozero, en Rusia, tuvo lugar un avistamiento singular. El domingo 15 de agosto un estruendo interrumpió la misa y los parroquianos que se asomaron a la puerta de la iglesia vieron descender una inmensa bola de fuego sobre un lago vecino, a plena luz del día. La bola alcanzó un diámetro de cuarenta y cinco metros antes de extinguirse, y una hora más tarde volvió a aparecer y se desvaneció con rumbo oeste. Poco después apareció de nuevo y se quedó suspendida sobre el lago durante una hora y media. Los pescadores del lago sufrieron graves quemaduras por la proximidad del objeto, y la luz transparentó el agua hasta una profundidad de unos 9 metros. Incluso los peces huyeron hacia la orilla.

Sólo en el año 1883, el observatorio mexicano de Zacatecas reportó haber registrado 446 ovnis en el cielo. El 20 de abril de 1897, en Kansas, Estados Unidos, el granjero Alexander Hamilton vio descender en la oscuridad un enorme objeto que se posó sobre sus sembrados. Junto con su hijo y un mozo de la granja, se acercó a unos cincuenta pasos del objeto, que describió de la longitud aproximada de un campo de fútbol americano y de color rojo oscuro. Su forma era la de un enorme cigarro y tenía un habitáculo de cristal en el que el granjero y sus acompañantes divisaron a seis tripulantes, «los seres más extraños que se hayan visto

jamás». Una gran rueda colocada bajo la nave comenzó a girar y el artefacto se elevó a unos 90 metros de altura. Un cable descendió luego y enganchó una vaquilla, que desapareció por los aires junto con el objeto. Al día siguiente las piernas, la cabeza y la piel del animal aparecieron separados en una granja cercana. «No sé si son ángeles o demonios, afirmó más tarde Hamilton, pero no quiero saber nada más de ellos».

Nubes sobre la colina

En agosto de 1915, cerca de Gallípoli, en Turquía, un regimiento de mil soldados británicos divisaron entre seis y ocho nubes que permanecían suspendidas encima de una colina a pesar de la brisa. Debajo de ellas, había una nube más grande, de unos 245 metros de largo y sesenta metros de ancho, que parecía casi sólida. Los oficiales del regimiento ordenaron avanzar hacia la nube y al cabo de una hora todos los soldados se perdieron de vista. La nube se elevó del suelo, se unió a las nubes más pequeñas y todas juntas se dirigieron hacia el norte.

En vista de la desaparición del regimiento, el mando británico supuso que el ejército turco había apresado a todos sus hombres. Cuando los turcos se rindieron en 1918, Inglaterra solicitó su liberación. El ejército turco ni siquiera tenía noticias del asunto. De los mil hombres que avanzaron hacia la nube, ninguno apareció jamás.

La visita de los dioses

omo demuestra la larga lista de avistamientos y testimonios, los contactos con naves de otros mundos han hecho parte de toda la historia de la humanidad. Según el químico Francis Crick, ganador del premio Nobel en 1962 por el hallazgo de la estructura del ADN, es posible que una supercivilización interestelar haya infectado en una época remota el planeta Tierra con un microorganismo que se desarrolló hasta dar origen a la especie humana. Para el científico ruso Vsevolod Troitsky, la Tierra es en efecto un campo de experimentación de nuevas formas de vida, controlado por seres superiores desconocidos para nosotros. Los relatos del Popol Vuh, el libro sagrado de los mayas del Quiché, parecen refrendar la teoría que equipara a los ovnis con los dioses, al igual que las leyendas de los aborígenes del noroeste de Australia. Según estas leyendas, en tiempos remotos sus dioses trazaron sobre las rocas unos dibujos antropomorfos de gran tamaño, conocidos como los Wandjinas, con rostros carentes de boca y herraduras por encima de la cabeza.

Tras instruir a los nativos, los Wandjinas se transformaron en serpientes míticas y se refugiaron en charcos cercanos, y de vez en cuando se les puede ver de noche en forma de luces en el cielo.

En la India, las divinidades Indra, Yama, Varuna, Kuvera y Brahma disponían de unos aparatos voladores llamados «vimanas», que producían destellos de luz cuando se desplazaban por el firmamento. Los aparatos voladores aparecen descritos en el Mahabharata con todo lujo de detalles, medidas y características. También el Ramayana, la otra gran epopeya hindú, habla con absoluta naturalidad de vehículos metálicos que se desplazaban por el cielo. Por su parte, los habitantes de la antigua China se llamaban a sí mismos «hijos del cielo» y su literatura está llena de referencias a objetos voladores desconocidos. Bajo el reinado de Xi Ji, hace unos 4.000 años, fueron vistos dos soles en la ribera del río Feichang, y según los testigos

En las montañas del Tassili, en Argelia, se ha encontrado esta figura de seis metros de altura pintada en las rocas. Muestra un ser con la cabeza aparentemente cubierta por un casco de astronauta. Tiene una antigüedad de ocho mil años y es sólo una más de entre una serie de imágenes parecidas.

ambos producían un ruido como el trueno. El escritor Wang Jia, que vivió bajo la dinastía de los Chin, relata una historia acaecida en el siglo IV antes de Cristo: «Durante los 30 años del reinado del emperador Yao, una inmensa nave flotaba por encima de las olas del mar del Oeste. Sobre esta nave, una potente luz se encendía de noche y se apagaba de día. Una vez cada doce años, la nave daba una vuelta por el espacio. Por esto se la denominaba Nave de Luna o Nave de las Estrellas».

La relación entre los ovnis y los sucesos divinos aparece también en muchos pasajes de la Biblia. El profeta Ezequiel, por ejemplo, se encontró con un vehículo volador en la inmediaciones de Babilonia y lo

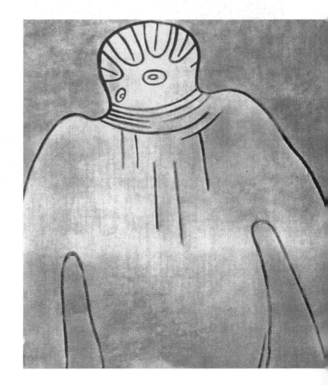

describió con tal detalle que el ingeniero de la NASA Josef Blumrich llegó a construirlo siglos después y patentó algunos de sus componentes. En el libro del Éxodo, una gran nube luminosa guió al pueblo de Israel en su huida de Egipto, indicándole el camino a seguir y proporcionándole ali-

Libro de los Prodigios, el historiador Julio Obsequens comenta que siendo cónsules Cayo Mario y Lucio Valerio se avistó sobre Tarquinia «un objeto que parecía una antorcha encendida que súbitamente cayó del cielo». También en esta obra podemos

El reinado del emperador Yao, de la dinastía Qi, dejó constancia del paso de un ovni.

El pueblo dogón, de Mali, venera la estrella Sirio B, que no puede verse a simple vista.

mento, e incluso descendió a la tierra cuando Jehová le dictó los mandamientos a Moisés. Según el relato de los Evangelios, la estrella de Belén, que viajaba por el cielo y se detenía indicando la senda a los viajeros, podía haber sido un objeto volador tripulado por seres inteligentes.

Entre los clásicos latinos, Plinio el Viejo, Plutarco, Dio Cassio, Séneca y Cicerón dieron también noticia de objetos no identificados en el cielo y los relacionaron con la presencia de fuerzas superiores. En la Eneida, Virgilio habla de «ruedas que transportaban rápidamente a los dioses». En el

leer que en Spoleto, en la actual Umbría, «una esfera de fuego, de color dorado, cayó a tierra dando vueltas, y después se elevó del suelo, y ascendió hacia el cielo, en donde oscureció al disco del sol con su claridad cegadora». Tito Livio, por su parte, habla de naves fantasmas que brillan en el cielo, y de hombres con vestidos centelleantes que aparecieron en varios lugares del imperio.

La aparición de objetos o figuras estelares marca también algunos momentos críticos de la historia, en los que dichos objetos parecen intervenir en los asuntos de los hombres, como en las luchas de los cristianos contra los moros y durante la conquista de América. El éxito de la campaña de Carlomagno contra los paganos sajones fue atribuida por un monje llamado Lorenzo a

«Adoración de los reyes magos» de Giotto, famosa por el cometa que anuncia el evento.

la aparición de dos grandes escudos de color rojo llameante durante una batalla decisiva. Como el pueblo judío, los aztecas, que dominaban las cuestiones astronómicas, protagonizaron un éxodo dirigido desde las alturas por la autoridad divina. Según las leyendas de los indios hopi, establecidos en la actual Arizona, sus antepasados habitaban unas tierras situadas al Oeste, y cuando estas tierras se hundieron en el océano, unos seres venidos de las alturas, llamados los katchinas, les ayudaron a trasladarse al continente americano a bordo de escudos voladores.

Desde el siglo XII, los dogones de la actual Mali veneran una estrella invisible al ojo humano conocida como Sirio B, que sólo fue descubierta en Occidente en el siglo XX. Cuando se les pregunta por el origen de sus conocimientos astronómicos,

Los indios hopi conservan en su tradición viajes hechos a bordo de escudos voladores.

explican que un día llegaron unos seres procedentes de la constelación de Sirio con la finalidad de instaurar la sociedad en la Tierra. Estos seres desconocidos -a los que ellos llaman «nommos- descendieron a la Tierra en un arca que giraba en el aire. Los dogones describen el aterrizaje, que tuvo lugar en el nordeste del país, de forma muy gráfica: «El arca se posó en la tierra seca del Zorro y levantó un remolino de polvo. La violencia del impacto dejó el suelo quemado. El arca era como una llama que se apagó al tocar la tierra. Era roja como el fuego y se volvió blanca cuando aterrizó».

El secreto militar

avistaron naves misteriosas de diversas formas y colores durante las guerras púnicas y algunas otras campañas de los romanos. En las luchas entre cristianos y musulmanes por la península Ibérica, las apariciones determinantes del apóstol Santiago han sido interpretadas como efectos de una nave voladora portentosa. Durante la

A lo largo de la historia, los ovnis han hecho a menudo acto de presencia en combates militares. Los testimonios a este respecto se remontan a la batalla de Jérico en la que los israelitas vencieron gracias al clamor de sus trompetas, que según algunos ovnivólogos fue en realidad el clamor de un ovni. También se

conquista de Méjico, los soldados de Hernán Cortés avanzaron sobre la capital de los aztecas precedidos por extraños fenómenos estelares.

En la época contemporánea, la relación entre los ovnis y el mundo de las armas ha estado envuelta en el secreto militar. En Estados Unidos, cuna del fenómeno ovni en los años cincuenta, las posturas contradictorias del ejército para promover y desmentir avistamientos y contactos alimentaron numerosas teorías de conspiración. La identificación de los ovnis con aviones o armas experimentales cobró particular relevancia durante la Segunda Guerra Mundial. Y se convirtió en un fenómeno en sí mismo durante las largas décadas de espionaje y rivalidad nuclear entre las dos superpotencias de la Guerra Fría. Recuérdese el caso del Area 51, la base americana desvelada en los años sesenta donde supuestamente se esconden los restos de ovnis estrellados en el desierto.

Bosque arrasado en Tunguska.

La explosión de Tunguska

En la mañana del 30 de junio de 1908, una enorme explosión se escuchó en los bosques de Tungus, en Siberia. Unos minutos antes, cientos de granjeros, cazadores y pescadores de la región habían avistado un objeto brillante que cruzaba el cielo a gran velocidad. Los habitantes de Vanovara vieron la luz en el horizonte, seguida de la explosión y de una nube oscura en forma de seta. El estruendo de la explosión llegó a escucharse a ochocientos kilómetros en la ciudad de Kansk, donde un maquinista detuvo el tren alarmado. La región de Tunguska se vio asolada por un gigantesco huracán y los ríos se desbordaron. En Londres, los barógrafos registraron alteraciones anormalmente intensas en ese mismo momento.

La catástrofe de Tunguska se convirtió muy pronto en leyenda. Sin embargo, sólo hasta 1920, concluida la Revolución Rusa, se envió una expedición a la zona para investigar el cráter del meteorito gigante que según se pensaba había causado la explosión. Los investigadores no encontraron ningún cráter, ni resto alguno de meteoritos. El análisis del tronco de un árbol en el epicentro de la explosión reveló que después de la catástrofe los árboles habían entrado en un período de crecimiento acelerado, como si hubieran recibido una alta dosis de radiación. La destrucción acaecida en Tunguska apunta hacia la posibilidad de una explosión nuclear en el aire, casi cuatro décadas antes de las de Hiroshima y Nagasaki durante la Segunda Guerra Mundial.

La II guerra mundial

La expresión «foo fighters», o «cazas fantasma», fue acuñada por los pilotos estadounidenses durante la Segunda Guerra Mundial. En efecto, tanto en los cielos europeos como en los del Pacífico, un gran número de cazas y bombarderos entraron en contacto con luces brillantes o pequeños discos que se paseaban junto a los aviones. La palabra «foo», que aparece en la expresión, procede de la palabra francesa *feu*, que significa fuego. Ingleses norteamericanos creían que podía tratarse de un arma secreta de las potencias del Eje. No obstante, cuando terminó la guerra, los documentos revelaron que las potencias del

Eje también se habían encontrado con «cazas fantasma», y que también creían que podían ser armas de los enemigos. La aviación japonesa informó de encuentros similares en el Pacífico.

Los «cazas fantasma» aparecieron por primera vez oficialmente el 14 de octubre de 1943, cuando un escuadrón de bombarderos ingleses sobrevoló por última vez un complejo industrial en Schweinfurt, Alemania, en una misión secreta. Los cazas alemanes que habían vigilado hasta entonces desaparecieron en el aire sin dejar rastro. Por encima de los bombarderos, apareció en cambio un pequeño enjambre de discos de unos 8 centímetros. Uno de los bombarderos intentó eludir los objetos y no tuvo éxito, pero aunque una de sus alas entró en contacto con los discos, éstos no dejaron huellas en el avión. Es posible que el caso revelara un experimento para confundir las señales de radar. Dos años más tarde, en 1945, el Escuadrón 215 de cazas nocturnos estadounidenses regresaba a Francia de una misión de bombardeo en la Alemania nazi, cuando se vio asaltado por unos extraños objetos brillantes de un metro de diámetro que volaban en formación y al acercarse alteraban el funcionamiento de los sistemas electromagnéticos.

Algunos investigadores sugieren que estos y otros objetos voladores quizá fueran en efecto armas defensivas de los alemanes. Hacia 1938, los nazis habían emprendido una serie de exploraciones en la Antártida, y supuestamente habrían establecido allí bases experimentales secretas, en una zona de fuentes termales y cuevas subterráneas. En estas bases, los científicos alemanes habrían creado diversos prototipos de aviones espía con sistemas de propulsión anti-gravedad. Los prototipos de estos aviones quizá tenían el aspecto de platillos voladores o pudieron ser confundidos con OVNIS en batalla.

Durante este mismo período, en Escandinavia, y sobre todo en Suecia, se registraron diversos avistamientos de un tipo de OVNIS conocidos como «cohetes fantasma». Las primera aparición se produjo alrededor del Círculo Ártico, en Västerbotten, cerca de la frontera entre Suecia y Noruega. Sin embargo, el avistamiento más significativo de «cohetes fantasma» tuvo lugar acabada la Guerra Mundial, el 19 de julio de 1946, a orillas del lago Kölmjärv. Hacia de las doce del día, un granjero llamado Knut Lindbäck y su criada Beda Persson estaban en la orilla cuando oyeron un estruendo y, al levantar la vista, creyeron ver un avión. Luego se dieron cuenta de que se trataba de una especie de cohete de cerca de dos metros, con alas a los lados, que se hundió en el lago levantando un enorme chorro de agua. En otra orilla del lago, un tercer testigo había oído el estruendo, que describió como la detonación de una bomba.

Una compañía de soldados aisló la zona y rastreó el lago durante dos semanas sin recuperar ningún resto. La saga de los cohetes continuó, y finalmente se convirtió en el tema de estudio de una comisión oficial de investigación. Erik Malmberg,

miembro de la comisión, resumió las conclusiones: «Si las observaciones son correctas, muchos detalles sugieren que se trataba de un misil de crucero lanzado sobre Suecia. Pero en 1946 nadie tenía una tecnología tan sofisticada.» Algunos especulan que la tecnología desarrollada por los nazis podría haber sido empleada por los soviéticos o los norteamericanos, y que la aparición de los cohetes podría registrar otro de tantos experimentos militares secretos. Sin embargo, durante la década de 1940 también se vieron «cohetes fantas-

Ovni fotografiado en Passoria, Nueva Yersey, el 31 de julio de 1952.

121

mas» en Macedonia y Salónica. El científico Paul Santorini llegó a la conclusión de que no se trataba de misiles, pero el ejército paralizó las investigaciones.

Bajo la cortina de hierro

El secretismo militar en torno a los ovnis se acentuó tras el surgimiento de la «cortina de hierro» entre los países del occidente y el oriente de Europa. Los Estados Unidos y la Unión Soviética, las superpotencias respectivas de cada bloque, vacilaron entre el entusiasmo y la ridiculización de los avistamientos y los contactos con naves extraterrestres. Tras el escándalo causado por el proyecto Signo, las comisiones y departamentos gubernamentales de ambos países adelantaron sus investigaciones sobre ovnis en medio del máximo sigilo y mantuvieron a sus poblaciones activamente desinformadas. Los fallecimientos inexplicados de algunos investigadores independientes han sido citados

El secretismo resultó reforzado con el final de la Segunda Guerra Mundial.

como prueba de una amplia política de encubrimiento, destinada a ocultar experimentos con armas nucleares y sistemas invisibles de espionaje, entre otros proyectos. Según los teóricos de la conspiración, estos experimentos habrían sido realizados con la tecnología desarrollada por los nazis y asesorados por científicos alemanes reclutados tras la guerra mundial por estadounidenses y soviéticos. No es difícil creer que, al igual que en la guerra, unos y otros vieran en ciertas explosiones y anomalías un indicio de los secretos militares de sus rivales. Y tampoco que manipularan el interés masivo en los ovnis justamente para distraer al enemigo. La desclasificación de documentos confidenciales sigue siendo hoy un trámite lento y engorroso, y los responsables militares de la época ya se encuentran casi todos bajo tierra. Por lo demás, actualmente la manipulación es mucho más fácil, excepto en Internet.

Durante la Segunda Guerra Mundial, los alemanes intentaron contruir naves irreales .

Comunicados de desinformación

En las últimas décadas, los comunicados acerca de supuestas apariciones de OVNI han servido a más de un gobierno para disimular experimentos y maniobras militares. Tras numerosos avistamientos de extrañas luces en las bases militares del Volga, el general ruso Vasili Alexeyev dio la siguiente explicación: «No hay indicios de que estos avistamientos hayan sido pruebas secretas de armamento; los oficiales de la comisión afirman que probablemente existió allí una civilización alienígena». Ya en el año 2000, la fotografía de un ovni que supuestamente se había estrellado en la década de 1960 en los Urales y la imagen de un extraterrestre muerto volvieron a conmocionar a la prensa rusa.

El caso Roswell

Cerca de un mes después del «platillo volador» de Kenneth Arnold, un granjero llamado William Brazel oyó una explosión durante una tormenta en Nuevo México, Estados Unidos. Al día siguiente encontró en el desierto extraños fragmentos de un metal maleable y fino que no podía identificar. Informó a las autoridades, que remitieron los fragmentos a la base militar cercana de Roswell. Tras someterlos a un examen, el comandante Jesse Marcel ordenó precintar el área del hallazgo y los demás restos fueron llevados a la base, y de allí a otras instalaciones militares, Texas y luego Dayton, Ohio. El metal desconocido se parecía al plástico aluminizado, un material entonces nuevo que se empleaba para construir globos. Los informes militares iniciales definieron los fragmentos como

Visitas a las bases

La presencia de ovnis en las inmediaciones de campos de maniobras o bases militares es un fenómeno recurrente en todo el mundo. Estos son sólo algunos de los casos registrados:

- En los años cincuenta, durante la guerra de Corea, se sucedieron numerosos avistamientos de ovnis, tanto entre los soldados americanos como entre los coreanos. Por la misma época, que coincide con una gran inversión en el desarrollo de naves militares, también se registraron avistamientos en Francia.
- Entre 1974 y 1979 se avistaron diversos ovnis sobre las Islas Canarias. El Ministerio de Defensa español ha admitido que se trataba de misiles lanzados por submarinos nucleares estadounidenses.
- En la Navidad de 1980, varios ovnis aterrizaron en las bases nucleares de la OTAN situadas en el bosque de Rendlesham, en Inglaterra. Una hipótesis señala que se trataba de aviones experimentales propulsados por energía nuclear o con armamento nuclear.
- El 14 de noviembre del 2000, en la frontera de Rusia con Daguestán, la zona más conflictiva de la guerra de Chechenia, los militares rusos que vigilaban la frontera divisaron un ovni de cien metros de longitud con tres focos fosforescentes en la parte superior.
- En Galicia, España, en 1996, durante las maniobras militares Matador-96 en las que participaron los ejércitos español, italiano y estadounidense, se avistaron naves triangulares, luces rojas en forma de gotas invertidas y bolas de luz que dejaban una estela multicolor.

estadounidense conservaría aún en las cámaras frigoríficas de una base de Ohio los cadáveres de varios extraterrestres con los órganos sexuales atrofiados. En la película *Autopsy*, basada en el episodio, aparecen cuatro humanoides macrocéfalos, con brazos muy largos y manos de cuatro dedos, grandes ojos negros y una boca sin labios.

En 1966, los soldados retirados que habían participado en la limpieza del área precintada negaron haber visto nunca un platillo. Y afirmaron que los restos recogidos apenas llenaban una carretilla. Sin em-

restos de un «platillo volador», pero poco después desmintieron la información. La versión oficial posterior fue que un globo sonda había caído durante la tormenta.

Más de medio siglo después, el incidente de Roswell es todavía fuente de toda clase de especulaciones. En 1994, una investigación del congresista estadounidense Steven Schiff reveló que los fragmentos encontrados no eran restos de un globo sonda sino de un experimento secreto del ejército que debía protegerse a cualquier precio. Quizá se tratara de un vehículo de alto vuelo para espiar el programa nuclear en expansión de la Unión Soviética. O quizá de otro programa aún más inconfesable, como la realización de pruebas nucleares sobre áreas despobladas del territorio estadounidense. Pronto circularon rumores acerca de alienígenas que habían sido abatidos entre los restos de una nave espacial, conservada en secreto por el gobierno norteamericano. Según una de las versiones más difundidas, la Fuerza Aérea

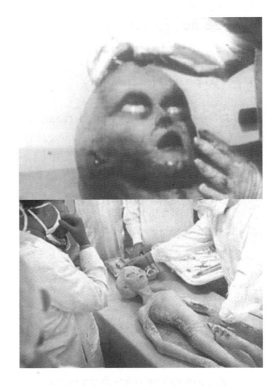

Durante mucho tiempo, el gobierno americano mantuvo el engaño con este muñeco usado para filmar una película sobre el aliénigena conservado en Roswel.

Imagen de un supuesto ovni fotografiado en las cercanías de Madrid en junio de 1967.

bargo, el encubrimiento de los hechos por parte de las autoridades militares creó un precedente para otros encubrimientos y especulaciones. A lo largo de los años sesenta, se produjeron avistamientos regulares de ovnis por encima de la base de Malmstrom, y el mando militar estadounidense desmintió sistemáticamente los testimonios. El oficial Jerry Nelson, del Escuadrón 579 de Misiles Estratégicos, admitió sin embargo años más tarde que los ovnis sobrevolaban e iluminaban constantemente la base. En 1967, otro oficial, Robert Salas, presenció un incidente inexplicable en el que, según su propio testimonio, un potente zumbido desactivó doce misiles nucleares Minuteman que se encontraban en Malmstrom. El gobierno estadounidense ha sido acusado de experimentar en esta misma época con los efectos de la radiación en ciertos grupos de población, sin informarles de los riesgos inherentes. El caso más tristemente célebre fue el de los estudios realizados en Los Álamos, Nuevo México, después de la Segunda Guerra Mundial, en los que a los niños pobres de la zona se les inyectaba material radioactivo a cambio de comida.

Muertes misteriosas

El secretismo de las autoridades ha alimentado la hipótesis de que algunos grupos de investigación sobre los ovnis cola-

OVNIS en la Perestroika

El 27 de septiembre de 1989, un ovni esférico de color morado aterrizó en un parque de la ciudad rusa de Voronezh. Tres humanoides de mono plateado y botas de color bronce emergieron de la nave, y uno de ellos dejó paralizado a un niño con la mirada, luego apuntó con su arma a otro de los niños, que desapareció para no regresar a la realidad visible hasta que los extraños seres entraron de nuevo en la nave y ésta se perdió en el horizonte. El investigador Luis Alfonso Gámez Domínguez considera que este caso podría haber sido inventado por las autoridades soviéticas para desviar la atención de la opinión pública mundial de los problemas con que se estaba encontrando la Perestroika.

boraron durante largos períodos con los militares estadounidenses. El objeto de esta colaboración habría sido esconder pruebas de contactos reales con extraterrestres, o de que algunos fenómenos ovni eran en realidad operaciones realizadas en secreto que atentaban contra la salud de la población. El número de investigadores independientes que han fallecido en circunstancias inexplicables parece respaldar esta inquietante hipótesis. El capitán Edward J. Rupelt, director del proyecto Blue Book, que se desarrolló entre 1954 y 1969, falleció por causas desconocidas en la década de 1980, y lo mismo le ocurrió al asesor principal del proyecto, el Dr. Alan Haynek. El investigador del fenómeno ovni Milton William Cooper murió en el año 2001 durante una manifestación patriótica en Arizona cuando estaba a punto de ser detenido. Cooper fue uno de los principales defensores de la teoría de la conspiración, según la cual los gobiernos conocen la existencia de los extraterrestres e incluso mantienen tratos con ellos a espaldas de la opinión pública, y vaticinó un futuro gobernado por alienígenas y sociedades secretas racistas. En Inglaterra, el profesor Ivan Sanderson, especializado en el estudio de los ovnis y del abominable hombre de las nieves, murió también por causas desconocidas, al igual que el profesor Mc Donald y el doctor Jessup, colegas suyos del Servicio de Inteligencia Británico. La serie americana de televisión *Expediente X* ha especulado largamente con el tema de la colaboración.

Las abducciones

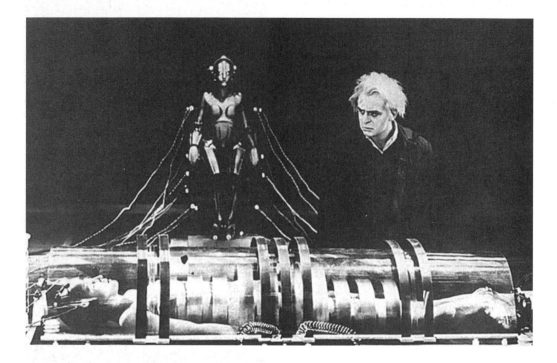

Las abducciones son secuestros temporales de seres humanos llevados a cabo supuestamente por alienígenas. Su período de mayor auge tuvo lugar entre 1950 y 1970, los años de furor del fenómeno ovni. Sin embargo, han seguido produciéndose hasta el presente. En la mayoría de los casos, los protagonistas de estos incidentes son conducidos por unos medios o por otros al interior de una nave extraterrestre donde se los somete a exámenes médicos y experimentos. Algunos permanecen a bordo de las naves durante varios días, o incluso varios meses, durante los cuales pueden llegar a recorrer los planetas vecinos o constelaciones remotas del espacio. De regreso a la Tierra, padecen con frecuencia mareos, ansiedad, pérdida de apetito y crisis depresivas, y ocasionalmente también pérdidas totales o parciales de memoria. Estas dolencias, comunes también entre los testigos de avistamientos, han sido identificados con los síntomas de la «enfermedad de microondas», causada por la exposición a altos niveles de radiación. Muchos abducidos desarrollan

Arriba, imagen del film *Metrópolis*, que evoca una pesadilla que podría relacionarse con las abducciones extraterrestres.

más tarde un cáncer a causa de las radiaciones a las que, en teoría, estuvieron sometidos durante su estancia en el espacio.

Fantasías y montajes

Los relatos de abducciones han sido descartados a menudo como alucinaciones o fantasías persecutorias. Los teóricos conspiracionistas señalan que los incidentes podrían ser también «montajes» de los gobiernos para llevar a cabo experimentos médicos ilegales entre la población. Un elemento a favor de ambas hipótesis son las descripciones que muchos abducidos ofrecen de sus captores alienígenas, que han ido variando a lo largo del último medio siglo. En la década de 1950, los tripulantes de las naves eran casi todos seres de color verde, sospechosamente pareci-

Arriba, ovni fotografiado sobre el Popocatepetl en el año 2000. Abajo, fotograma de la serie *Expediente X* sobre abducciones alienígenas.

Cazadores cazados

El 27 de septiembre de 1974, en Jindabyne, Australia, dos muchachos de diecinueve y once años cazaban en las montañas cuando vieron una luz brillante en el horizonte y escucharon un fuerte zumbido. Nueve años después, el chico de once años, ya convertido en un hombre joven, seguía teniendo sueños que sugerían que había sido víctima de una abducción. En estos sueños, recordaba haber sido arrastrado hacia una nave, donde había estado tendido sobre una mesa. Unos seres altos de color gris lo sometieron a diversos exámenes, midiendo incluso los campos electromagnéticos a su alrededor. Su compañero recordaba que el chico había sido drogado para que no se resistiera.

dos a los marcianos de los cómics y las películas de la época. En los años sesenta, predominaban los alienígenas rubios de aspecto angelical, que se dejaban el pelo largo como los hippies e incluso llegaban a usar sandalias. En la década siguiente, se trataba de seres peludos, a menudo de baja estatura, pero en los años noventa se impusieron aliens altos, delgados e incoloros, que encajarían con estereotipos caricaturizados de las modelos de las revistas. Aunque suelen tener dos enormes ojos negros, muy pocos tienen nariz.

Bertrand Mehéust, defensor de la interpretación racionalista de los ovnis, sostiene que estos extraterrestres «a la moda» son sólo el fruto de las fantasías de los abducidos. Los investigadores Helmut y Marion Lammer, partidarios de la teoría de los «montajes» gubernamentales, sostienen que algunas personas sometidas a experimentos ilegales han sido víctimas de abducciones simuladas, en las que se emplean decorados y trajes inspirados en las representaciones populares sobre los extraterrestres. Los tratamientos de hipnosis han detectado en numerosas oca-

Fantasía y realidad

El 19 de septiembre de 1961, Betty y Barney Hill regresaban de sus vacaciones cuando divisaron una luz brillante en una autopista de New Hampshire, Estados Unidos. Al principio pensaron que se trataba de un satélite, y luego creyeron que era un avión, pero de repente la luz enfocó el coche y empezó a acercase cada vez más. A través de unos prismáticos, Betty vio en lo alto un gran «barco» con caras en las ventanas. Su marido describiría el objeto como una nave en forma de crêpe, cuyos tripulantes llevaban uniformes nazis.

Tras volver a su casa, la pareja empezó a tener pesadillas sobre el suceso. Contactaron con el Comité Nacional de Investigación de Fenómenos Aéreos, y los investigadores descubrieron que había un hueco de dos horas en el relato del episodio. A petición de los Hill, el doctor Benjamin Simon trató a Betty mediante la hipnósis, y la regresión hipnótica reveló que había sido víctima de un extraño secuestro y sometida a experimentos médicos. El doctor Simon llegó a la conclusión de que la señora Hill había inventado el episodio después de un encuentro auténtico con un ovni.

siones que, simuladas o no, muchas abducciones no tuvieron lugar en la realidad, puesto que ni siquiera se encuentran registradas en la memoria inconsciente de las víctimas. Sin embargo, la hipnosis también ha sido empleada para investigar los episodios de amnesia que envuelven las experiencias de algunos abducidos. Estos episodios, conocidos en inglés como *missing time*, o pérdidas temporales, pueden llegar a abarcar unas pocas horas, pero también hay constancia de personas que, por ejemplo, no recuerdan en absoluto qué hicieron durante un año de su vida. Este vacío en la memoria ha sido atribuido en ocasiones a una abducción.

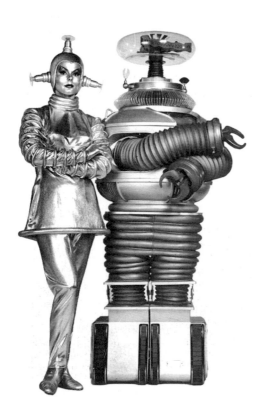

Experimentos sin permiso

¿Es posible que algunas abducciones disimulen experimentos médicos ilegales? El ex presidente norteamericano Bill Clinton, admitió que entre 1944 y 1994 su país había practicado pruebas médicas sin el consentimiento de los afectados. Estas pruebas habrían afectado a militares y civiles de todo el mundo. Incluyen experimentos médicos con radiación y con el virus del sida y experimentos sociales, comerciales y militares con combinaciones de drogas, hipnosis y ondas de baja frecuencia capaces de alterar la conducta de los individuos.

Los implantes

Quizá algunas víctimas de abducciones dejan volar en exceso su imaginación o padecen de alucinaciones. Sin embargo, existe un elemento que aumenta considerablemente la credibilidad de algunos relatos. Se trata de implantes hallados bajo la piel de sus protagonistas. ¿Quién ha colocado estos implantes? ¿Con qué objetivo? ¿Son producto de la tecnología alienígena o proceden de laboratorios secretos? Los materiales con que suelen estar construidos son poco comunes, pero pueden encontrarse en la Tierra. Y según las hipótesis conspiratorias, los implantes confirmarían que el fenómeno ovni es una maniobra de distracción para encubrir

Control a distancia

El proyecto MK-Ultra, llevado a cabo en Palo Alto, tenía por objeto el control mental a distancia mediante el uso de drogas. Los experimentos comenzaron antes de 1939, pero alcanzaron su mayor desarrollo en los años cincuenta mediante el empleo de drogas psicotrópicas. En 1953, la CIA pagó tres mil dólares al mentalista John Mulholland para que elaborase un manual de control mental. En este manual se explicaba, por ejemplo, cómo borrar recuerdos de la memoria a través de la hipnosis, cómo suministrar drogas sin que el sujeto afectado lo advierta o cómo crear una sensación de miedo e inseguridad tan poderosa que permita manipular un sujeto a voluntad. El proyecto incluyó experimentos de control mental con miembros de la secta Templo del Pueblo, afincada en la selva amazónica de la Guyana. Los experimentos culminaron en 1978 con el suicidio colectivo de los novecientos miembros de la secta.

experimentos médicos y militares. Incluso podrían estar diseñados para controlar la vida del abducido.

El hipnoterapeuta Derrel Sims y el médico cirujano Roger Leir crearon en 1988 la empresa Saber Enterprises, que se encarga de extraer implantes a los abducidos para demostrar que los contactos con extraterrestres son reales. Estos implantes se localizan generalmente en las extremidades superiores, de-

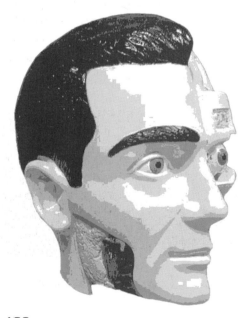
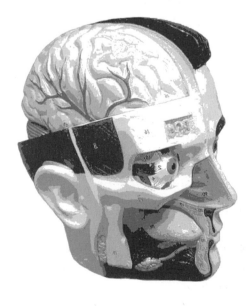

trás de los ojos o en las fosas nasales, y están conectados a un nervio y rodeados por una membrana, aparentemente para evitar una reacción de rechazo del organismo. El núcleo de los implantes está compuesto por una aleación de silicio, hierro y carbón. Por su parte, el doctor Chris Winter de la British Telecom, ha patentado un implante conocido como el «cazador de almas» que se coloca detrás del ojo y es capaz de registrar todo lo que la persona en cuestión ve, escucha o huele.

La difusión generalizada de estos implantes "extraterrestres" supondría un método escalofriante para el control masivo de la sociedad. Aunque la posibilidad parezca extraída de una película de ciencia ficción, no sería el primer caso en que la ciencia ficción se inspira en la realidad.

Entrevistas con abducidos

Por lo general, los testigos de abducciones cuentan tan sólo con sus palabras para defender la veracidad del suceso. Por ello el investigador deberá registrar estas palabras con la mayor fidelidad y detalle posibles.

Entreviste al testigo varias veces y compruebe si los diferentes relatos son coherentes entre sí. Si hay excesivas contradicciones podría tratarse de un fraude.

■ Pida al testigo que se someta a un análisis psicológico para descartar una simple alucinación.

■ Si el testigo lo permite, sométalo a una regresión hipnótica para rescatar del inconsciente los datos que no recuerda. (Muchos investigadores no aceptan los resultados obtenidos porque consideran que dependen en exceso del modo en que el terapeuta hace las preguntas.)

■ Durante las entrevistas trate de recopilar la mayor cantidad de datos posible. Pida una descripción exacta de los escenarios, hora aproximada, aspecto de los extraterrestres, sensaciones del testigo, etc.

Ovni fotografiado en Wisconsin en 2003.

La investigación

La investigación de un avistamiento o un encuentro con ovnis depende en buena medida de las declaraciones de los testigos. En este sentido, hay que tener siempre presente que la mayoría de la gente no está familiarizado con el aspecto ni con los fenómenos naturales del firmamento. El investigador debe hacer lo posible por entrenarse también en la observación, por ejemplo velando de vez en cuando y anotando cualquier suceso inusual. En una noche clara, aparte de las estrellas, podrá ver seguramente planetas, meteoros e incluso satélites. Reconocer estos fenómenos le impedirá descartar con más facilidad posibles confusiones.

Estos son los pasos iniciales para llevar a cabo la investigación:

- ■ Inspeccione el lugar del avistamiento
- ■ Entreviste a los testigos.
- ■ Inspeccione el lugar del avistamiento con aparatos de grabación y de medición de radiactividad y de microondas.
- ■ Pregunte en la torre de control aéreo del aeropuerto más cercano si en la zona del avistamiento y a la hora en cuestión se ha detectado alguna nave.
- ■ Investigue posibles confusiones con chatarra espacial, aviones experimentales, satélites artificiales, globos meteorológicos, meteoritos, planetas (especialmente Venus) y hasta luciérnagas.
- ■ Si tiene dudas sobre un objeto consulte con expertos como astrónomos o controladores aéreos.

En los casos de OVNIS, el investigador debe tener en cuenta que los testigos suelen buscar una explicación plausible de los fenómenos que han presenciado. Con frecuencia estos fenómenos se originan sólo en un fallo de percepción o en una confusión como las que mencionaremos enseguida. Sin embargo, la necesidad humana

Ovnis fotografiados en la playa de Santa Mónica en 1979.

de entender la realidad ha dado paso enseguida a explicaciones fantasiosas. Algunas personas, de hecho, pueden preferir atenerse a estas explicaciones originales, aunque sean equivocadas, antes que examinar un abanico de causas posibles que no acaban de despejar la incertidumbre.

Las causas naturales

La mayoría de los testigos que han avistado ovnis sólo describen un punto luminoso o una mancha de luz. La Luna y los planetas pueden confundirse con estos puntos que

Los OVNIS y sus causas

CAUSAS NATURALES QUE SE CONFUNDEN CON MÁS FRECUENCIA CON OVNIS:

Causas diurnas	Aspecto del ovni
Nubes lenticulares	Nubes en forma de platillo volador
Globos de aire caliente	Discos suspendidos en el aire. Son especialmente espectaculares en el crepúsculo.
Aviones	Luces móviles, en ocasiones del color del crepúsculo
Aves	Manchas negras

Causas nocturnas	Aspecto del ovni
Planetas	Puntos de luz muy brillantes
Luna	Resplandores en el horizonte
Satélites	«Estrellas que se mueven»
Meteoros/bólidos	Espirales de luz
Aurora	Manchas de luces o cortinas luminosas
Rayos láser	Rayos de luz y nubes iluminadas.
Aviones	Luces que se mueven, a menudo parpadeando
Luces terrestres	Bolas de luz, en general a poca altura

supuestamente son naves galácticas, cuando se las observa desde una posición poco común o las condiciones de visibilidad son defectuosas. El resplandor de la luna llena o el brillo de ciertos planetas pueden favorecer la confusión, sobre todo si se está filmando un planeta. Si se fotografía la Luna sin un trípode, la imagen puede parecerse a la de una luz que cruza el firmamento, y el efecto se debe al temblor de la mano del fotógrafo.

Viajeros celestes

Algunos testimonios hablan también de objetos que se desplazan o viajan por el firmamento. El movimiento de los planetas es demasiado gradual como para apreciarlo en el transcurso de una noche, y los cometas también son bastante lentos, aunque sus desplazamientos se aprecian a simple vista. Por contraste, los meteoros se mueven con gran rapidez. Un meteoro es un fragmento de restos espaciales, del tamaño de un grano de arena, y deja una estela en el firmamento cuando entra en la atmósfera terrestre y se desintegra. Algunos meteoros son restos de la cola de un cometa. La aglomeración de estos restos produce la lluvia anual de meteoros conocida como las Perseidas, que alcanza su clímax el 12 de agosto, cuando pueden llegar a observarse en una hora hasta sesenta meteoros.

Entre los viajeros celestes que surcan el cielo están también los meteoritos, que son trozos de roca que penetran en la atmósfera e impactan en la Tierra. Son mucho más brillantes, pero igual de rápidos, y sola-

mente son visibles durante unos pocos segundos. Algunos pueden explotar cuando penetran en la atmósfera, lo que produce un brillante destello llamado bólido, y sus fragmentos pueden dispersarse en la caída hacia la Tierra. A veces, su ángulo de entrada en la atmósfera es tan superficial que la roca pasa rozando la atmósfera exterior y rebota de vuelta al espacio.

Luces en el cielo

Algunas de las luces que los testigos toman por ovnis corresponden a fenómenos naturales. La aurora boreal y la austral son

en los campos de Australia y todos los países del Cono Sur.

Otras luces extrañas resultan a menudo ser satélites construidos por el ser humano. Los satélites pueden verse desde la superficie de la Tierra, y no producen luz alguna por sí mismos (salvo la estación espacial rusa Mir y la estación espacial internacional), sino que reflejan la luz del sol. Por este motivo, sólo son visibles durante unas horas después del crepúsculo y antes del amanecer, cuando el observador está situado en la sombra de la Tierra y el satélite aún está lo suficientemente alto. La mayoría de los satélites parecen una estrella que se mueve lentamente cruzando el firmamento. Es frecuente que aparezcan o desaparezcan de repente en cualquier parte del cielo, a medida que abandonan o entran en la sombra de la Tierra. Cuando la Mir entra en la zona de sombra de la Tierra, por ejemplo, el efecto producido es similar a un crepúsculo y la estación se torna de color rojo ante los observadores.

Los espectáculos de láseres y las luces de los arcos circenses están también en el origen de muchos avistamientos. Estas luces pueden rebotar, saltar de un punto a otro y apreciarse a kilómetros de distancia, lo cual hace que parezcan fácilmente visiones extrañas. Los aviones militares o experimentales que vuelan a gran altura, los dirigibles, los globos sonda, los helicópteros, cohetes y misiles que siguen trayectorias erróneas y globos de aire caliente también pueden ser difíciles de reconocer. De noche, las señales de los aviones y las llamaradas de sus moto-

emisiones de luz causadas por el viento solar, que se ven atraídas por el campo magnético de la Tierra. Las luces fantasmagóricas que estos fenómenos producen son frecuentes cerca de los polos, y cambian con la densidad y velocidad del viento solar. A veces pueden verse en latitudes más bajas. Las «luces del norte», por ejemplo, pueden observarse en Gran Bretaña y los países escandinavos. Y las "luces del sur" res pueden hacer pensar al observador que viajan en una dirección cuando en realidad están girando o viajando en la contraria. También puede parecer que están suspendidos en el aire, o que se mueven a una velocidad increíble, y la ausencia de sonido alguno en ciertas condiciones atmosféricas puede favorece la confusión. Si el observador está en una zona de aire frío y hay un frente caliente entre él y el avión, quizá no llegue a oír el sonido del avión, o no lo relacione con el sonido que rebota en otra parte del firmamento. Incluso en condiciones atmosféricas normales, el sonido de un avión siempre provendrá de una parte del firmamento distinta de aquella donde se encuentra el aparato.

Nubes y bolas de fuego

Algunas de las mejores fotografías de ovnis son en realidad imágenes de nubes lenticulares. Éstas nubes pueden avistarse solas o en bloques. Se mueven con lentitud, son estables y a menudo tienen la forma clásica del «platillo volador», tan preciado por fotógrafos y cineastas.

Por otra parte, en las nubes de las tormenta eléctricas pueden producirse las clásicas «bolas de fuego» del folclore popular. Se trata de esferas del tamaño aproximado de un balón, que pueden acercarse o alejarse del observador. La visión puede durar hasta un minuto, y se han registrado casos en que las bolas se desintegran al tocar otro objeto o producen quemaduras.

A la izquierda, bolas de fuego que a veces entran por las ventanas. Arriba, nubes lenticulares en Brasil.

Los resplandores de la Tierra

El investigador Paul Devereux ha propuesto una explicación geológica para muchos
avistamientos de ovnis. Según su teoría, la
Tierra produce de vez en cuando grandes
descargas eléctricas que pueden confundirse con bolas de fuego a lo largo de las fallas geológicas. Estas descargas son el producto de la compresión de cristales de
cuarzo dentro de las fallas. Devereux sostiene que en ciertas áreas sísmicas con presencia de rocas de cuarzo, las enormes
fuerzas implicadas pueden desencadenar
descargas eléctricas en forma de bolas de
fuego que flotan libremente en el aire.
Tales luces podrían confundirse fácilmente con resplandores cósmicos. Las fugas de
gas antes de un terremoto también pueden inflamarse e inducir a confusión.

Las auroras boreales pueden llegar a confundir
a un observador poco exoerimentado.

Las mentiras de la fotografía

Cuando reciba fotos de ovnis debe comprobar ante todo si son auténticas, llevando los negativos a un laboratorio para estudiar las sombras, las siluetas y otros factores mediante instrumentos especializados. Entre estos instrumentos figuran distintos tipos de escáners, como el analítico, el reconstructivo, el comparativo de frecuencias gamma o el contorneador de siluetas. Es importante detectar si el supuesto ovni cuelga de un hilo sobre el paisaje.

Otros fraudes habituales que se detectan mediante el análisis son los trozos de cartu-

CIRCUNSTANCIAS QUE PUEDEN INDUCIR A ERROR EN UNA FOTOGRAFÍA

- La aurora boreal.
- Efectos de iluminación.
- Efectos de rayos láser.
- Fenómenos parahelio (halo creado por cristales de hielo en la atmósfera).
- Fenómenos parapsicológicos (película impresionada con el poder de la mente)
- Figuras pegadas en vidrios.
- Fotografiar dos veces el mismo negativo.
- Fuegos de San Telmo
- Fuegos pirotécnicos.
- Gases de bario (experiencias con plasma artificial).
- Globos solares (enormes bolsas plásticas de color negro).
- Globos sondas.
- Globos tripulados (aerostáticos).
- Luna, estrellas, planetas (especialmente Venus)
- Manchas accidentales en los negativos.

- Máquinas convencionales (aviones, helicópteros, alas delta, etc.).
- Meteoros, meteoritos, cometas, etc.
- Modelos o maquetas, suspendidos por un hilo fino.
- Negativo retocado o pinchado con alfileres.
- Nubes lenticulares.
- Objetos tirados al aire.
- Pájaros en bandadas durante la migración.
- Transparencias superpuestas
- Diapositivas fotografiadas en una pantalla
- Reflejos de iluminación en vidrios
- Reflejos en la lente de la máquina fotográfica.
- Retorno a la atmósfera de restos de satélites artificiales.
- Revelado de dos negativos superpuestos
- Satélites artificiales
- Sobreexposición de objetos en movimiento

lina en forma ovalada sobre la lente de la cámara, los objetos lanzados al aire en el momento de la foto, los retoques informáticos o las dobles exposiciones. Estas últimas se pueden producir por un fallo de la cámara o en el laboratorio de revelado. Para detectar los casos de doble exposición conviene analizar las restantes fotos del mismo carrete. Un vistazo al resto de fotos del carrete tampoco está de más en los casos en que se pretende hacer pasar un objeto lanzado al aire por un ovni. Una o dos de las fotos del

Ovni fotografiado en Roma en 1997. Es razonable suponer que una visión así en la Antigüedad hubiera sido representada de alguna manera.

carrete pueden dar la impresión de ser verdaderas, pero las restantes suelen hacer evidente el truco. Desconfíe de los testigos interesados en saber cuánto dinero les daría una revista por sus fotos. Y no se fíe de los fotógrafos. Con frecuencia, las fotos fraudulentas se fabrican deliberadamente de baja calidad para ganar en realismo.

En la actualidad, circulan cerca de 50.000 fotos de vehículos extraterrestres en el mundo. Se calcula que el 95 por ciento son producto de fraudes o de interpretaciones erróneas. Sin embargo, existen unas 2.500 fotos que hasta hoy se consideran auténticas. El avance tecnológico hace cada vez más difícil el fraude. El software para edición de imágenes digitales permite descomponer una foto en diversas secciones, medir la sombra producida por el objeto, su tamaño real y otros detalles. También es posible emplear los programas para proyectar una imagen tridimensional del objeto fotografiado que nos permitirá analizar todos los elementos que podrían pasar inadvertidos.

Cómo actuar ante un ovni

El encuentro con un ovni genera en muchos testigos un efecto de parálisis. La conmoción, la sorpresa, a veces el miedo y la ansiedad, les impiden observar detalles importantes, aún en el caso de aficionados a los ovnis o fanáticos de los extraterrestres. Es importante tener presentes algunas pautas sencillas, para que , en caso de un encuentro

Ovni fotografiado en la cordillera de Armagosa, en California, el 6 de julio de 1996.

real, éste no se reduzca a un hecho anecdótico y sirva para una futura investigación.

■ Llame a la mayor cantidad de gente disponible, pero trate de evitar que intercambien comentarios y opiniones por sugestión. Pasado el avistamiento, tome los datos de todos los presentes para la posterior investigación.

■ Registre la hora y la duración exactas del acontecimiento.

■ Observe la ubicación cardinal y la dirección del objeto. Para reconocer los puntos cardinales, apunte con el brazo derecho hacia donde sale el sol y con el izquierdo hacia poniente. A su derecha tendrá el Este; a la izquierda, el Oeste, y estará mirando hacia el Norte.

■ Mida la altura en grados con respecto al horizonte. También, al igual que para los puntos cardinales, debemos señalar el objeto levantando nuestro brazo hacia él. El ángulo del brazo con respecto al suelo corresponde a la medida de la elevación en grados.

■ Compare el tamaño del objeto con otras referencias (edificios, árboles, la Luna, estrellas, etc.) .

■ Si viaja en un vehículo, deténgase y baje para tener una visión más acertada.

■ Si está en una casa o edificio, abra las ventanas para evitar la distorsión que el vidrio pueden producir.

■ Registre detalles como la ubicación y el color de las luces, posibles ventanas, antenas, patas de aterrizaje, etc. Escriba luego todos los detalles y haga diagramas, aunque no sean demasiado exactos.

■ Si logra fotografiar el objeto, no olvide anotar el tiempo de exposición, la velocidad de obturación, la abertura del diafragma y el ASA de la película. Es recomendable que mantenga en su poder los negativos originales y entregar para su difusión solamente copias.

Estas recomendaciones son aplicables también a las grabaciones en vídeo. No intente tomar una película perfecta: utilice el zoom y relate en voz alta lo que vea sin evitar las expresiones de asombro.

■ Por último, contácte con investigadores y entidades serias en el estudio y difusión de estos temas, y evite a toda costa los diarios sensacionalistas.

143

Contactos y mensajes alienígenas

Enlaces e hipnosis

Algunos protagonistas y testigos de encuentros con ovnis se presentan como portadores de mensajes que los alienígenas desean comunicar a los hombres. Estas personas, que dicen haberse comunicado oral o telepáticamente con seres de otros planetas, se conocen como enlaces.

En general, este tipo de comunicaciones despierta las sospechas en los investigadores. ¿Por qué ningún enlace nos contó las advertencias de los alienígenas sobre el calentamiento global o el agujero en la capa de ozono antes de que descubriésemos estos peligros, es decir, cuando habría sido más útil? Una respuesta posible sería que, por alguna razón, los alienígenas no pueden revelar descubrimientos o acontecimientos antes de que sucedan, y se limitan a advertir posteriormente. Otra, acaso más probable, es que tales consejos provienen del propio enlace, y no de una raza de alienígenas altamente evolucionada y avanzada.

George Adamski, uno de los enlaces más conocidos, tuvo gran éxito con sus historias de alienígenas de forma humana, provenientes de Venus, Júpiter y Saturno. Desgraciadamente, el progreso subsi-

guiente en el campo de la astronomía planetaria y la exploración espacial cuestionó algunas de sus afirmaciones sobre sus visitas a esos planetas. Pasear por la superficie de Venus, Saturno o Júpiter sería particularmente difícil, puesto que los dos últimos no tienen superficie sólida.

En la época de los viajes de Adamski, la imagen de Venus era la de un planeta hermano de la Tierra. Las pruebas han mostrado desde entonces que, aparte de un tamaño similar, los dos mundos presentan pocas características en común. Sobre la superficie de Venus, un ser humano sucumbiría ante las elevadas temperaturas, el dióxido de carbono de la atmósfera y una presión atmosférica noventa veces mayor que la de nuestro planeta. En Júpiter, donde existe una presión de 4 millones de atmósferas sobre un mar de hidrógeno metálico, las condiciones serían más que inadecuadas. No en vano, quienes estaban con George Adamski en los primeros encuentros con los alienígenas se retractaron más tarde de sus historias.

La hipnosis puede ser un método valioso para recuperar hechos objetivos olvidados. Sin embargo, la investigación demuestra muchas veces lo contrario. Diversas asociaciones de lo paranormal han realizado experimentos de hipnosis con voluntarios que tienen historias claramente ficticias, o bien experiencias reales debidamente documentadas. En ambos casos, el resultado es por lo general una historia muy modificada y en su mayor parte ficticia, alimentada con material utilizado habitualmente en las historias de ciencia-ficción.

El caso de los testigos Betty y Barney Hill llamó la atención sobre la eficacia de este método. En cualquier caso, es indudable que el tipo de preguntas y el modo en que el investigador las formula tiene un efecto decisivo en los resultados, y es posible obtener una «realidad» totalmente diferente de un testigo a otro. Por ello muchos grupos acreditados en el estudio de los ovnis han prohibido el uso de la hipnosis para estudiar a los testigos.

A la izquierda y arriba, pájaro de Nazca de trescientos metros de longitud.

Abajo, el cese de los viajes a la Luna ha envuelto en un halo de misterio al satélite.

La vida en otros mundos

La superficie de Venus es inhóspita para cualquier especie que no sea extremadamente resistente.

¿Existe vida inteligente en otros planetas?

La respuesta a esta pregunta que ha inquietado desde siempre a los hombres es que cada vez parece más probable que el nuestro no es el único planeta habitado. En 1961, el astrónomo Frank Drake ideó una fórmula para evaluar la probabilidad de que hubiera otras formas de vida inteligente en nuestra galaxia. La fórmula incluye factores como la cantidad de planetas que describen una órbita en torno a estrellas parecidas al Sol, y otros aspectos

Merienda con venusinos

George Adamski se hizo célebre como el primer «enlace» entre los terrestres y los extraterrestres. El 20 de noviembre de 1952, Adamsky y varios colegas decidieron otear el firmamento en el desierto de Mohave. Después de una merienda, se produjo el primer contacto con un venusino. Todos los venusinos tenían la piel hermosa, el cabello largo y calzaban sandalias. El mensaje que transmitieron a Adamsky y sus amigos era simple: en la era nuclear que acababan de iniciar los terrestres, la humanidad corría el riesgo de destruir el planeta Tierra a causa de las radiaciones.

En plena Guerra Fría, éste era un temor compartido por todo el público mundial. En nuestros días, los enlaces afirman que los alienígenas advierten acerca del calentamiento global y el agujero en la capa de ozono, entre otros peligros.

que están en continua revisión a causa de los nuevos descubrimientos. Algunos señalan que Drake parte de un supuesto erróneo, pues sólo conocemos las condiciones necesarias para la vida en un único planeta. Sin embargo, incluso estas condiciones parecen hoy en día relativas. Según la educación clásica, la vida en la Tierra necesita de la luz solar para existir. Pero en las profundidades de los océanos existen vestigios de formas de vida que florecen gracias al calor interno de la Tierra y sintetizan sulfuros en lugar de oxígeno.

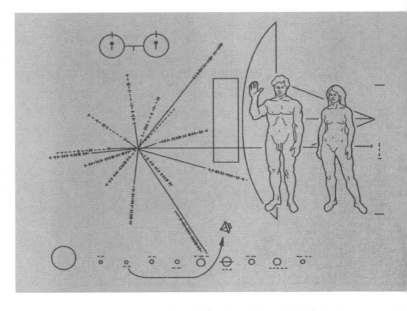

Placa de aluminio enviada con la nave Pioneer para dar a conocer la existencia de vida inteligente en la Tierra. Carl Sagan colaboró con la NASA en la definición de este proyecto.

Nuestro planeta es tan sólo uno de tantos que describen una órbita en torno a una estrella de segunda generación. En la estrella de primera generación se formaron todos los metales, y tras su fallecimiento, la Tierra, a diferencia de otros planetas vecinos, fue bendecida con muchos de estos elementos. El agua no apareció hasta que las rocas del planeta se enfriaron, y llegó a través de los cometas, que la depositaron también en otros planetas y en la Luna. En cuanto el planeta se enfrió lo suficiente, empezó la vida. Por lo demás, no parece haber muchas cosas que nos distingan de los demás planetas del espacio. Somos el tercer planeta a partir del Sol, es decir, un astro mediocre en un punto cualquiera de una galaxia más o menos grande.

Desde los primeros vuelos espaciales, los seres humanos han querido dar noticias de su existencia al universo. Sondas como la Pioneer 10 han llevado nuestros saludos a otros mundos posibles, junto con indicaciones para encontrarnos en el cosmos. Existen diversos programas, entre ellos el proyecto SETI (Search for Extra-Terrestrial Intelligence), consagrados a buscar señales de otras formas de vida en el espacio. Quizá nuestros remotos visitantes todavía estén en camino desde el otro confín de la galaxia. O quizá nos hayan acompañado siempre desde las alturas.

CAPÍTULO 4

Los enigmas de la naturaleza

Guía de campo de criaturas y fenómenos sobrenaturales

La naturaleza ha sido siempre un misterio para el ser humano. Desde las épocas legendarias del dios del trueno hasta los terremotos y las catástrofes de hoy, los fenómenos naturales han encarnado el límite de nuestra comprensión y nuestras fuerzas, recordándonos el modesto papel que desempeñamos en el mundo. La clasificación de las especies y el desarrollo tecnológico han mitigado este temor ancestral frente al medio natural, mediante la ilusión de que podemos dominarlo y ponerlo a nuestro servicio. Sin embargo, cada cierto tiempo, la propia naturaleza se encarga de desmentir esta ilusión. Los enigmas más profundos del universo que nos rodea siguen sin resolverse. Y las investigaciones que los abordan tropiezan muy pronto con lo oculto y lo incontrolable.

Durante mucho tiempo, nuestra civilización ha trazado una escala en el mundo de lo extraordinario que va de los ángeles a los demonios. Todo lo que era gratificante estaba relacionado con los ángeles, que, en palabras de Chesterton «pueden volar porque se toman a sí mismo con ligereza». En la actualidad, el mundo de los ángeles vuelve a estar de moda, quizá porque necesitamos creer en un ser superior que nos proteja, y no será extraño que antes o después empiecen a manifestarse serafines, querubines, ángeles y arcángeles, para enfrentarse al resto de seres extraordinarios, que siempre que han tenido un caracter maligno se han considerado manifestaciones del demonio.

Criaturas fantásticas

En la Edad Media se creía que el mar estaba rodeado por un profundo abismo habitado por dragones y monstruos enormes. Sobre la superficie de la Tierra, los viajeros que se aventuraban más allá del mundo conocido podían encontrar por su parte criaturas sorprendentes, como hombres de un solo ojo y árboles parlantes. Los relatos de estos viajes estaban basados en su mayoría en las leyendas de los antiguos y en la fantasía popular. Sin embargo, algunas de estas criaturas fantásticas siguen siendo hoy tan reales como entonces. No hace falta viajar hasta los confines de la tierra ni sumergirse en las profundidades del océano para encontrar seres vivos inclasificables, como lo demuestran los descubrimientos accidentales de muchos aficionados a la biología. Si decide salir de casa en busca de criaturas fantásticas, no olvide llevar consigo una cámara para documentar sus hallazgos

Trolls, elfos, enanos y gigantes

La mitología escandinava es una fuente inagotable de criaturas fantásticas. En los países nórdicos muchas personas creen firmemente en los trolls y en los elfos, y otras tantas han llegado a verlos en noches de invierno y bosques solitarios. Según las leyendas, estas criaturas han convivido en armonía con los humanos desde tiempos inmemoriales, y la única recomendación para no enemistarse con ellas es no molestarlas.

Los trolls

Los trolls suelen describirse como humanoides de gran tamaño y con deformidades faciales y corporales. Según la mitología, fueron desterrados de la faz de la tierra y viven en cuevas donde se dedican a la herrería y a la construcción de instrumentos mágicos. Ocasionalmente se asoman al mundo de los humanos, pero si los alcanza la luz de la aurora se convierten en piedras. Algunas formaciones rocosas en las costas de Islandia, que parecen cuerpos monstruosos, han sido identificadas con trolls que no llegaron a sus refugios. Los parajes donde suelen avistarse con más frecuencia son glaciares y volcanes. Algunos investigadores sugieren que estas criaturas podrían descender de especies humanas desaparecidas, y especulan acerca de posibles encuentros entre sus descendientes y los primeros homo sapiens. (véase el apartado «Tras las huellas del hombre») Estos encuentros estarían en el origen de las leyendas sobre su existencia.

Imagen de un troll utilizada durante la promoción de la película *El señor de los anillos* en un cine de Nueva Zelanda.

Los elfos

Por contraste con las deformidades y el tamaño de los trolls, los elfos suelen describirse como seres hermosos y tan pequeños que pueden confundirse con luciérnagas y mariposas. En la mitología nórdica, desempeñan el papel de ángeles buenos o espíritus benefactores, y se dice que descienden a la Tierra en rayos de luna para ayudar a los humanos. Las hadas de los cuentos han sido identificadas con los elfos, al igual que un buen número de «criaturas luminosas» de otras mitologías. Según las tradiciones, es recomendable dejarles algo de comi-

da y bebida durante la noche, pues a pesar de su bondad algunos son proclives a las travesuras.

Las hadas de Cottingley

En 1921, sir Arthur Conan Doyle, el conocido creador de Sherlock Holmes, certificó la existencia de las hadas en un libro titulado *El retorno de las hadas*, enfrentándose a su gran amigo Harry Houdini, que se había propuesto demostrar que la mayoría de pruebas de la existencia de los espíritus eran un fraude. Lo único que había hecho Doyle fue reconocer la autenticidad de unas fotografías tomadas por unas niñas en un bosque cercano a Cottingley en 1917. Allí, Frances Griffith, de nueve años, que vivía con sus primas después de haber residido en África durante siete años, contó a su madre y a su tía que se pasaba tanto tiempo en el bosque porque le gustaba estar con las hadas. Su prima Elsie refrendó la historia.

Las madres de ambas quedaron asombradas, pero no le dieron más importancia al fenómeno hasta que las niñas se llevaron la cámara fotográfica del padre de Ellie e hicieron fotos de las hadas. La verdad es que sólo ellas podían ver a las hadas, e incluso a un duende o gnomo que también fotografiaron, aunque en estas primeras fotos sólo eran manchas blancas poco discernibles.

Las madres de las niñas pusieron en conocimiento de la Sociedad Teosófica, a cuyas reuniones asistían, estas fotografías, que fueron analizadas por expertos y garantizadas sin que ninguno de ellos pudiera ver las placas originales.

Tres años después, volvieron a fotografiar a las hadas, y esta vez asombraron incluso a Conan Doyle, que, aficionado como era al espiritismo, no dudó de su veracidad. Ochenta años después, el misterio sigue sin desvelarse, aunque algunas ampliaciones dejan ver lo que podrían ser hilos casi invisibles por encima de las hadas, y las niñas reconocieron en 1980 que en cuatro de las cinco fotos utilizaron cartulinas recortables.

Los enanos

A diferencia de elfos y trolls, los enanos pueden confundirse con los seres humanos, pues parecen niños con rostro de adulto. Según las leyendas europeas, poseen una fuerza descomunal y por lo general habitan en cuevas en las profundidades de la Tierra, donde viven más de cuatrocientos años. La presencia en todas las épocas de personas de muy baja estatura, cuyo tamaño suele ser producto de mutaciones genéticas, parece el origen más evidente de estas leyendas. Durante la Edad Media, estos «enanos humanos» actuaban a menudo como bufones o simples acompañantes de numerosos séquitos reales, y en ocasiones se les atribuían facultades proféticas. En la era de la exploración, algunos exploradores europeos identificaron a los enanos de las leyendas con la nación africana de los pigmeos.

Los gigantes

Los gigantes figuran en las leyendas de todos las culturas. En los mitos nórdicos son los antepasados de los hombres y los creadores del mundo, y en la mitología griega descienden de los dioses pero se rebelaron contra ellos por el dominio de la Tierra. El gigante más conocido de la historia es quizá Goliat, el guerrero filisteo al que derrotó el joven David en el Antiguo

A la izquierda, las hadas de Cottingley, fotografiadas por Frances y Ellie. Arriba, «El enano de Vallecas», de Velázquez, y abajo, Gulliver, el gigante eventual de Jonathan Swift.

Testamento. La asociación de los gigantes con la fuerza bruta y con el mal se ha atribuido a este combate bíblico, que gozó de especial popularidad durante la Edad Media. En la actualidad, algunos investigadores los asocian con descendientes de

hombres anteriores al homo sapiens y los distinguen por otra parte de «gigantes humanos» como el persa Sia Khad, que llegó a medir 3,27 metros . Estos casos de gigantismo son resultado de la acromegalia, una enfermedad de la pituitaria cuyas víctimas nunca dejan de crecer.

Desde el principio de su existencia, el ser humano ha temido y recreado a monstruos tan fascinantes como el Minotaruro.

Genios y seres legendarios

Las leyendas y las tradiciones populares están también pobladas de seres fantásticos que representan a menudo los poderes ocultos del ser humano. Algunos son también metáforas del funcionamiento de nuestra mente o encarnaciones de una visión particular de la vida y el destino del hombre. La lectura de estos símbolos forma parte de legados culturales específicos y está siempre abierta a interpretaciones que dependen de su origen.

Los yinns

Entre las criaturas más poderosas de la Tierra, están los yinns, o djins, identifica-

En el desierto, los djinns son espíritus invisibles contra los que hay que protegerse.

dos popularmente con el genio de la lámpara de Aladino. Sus orígenes se remontan a las tradiciones de los beduinos de los desiertos de Arabia, y se los conoce como genios o demonios. Habitan en otra dimensión que los humanos no podemos percibir, y se manifiestan a través de músicas misteriosas, luces extrañas e incidentes inexplicables. Algunas leyendas los representan como seres malévolos que desatan tormentas de arena, lanzan piedras en los caminos y raptan a las mujeres. Sin embargo, los yinns tienen también la capacidad de hacer milagros y en ocasiones ayudan a los magos y a los buscadores de la verdad. De vez en cuando adoptan formas grotescas como un cuerpo humano con piel de cordero, hocico de perro y pezuñas de camellos. La fantasía popular los identifica como servidores de Ibls, o Seitán, el demonio del mundo islámico, pero sus actos son a menudo contradictorios y enigmáticos. Según algunos mitos egipcios, los yinns fueron los constructores de las primeras pirámides y siguen vigilándolas en la actualidad. Existen numerosos testimonios de sus apariciones en Egipto y en Jordania.

Aunque se trata de una creación literaria, el monstruo de Frankenstein se adapta muy bien a nuestros miedos ancestrales.

El golem

El golem, u hombre artificial, es quizá las criatura más enigmática de las leyendas judías. Según las tradiciones de los cabalistas, su creador fue el rabino Loew Ben Bezalel, que dio vida a una estatua de arcilla roja que había modelado en su casa

El hombre artificial

El escritor austríaco Gustav Meyrink recogió la tradición popular judía del hombre artificial y las aspiraciones de los alquimistas en la novela *El Golem*, publicada en 1915. El mito se llevó a la gran pantalla en varias ocasiones a principios del siglo XX. La versión clásica, titulada *Der Golem: Wie er in Die Welt Kam*, fue dirigida en 1920 por Paul Wegener y Carl Boese.

Los dragones forman parte de la tradición de la cultura oriental y occidental.

de Praga en el siglo XVI. Tras realizar diversas operaciones cabalísticas, el rabino insufló vida en la estatua susurrando un nombre de Dios y escribiendo sobre su frente la palabra «Emet», que significa «verdad». El ser humano resultante, que sería más tarde el modelo de Frankenstein, tenía un rostro de rasgos mongoloides, la tez amarillenta y los ojos oblicuos y vacíos. Obedecía sin vacilación cualquier orden de su creador, e incluso sus deseos más perversos e inconscientes, y su ausencia absoluta de escrúpulos llevó al rabino Bezalel a destruirlo. Sin embargo, la creación del hombre artificial había alterado

ya las leyes del universo. Y según la tradición, cada treinta y tres años cobra otra vez vida para recordarle al hombre su fealdad.

El basilisco

Según una leyenda muy difundida, los basiliscos nacen del huevo de una gallina vieja. Cuando ésta última no ha sido sacrificada a tiempo, pone un huevo extraordinariamente pequeño y sin yema, y cuando la cáscara se rompe un gusano rojo huye del interior y se esconde bajo la casa más próxima durante cerca de un año. Al cabo de este tiempo, uno o varios habitantes de la casa empiezan a sentirse débiles y a tener accesos de tos. También adelgazan y pierden el deseo de vivir. El causante de estas dolencias es el basilisco, que acude por las noches a robar sus energías y bebe la leche materna destinada a los bebes. Su aspecto es el de una culebra con cresta de gallo y alas de murciélago, y su mirada es letal. La única manera de librarse de él es colocar espejos en todas las habitaciones y esperar a que tropiece con su propio reflejo. En ese momento morirá.

Los fuegos fatuos

Los fuegos fatuos son presencias frecuentes en las aguas estancadas de pantanos y marismas. Desde lejos pueden confundirse con luciérnagas u hongos fosforescentes, pero en realidad son esferas de luz, casi siempre azul, blanca o verdosa, que parecen suspendidas en la oscuridad. Se los identifica con almas en pena que han permanecido en el lugar de una muerte, y también con los espíritus de las arenas movedizas. Su brillo embruja a los caminantes nocturnos y los arrastra hacia las arenas, donde pierden la noción del tiempo y suelen morir asfixiados. Algunos sobrevivientes afirman haber visto rostros de difuntos y otras imágenes en el fuego, y otros no recuerdan nada del episodio. A menudo, las víctimas de los fuegos fatuos caen bajo el embrujo de la luz en un momento de angustia o de desesperación. Y sucumben al abrazo de la tierra.

Misterios de las profundidades

Los mitos de la antigüedad y las supersticiones de la gente de mar han poblado también de criaturas fantásticas el mundo submarino. Las sirenas, las nereidas, los tritones, los palacios y ciudades del fondo del mar y los monstruos fabulosos forman parte de este universo que todavía estamos lejos de conocer. Las observaciones de marinos y científicos, junto con los estudios de algunos investigadores, ponen en cuestión el carácter apenas fantástico de algunos de estos seres legendarios.

El descubrimiento de América puso fin a la creencia medieval de que el océano estaba rodeado por un abismo habitado por dragones gigantescos. Sin embargo, estos mismos dragones, que para un marino de hoy parecerían acaso enormes serpientes o grandes pulpos, han sido avistados en muchas ocasiones. En 1857, el almirantazgo

La leyenda del Kraken

Entre los legendarios dragones que poblaban el mar, quizá nunca existió ninguno tan temible como el kraken. Según las antiguas relatos de los nórdicos, esta enorme serpiente llegaba a medir dos kilómetros y medio de largo, y en ocasiones los marinos la confundían con una isla, desembarcaban sobre su lomo y llegaban a encender hogueras para pasar allí la noche. No era infrecuente que el kraken se sumergiera irritado en las profundidades y los dejara flotando en el agua.

inglés quedó conmocionado a causa de un informe presentado por un experimentado capitán de apellido Harrington, que afirmaba haber visto un ofidio de setenta metros de largo serpenteando cerca de la isla de Santa Elena. En 1897, una cañonera francesa que patrullaba el golfo de Tonkin se encontró en alta mar con dos serpientes de veinte metros de largo y tres de diámetro que se desplazaban hacia el barco con veloces ondulaciones verticales. Aunque el informe de Harrington resulta inaudito por las supuestas dimensiones del animal, el incidente de Tonkin se encuentra respaldado por numerosos testimonios similares. El capitán de la cañonera en cuestión ordenó hacer fuego para anticiparse a un impacto con las dos enormes serpientes. Los tripulantes alcanzaron a ver la cabeza de los monstruos, que se sumergieron enseguida en las profundidades.

Dentro de las leyendas relacionadas con los seres acuáticos está también la de los hombres marinos u hombres-pez. En principio, se trata de seres humanos normales que un día se lanzaron al mar y se acostumbraron a vivir en el agua. Las noticias sobre su existencia se remontan a la época de los romanos, y ya Plinio afirma tener conocimiento de un hombre marino avistado en la bahía de Cadiz. Entre las referencias posteriores, destaca la historia de «pesce Cola», o «peje Nicolao», un nadador siciliano del siglo XV que acabó viviendo en el mar. Según los testimonios de la época, Nicolao podía permanecer hasta una hora bajo el agua y durante este período se alimentaba de ostras. Seguía a los barcos hasta alta mar y se ofrecía a llevar a tierra recados de los marinos. Intrigado por sus proezas, el rey Federico de Nápoles lo mandó llamar al estrecho de Mesina, y arrojó una copa de oro en el legendario remolino de Caribdis prometiéndole que sería suya si la recuperaba. Nicolao salió al cabo de cuarenta y cinco minutos con la copa en la mano y contó que había visto monstruos marinos y profundas cavernas. El rey lo incitó a bajar una segunda vez a cambio de una bolsa de oro, y «pesce Cola» volvió a sumergirse pero no salió nunca más.

Otra historia inexplicable es la del hombre-pez de Liérganes, que fue hallado justamente en aguas del puerto de Cádiz. Según el relato de fray Benito Jerónimo Feijoo, en 1674, un joven llamado Francisco, del pueblo de Liérganes, en Cantabria, fue a nadar un día al río con unos amigos y desapareció bajo las aguas a pesar de que era un excelente nadador. Sus compañeros lo dieron por ahogado. Sin embargo, cinco años más tarde, unos pescadores que faenaban en la bahía de Cádiz cercaron con sus redes a un extraño ser acuático. Una vez en tierra resultó ser un hombre joven, pálido y corpulento, que tenía una cinta de escamas a lo largo del tórax y otra que le cubría el espinazo. Tras algunos interrogatorios, el hombre-pez, que a duras

A la derecha, Carta Marina de Olaus Magnus, eclesiástico sueco que pobló el océano de serpientes y monstruos marinos.

penas hablaba, fue identificado con el joven ahogado en Cantabria, a más de mil kilómetros de distancia. Un franciscano lo llevó de regreso a su pueblo y el muchacho volvió a llevar allí una vida corriente, aunque seguía sin hablar y nunca manifestaba

entusiasmo por nada. Al cabo de nueve años, se zambulló de nuevo en el mar y no se supo nada más de él.

Los hombres y las mujeres acuáticos figuran en el folclore de todos los pueblos marineros, desde las costas escandinavas

metamorfosis que les confiere la apariencia monstruosa de sus ancestros acuáticos. Y, al igual que «pesce Cola» y el hombre-pez, después de vivir un período en la tierra se sumergen para siempre en el océano.

Los monstruos en la historia

Las leyendas sobre criaturas monstruosas se remontan a los inicios de la civilización. Una de las más antiguas es el dragón, un engendro surgido de la combinación entre el lagarto y la serpiente, con grandes alas membranosas como las de los murciélagos. Algunos investigadores han visto en esta criatura un recuerdo de tiempos arcaicos, en los que los hombres primitivos habrían llegado a convivir con fósiles vivientes de la era de los dinosaurios y los reptiles voladores. La amenaza que en estos tiempos pudieron representar los cocodrilos y las serpientes venenosas, para mencionar a sus parientes más

H. P. Lovecraft introdujo los monstruos de sus pesadillas en fascinantes relatos de terror.

hasta las islas del Pacífico. Igualmente difundidas son las leyendas de sus uniones con mujeres y hombres terrestres, que darían fruto a híbridos aún más extraños de hombre y pez. El cuento de «La Sirenita», de Hans Christian Andersen, es quizá una de las versiones más conocidas de la leyenda. El escritor norteamericano H.P. Lovecraft, el gran pionero de la literatura de lo oculto, abordó también el tema. En su relato «La Sombra», Lovecraft describe a una raza de seres «mitad peces mitad batracios», a quienes llama «los profundos», que son capaces de reproducirse con los seres humanos. Los descendientes de estas uniones, aunque en un principio parecen humanos normales, sufren con el tiempo una

evidentes, habría bastado para hacer del dragón la encarnación del poder de la naturaleza. Los primeros dragones habrían sido monstruos subterráneos, que apenas se asomaban a la boca de sus cavernas. En distintos lugares del mundo, fueron aumentando de tamaño, les salieron alas, les brotaron nuevas cabezas y adquirieron el poder de exhalar fuego y gases venenosos. La leyenda babilónica de Marduk cuenta cómo este dios dio muerte a un ejército de dragones para crear el mundo. No tardaron en aparecen en la India y en China, y se difundieron a través del mundo mediterráneo hacia Europa, donde formó parte preferentemente de las mitologías nórdicas.

La literatura clásica de los griegos y los romanos relata temibles combates entre héroes mitológicos y engendros degenerados compuestos de partes de animales , o incluso de una parte animal y una parte humana, como el Minotauro con cabeza de toro o la medusa con el cráneo poblado de serpientes. La combinación entre el cuerpo bestial y la malicia humana, que sigue aterrando hoy a las sociedades civilizadas (véase «Los devoradores de hombres»), está probablemente en la raíz de la identificación de estas criaturas con el mal. Hasta entrada la Edad Media, los europeos culpaban todavía a los dragones de las epidemias de la peste. Los alquimistas, por su parte, identificaban el dragón con la parte más innoble de sus destilaciones, que debía someterse a lentos fuegos en los alambiques para obtener la esencia sutil de la piedra filosofal. La conocida leyenda de San Jorge, que mató a un dragón

En esta obra de Tintoretto se muestra uno de los mitos culturalmente más difundidos, el de «San Jorge matando al dragón».

a fin de liberar a una población pagana aterrorizada y convertirla al cristianismo, sería un símbolo del triunfo del alma sobre el cuerpo, habitante de cavernas tenebrosas.

Los conocimientos de los europeos medievales sobre los monstruos provenían de relatos de viajeros anteriores a la era cristiana. El elefante, el hipopótamo, la jirafa y el tigre de Bengala formaban parte de una fauna legendaria que habitaba más allá del mundo conocido, principalmente en África y en la India. Hacia el siglo IV a. C., dichos relatos habían reunido en la Grecia antigua una amplia compilación de monstruos o fenómenos humanos, entre los que figuraban hombres con un solo ojo o un solo pie enorme, con cabezas de perro, pezuñas de cabra, picos de ave o largas colas peludas. Estas «razas» humanas pudieron tener origen en encuentros con individuos deformes o sometidos a mutilaciones, o incluso en ritos con máscaras, como los que existen

Fabricantes de monstruos

La falsificación de restos e incluso cadáveres enteros de monstruos artificiales es casi tan antigua como la creencia en los «monstruos de verdad». Ya en el siglo XIII, Marco Polo se quejaba de los estafadores que hacían pasar monos muertos por supuestos cadáveres de pigmeos en los puertos de Sumatra. En el siglo XVI, se vendían en Amberes crías muertas de dragones, confeccionadas con rayas rellenas de telas o piedras, decoradas luego con espinas y envejecidas finalmente al sol. En el siglo XIX, el famoso circo del estadounidense P.T. Barnum exhibía entre sus rarezas una supuesta sirena que era en realidad un híbrido de mono y pez muy conocido como amuleto entre los pescadores japoneses, que los fabricaban para sus visitantes.

La fascinación del público por las criaturas sobrenaturales alentó también una larga serie de hallazgos impostados en la célebre búsqueda del eslabón genético entre los primates y el homo sapiens. El Hombre Mono de Sumatra, descubierto supuestamente por los colonizadores holandeses, fue «avistado» durante décadas por los exploradores, y, en 1932, se encontró de hecho un ejemplar, que no era más que un mono afeitado y con los pómulos aplastados para darle rostro humanoide. En 1953, el Museo Británico se vio obligado a reconocer que los restos del «hombre de Piltdown» descubiertos en 1913, que había clasificado como una especie entre los simios y el hombre, eran una combinación de huesos paleolíticos y huesos de orangután envejecidos con tinturas.

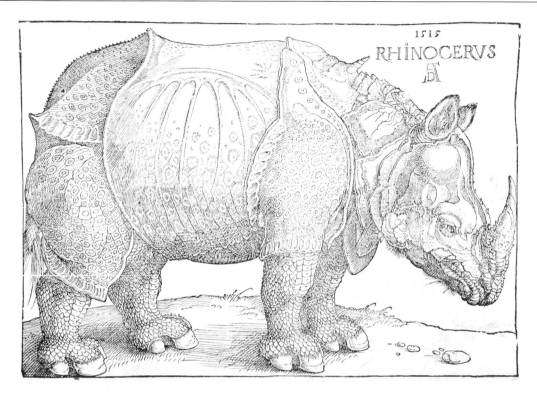

Grabado de un rinoceronte hecho por Durero. En la Edad media, la imaginación popular convertía a los animales que describían los viajeros en monstruos, a pesar del realismo del pintor.

en casi todas las culturas primitivas. En el siglo XVI, el descubrimiento del Nuevo Mundo dio paso a numerosos intentos por identificar estas y otras criaturas fantásticas con los animales de las Indias. A lo largo de los ríos, los exploradores llegaron a ver a las amazonas mencionadas por Homero y las sirenas de Ulises. Las expediciones al África, que datan del período justamente anterior, confirmaron la existencia de otros tantos monstruos legendarios, como el cocodrilo, empequeñecidos apenas por la realidad.

La ampliación de los confines medievales del mundo no fue en ningún caso el final de la era de los monstruos. Las profundidades del mar y las cumbres de las montañas siguieron albergando un sinnúmero de bestias legendarias. Los vampiros y los hombres lobo, entre otros engendros humanos, ocuparon el lugar de las razas deformes de los antiguos, y en los siglos XVIII y XIX se convirtieron en auténticas amenazas en los campos y las ciudades. A lo largo del siglo XIX, muchos investigadores se lanzarían tras las huellas del «eslabón perdido» entre los simios y los hombres, y descubrirían por el camino criaturas como el abominable hombre de las nieves y los hombres salvajes de Mongolia. En su impotencia ante la naturaleza, el ser humano sigue hoy

intentando someterla a través de fantasías que encarnan justamente sus temores más profundos. Y aparte de la muerte quizá no haya ninguno más profundo que el temor a lo desconocido.

Los animales escondidos

El estudio de los animales extraños y de especies desconocidas se conoce como criptozoología. Se divide en tres grandes categorías:

■ Animales fuera de lugar: se encuentran fuera de su hábitat natural; por ejemplo, un felino grande en Europa occidental.

■ Especies desconocidas: animales que podrían existir pero que la ciencia no ha reconocido todavía, como el yeti.

■ Animales legendarios: criaturas y monstruos fabulosos que pertenecen más a la leyenda que a la vida real. Se informa sobre ellos regularmente y a menudo atraen el interés de los medios de comunicación.

Las referencias a animales «fuera de lugar» son bastante corrientes en la investigación de los fenómenos de la naturaleza. Las especies desconocidas, por otro lado, tienden a encontrarse en lugares remotos y son bastante difíciles de estudiar. Los animales legendarios son desde luego los más escurridizos, y es posible pasar años buscando pruebas de su existencia, como ocurrió en el caso del monstruo del lago Ness.

Si usted tiene la suerte de recibir informes sobre un animal fuera de lugar, empiece por comprobar todos los detalles según el método estándar de investigación. Asesórese con biólogos y naturalistas locales para certificar que se trata de una especie que no existe en la región ni de una confusión. Quizá logre persuadirlos de participar en su búsqueda si el animal no encaja con sus clasificaciones. Busque en bibliotecas y hemerotecas y averigüe si se ha escapado algún animal.

Un gato alienígena

Los animales que se encuentran fuera de su hábitat se llaman alienígenas. El investigador de lo paranormal Alan Cleaver tuvo la suerte de ver un enorme gato alienígena en su casa de High Wycombe, Inglaterra, en 1986:

«Se habían visto varios gatos grandes en el área, e incluso la policía había percibido que desaparecían como por arte de magia. Los rastrearon en las colinas, pero desde luego no encontraron ninguno.

Aquel día yo llevaba mi cámara como siempre, pero cuando aparqué el coche y entré a almorzar la dejé en la guantera. Era una mañana soleada y me detuve un momento a mirar por la ventana. En los escalones del patio trasero del jardín, había un gato gigantesco.

Lo primero que pensé fue que debía de ser un gato doméstico muy grande, un perro o incluso un zorro u otro animal normal. El gato permaneció en su sitio como para que yo pudiera examinarlo con detenimiento. Medía aproximadamente un metro de alto, era de color marrón y tenía la cara oscura. Lo que más me impresionó fue su cola larga y gruesa. El animal emanaba una gran fuerza. Parecerá tonto, pero tuve la impresión de que sabía que yo no llevaba la cámara encima.

Después de unos cinco minutos, el gato se marchó y desapareció entre la maleza. No dejó huellas de pezuñas. No había fotografías, ni otros testigos. Curiosamente, no le conté a nadie la experiencia durante algunas semanas. No escribí un relato detallado, nunca me molesté en llamar a la policía, incluso tras pensar que los alumnos de una escuela cercana podían correr peligro si se trataba de un «puma» real. ¿Fue a causa de la impresión o sería una parte del fenómeno? Me pregunto cuántos testigos no han revelado encuentros como éste».

Fósiles vivientes

Arriba, huellas de chupacabras en México. A la izquierda, la mayor parte de los fósiles pertenecen a animales desaparecidos.

El chupacabras

Los informes de la fechorías del chupacabras se extienden por todo el continente americano. Aunque no existen registros fotográficos, los testigos lo describen como una especie de lobo, con enormes ojos rojos, orejas pequeñas y garras enormes. Tiene las patas traseras mucho más desarrolladas que las delanteras. Aparece siempre durante la noche, y ataca los rebaños de ganado y en ocasiones también a las personas. Se alimenta de la sangre de sus víctimas, y puede llegar a comerse su masa encefálica. A la mañana siguiente del episodio, los campos parecen el escenario de una masacre y puede haber una docena de cabras u ovejas desangradas en el suelo. La mayoría de los casos detectados han tenido lugar en la región de Calama en Chile.

E ntre las criaturas fantásticas documentadas por los investigadores figuran diversos «fósiles vivientes», que podrían ser los últimos ejemplares de especies ya extinguidas. El estudio de algunos de los casos célebres ha revelado fraudes flagrantes, como el conocido y escurridizo monstruo del lago Ness en Escocia. Sin embargo, otros casos siguen siendo auténticos enigmas.

El mokele-mbembé

El mokele-mbembé es una criatura origi-
naria de las cuencas de los ríos Congo y
Zambeze. Según los informes, se trata de
un animal cuadrúpedo con cabeza de serpiente y cuerno de rinoceronte y una pe-
sada cola que deja una huella de un metro
y medio de ancho. Las huellas circulares
de sus patas de tres dedos tienen unos veinticinco centímetros de diámetro y aterrori-
zan a los nativos. Desde la cabeza hasta la
cola, puede medir entre cinco y diez metros, y alcanza los tres metros de alzada.
Por su presencia monumental, se le conoce también como «el que detiene los ríos».

El mokele-mbembé suele vivir en cuevas cercanas a pantanos, lagos y ríos, y se
alimenta sobre todo de malombo o choco-
late de la jungla. A pesar de ser herbívoro,
defiende fieramente su territorio y puede
derrotar a intrusos de gran tamaño como

Las huellas del mokele pueden ser falsas; la
imagen, borrosa, tampoco certifica nada.

Los visitantes de la noche

Durante la década de 1970, en EEUU
se produjeron numerosos incidentes
de mutilación de ganado. Los episodios
se producían por las noches, y al día siguiente las reses aparecían desangradas y sin algunos órganos vitales,
como el cerebro o el corazón. Los testimonios de los granjeros permitieron
circunscribir estos ataques a fechas
específicas en las que habían visto helicópteros negros en el cielo. Con el
tiempo, el fenómeno se redujo a dos incidentes por año, siempre en fechas
determinadas, pero se extendió a través de Centroamérica, Sudamérica y
Australia. Las mutilaciones se han atribuido alternativamente a experimentos
con armas biológicas, sectas satáni-
cas y visitas de ovnis. Sus causas siguen siendo desconocidas.

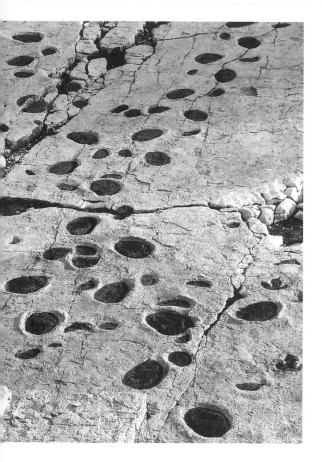

Huellas de dinisaurios encontradas en Porrentruy, Suissa

Nessie y sus parientes

Durante varias décadas, el lago Ness, en Escocia, fue conocido mundialmente por la existencia de un voluminoso animal de piel rojiza que sólo en contadas ocasiones asomaba su cabeza prehistórica a la superficie del agua. El carácter escurridizo de la criatura, conocida popularmente como Nessie, dio origen a toda clase de conjeturas acerca de su origen y sus costumbres alimenticias. ¿Cómo podía alimentarse un monstruo tan grande en un lago con tan poca vegetación? Según los testigos, tenía una boca muy pequeña, lo que le haría imposible procesar las cantidades enormes de plancton que necesitaría para sobrevivir. Quizá se alimentaba de los salmones que abundan en el lago. Algunos científicos atribuían los supuestos avistamientos del monstruo a escapes de gases geológicos desde una falla situada bajo las aguas del lago. Otros afirmaban que se trataba

cocodrilos e hipopótamos. Su clasificación dentro del conjunto de los animales es un misterio. ¿Se trata acaso de un dinosaurio que ha sobrevivido hasta nuestros días? ¿O de un mamífero con aspecto de dinosaurio? ¿Una especie de varano o una tortuga gigante? Una de las hipótesis más difundidas lo sitúa como un saurópsido que sobrevivió a la extinción de los grandes reptiles, pero no hay registros fotográficos concluyentes.

Nessie tiene decenas de parientes distribuidos por diferentes lagos de buena parte del planeta. En el lago Seljord, en Noruega, habita una anguila de diez metros con cabeza de caballo conocida como Selma, y el lago Champlain, en EEUU, es el hogar de un cocodrilo jorobado conocido como Champ. Tsuchinoko, una serpiente venenosa de largos colmillos, vive en un lago japonés. La semejanza entre estas criaturas y los reptiles marinos prehistóricos desata el entusiasmo de los creyentes en la supervivencia de los dinosaurios. Pero, como en tantos otros casos, no existen pruebas concluyentes.

El thylacine

Otro fósil viviente que ha intrigado durante años a muchos biólogos e investigadores es el thylacine. Conocido también como el «tigre de Tasmania», este curioso cuadrú-

simplemente de una tubo de PVC o del parachoques de un Wolkswagen Escarabajo. La principal prueba de la existencia de Nessie, tomada en 1934, resultó ser un fraude. El fotógrafo reveló antes de morir que, junto con un amigo, había puesto una cabeza sobre un flotador y había tomado luego la foto en el lago para vengarse de un periódico. En 1972, la Academia de Ciencias Aplicadas de Boston envió al lago una expedición dirigida por el doctor Robert H. Rines, que detectó mediante un sonar la presencia de una o más criaturas de gran tamaño bajo la superficie.

Arriba, Nessie se muestra como un fantasma. A la derecha, reproducción de un thylacine.

pedo del continente australiano, que se cree extinguido desde 1936, tenía el aspecto de un perro grande y medía cerca de 2,90 metros desde el hocico hasta la punta de la cola. Su pelo era de color marrón claro. En la espalda, las patas traseras y la cola presentaba rayas oscuras como las de los tigres. También el hocico, que podía abrir casi 180 grados, presentaba rasgos felinos. Sin embargo, la forma de la cola recordaba la de los canguros, al igual que las huellas que dejaba al sentarse sobre los tobillos. Bajo su vientre de color cremoso tenía una pequeña bolsa en la que llevaba las crías como sus parientes marsupiales.

El thylacine dejó de ser una presencia común en Australia cuando los colonizadores de este país trajeron consigo animales y aves de corral que eran presa fácil para este marsupial carnívoro. Los estragos de

sus visitas llevaron al gobierno australiano a promover su caza, y el último ejemplar censado murió oficialmente en un zoológico en 1936. Sin embargo, entre este año y 1980 se registraron más de 150 encuentros creíbles con thylacines en estado salvaje. Los informes oficiales, que recogen un número aún mayor de avistamientos, sugieren que incluso puede haber otras especies desconocidas que habitan las regiones despobladas del oeste de Australia. En el año 2002, el descubrimiento de un cachorro de thylacine conservado en formol en el Museo Australiano dio aliento a un ambicioso proyecto para clonar un ejemplar del thylacine. La cadena americana Discovery construyó una imitación para un documental. Es probable que dentro de unos años podamos verlo otra vez en vida en un zoológico cercano.

Las alas del teratórnido

Los testimonios acerca de pájaros gigantescos o monstruosos sugieren también la existencia de fósiles vivientes en el reino de las aves. Uno de los casos más recordados es el de la noruega Svanhild Hantvigsen, que, en 1932, cuando tenía tres años, fue capturada por un águila enorme que la llevo en vilo hasta su nido. Aunque sus ropas estaban hechas jirones, la niña fue rescatada sin un rasguño. A pesar de lo extraordinario de la situación, el caso no representaba en rigor un misterio. Sin embargo, unos años más tarde, en 1940, el historiador Robert Lyman avistó en Pennsylvania un pájaro de un metro de estatura, cuyas alas desplegadas medían cerca de siete metros. En 1947, varios testigos informaron haber visto aves descomunales en Illinois, donde, según las tribus nativas, habitó en otra época un ave devoradora de hombres de piel escamosa, con larga cola, cuerno y ojos de color rojo. Una década más tarde, varias personas avistaron un pájaro cuyas alas medían cerca de ocho metros volando por encima de Pensilvania.

Los avistamientos cobran relevancia si se tiene en cuenta que las alas del cóndor californiano, reconocido como el ave más grande del mundo, miden sólo tres metros de extremo a extremo. Otro episodio dramático tuvo lugar en Illinois, en 1977, cuando un niño de diez años, Marlon Lowe, fue levantado en vilo del jardín de su casa por una enorme ave de pico curvo del tamaño exacto de un cóndor californiano. Aunque el niño logró librarse de sus garras antes de que el ave remontara el vuelo, ningún cóndor podría levantar un peso semejante. La mayoría de las especulaciones sobre éste y otros casos apuntan a la existencia de descendientes del teratórnido, una gigantesca ave prehistórica con una envergadura de siete metros y medio y un peso medio de 75 kilos. Se han encontrado fósiles de este pájaro inmenso en Argentina, México y Estados Unidos, algunos de ellos de más de cinco millones de años de antigüedad. Se cree que esta ave extraordinaria se extinguió hace la friolera de diez mil años.

Marlon Lowe con su madre.

Los devoradores de hombres

os animales que devoran seres humanos son la encarnación más temible de las fuerzas de la naturaleza. El temor a ser devorados, que comparten todas las culturas, es un legado genético que se remonta a nuestros antepasados prehistóricos. Las evidencias arqueológicas revelan que, en efecto, los primeros homo sapiens eran víctimas frecuentes de los depredadores. En aquellos tiempos, imperaba la ley del más fuerte y el ser humano estaba intentando hacerse con un puesto en lo alto de la cadena trófica, en lugar de ser devorado por las fieras, que resultaban invencibles en la lucha cuerpo a cuerpo sin más armas que las ofrecidas por la propia naturaleza del individuo. El miedo estaba servido. Un hombre a solas era víctima fácil del terror y de los carnívoros. El desarrollo de armas de piedra fue sin duda una estrategia de supervivencia, que al cabo del tiempo consagró al propio hombre como el depredador más temible de la naturaleza. Los ataques mortales de animales se hicieron cada vez menos frecuentes con la civilización. Y hoy en día constituyen casos excepcionales. Sin embargo, el miedo a morir entre las fauces de una fiera salvaje retiene en nuestro subconsciente el poder de una amenaza inminente.

Fieras inteligentes

El temor a morir devorado por un animal es tanto más intenso cuanto más deliberado parece el ataque. La literatura y el cine han explotado con éxito este elemento psicológico, que atribuye al depredador una motivación que, paradójicamente, sería casi humana. La famosa historia de la ballena Moby Dick, trenzada en una guerra a muerte con el capitán Ahab, es un ejemplo clásico de la bestia inteligente que ejecuta metódicamente sus venganzas contra el hombre. El escualo asesino de la película *Tiburón*, basada en una serie de ataques ocurridos en 1916 en Nueva Jersey, hace también del depredador una encarnación de la malicia humana, e incluso de la maldad como tal. En diversas partes del mundo, se han reportado casos análogos de serpientes, elefantes, pulpos, perros y hasta abejas asesinas, que ponen en duda la supremacía del ser humano sobre la naturaleza. La gran mayoría de los episodios, a pesar de sus trágicas consecuencias, se deben simplemente a encuentros desafortunados con animales que preferirían evitar un encuentro con el hombre.

Con todo, unos pocos casos resultan por lo menos enigmáticos. Entre los más espeluznantes, está el de los leones asesinos del

Fotografía aparecida en el libro *Los leones comedores de hombres del Tsavo*, **de J.H. Patterson, que se enfrentó a ellos.**

Tsavo, que tuvo lugar en 1900 durante la construcción de un puente para el ferrocarril en Kenia. Las autoridades británicas, dispuestas a someter esta región desconocida del continente africano, contrataron miles de empleados africanos para construir un puente sobre el río Tsavo. Sin embargo, las obras quedaron prácticamente paralizadas cuando dos leones machos empezaron a atacar sistemáticamente a los trabajadores. Los

feroces leones, que no tenían melena y eran de tamaño superior al normal, desplegaban una astucia aterradora para eludir los cercos y las trampas que se les tendían, y llegaban a colarse en las tiendas de campaña para atacar a sus víctimas. A lo largo de nueve meses, acabaron con la vida de ciento cuarenta personas. El teniente coronel John Henry Patterson logró abatirlos finalmente, y encontró en su guarida gran cantidad de restos humanos y objetos personales, que parecían haber sido coleccionados a propósito.

Híbridos humanos

El animal dotado de astucia humana adquiere dimensiones aún más terroríficas en el caso de los hombres coyote de las llanuras norteamericanas. Los ataques de estos seres mágicos, híbridos de hombre y animal, resultan por supuesto más difíciles de probar. Su existencia se remonta a los mitos de los indios navajos, que atribuían a

Paul Naschy, caracterizado de hombre-lobo.

sus chamanes la facultad de «cambiar de piel» para asumir la identidad de un animal salvaje. Los testigos de sus andanzas describen siluetas imprecisas de un animal del tamaño de un ser humano, capaz de caminar a dos patas, dar saltos increíbles y correr más rápido que un coche. Sus apariciones se encuentran precedidas a menudo por una niebla extraña, y sus víctimas aparecen luego despedazadas por el efecto de sus fauces. Además de premeditados, sus ataques se encuentran dirigidos contra una persona particular con la que el chamán tendría presumiblemente cuentas pendientes. Durante la colonización del oeste americano, existía la creencia de que sólo morían si eran abatidos por una bala de plata.

Las leyendas europeas abundan también en híbridos de hombre y animal que devoran a sus congéneres humanos. Los más famosos son los hombres lobos, registrados en una larga serie de textos desde los poemas de Homero. Entre los antiguos, se creía que un hombre podía convertirse en lobo si consumía ciertas hierbas venenosas y que si devoraba a otro hombre en tal estado no podía invertirse la metamorfosis. Durante la Edad Media, la licantropía, o la capacidad de transformarse en lobo, adquirió el carácter de un castigo divino impuesto a los hombres que vociferaban contra las escrituras, condenados a aullar durante las noches de luna llena. Las transformaciones, temporales o permanentes, tenían lugar sobre todo en el mes de febrero, porque su-

El lobo de Caperucita

El episodio más recordado de un animal con malicia humana es quizá la historia infantil de Caperucita Roja. El personaje del lobo feroz, heredero velado de la tradición de los hombres lobos, se sirve en efecto de mentiras y disfraces para engañar a la joven protagonista, que encarna la inocencia del ser humano.

Caperucita Roja seducida por el lobo en una ilustración de Gustavo Doré.

puestamente los lobos se apareaban durante este mes. Cabe anotar que este mes marca también el clímax del invierno y que, en el norte de Europa, muchos ata-

ques de lobos genuinos se producían en esta época por la escasez de comida . Las teorías más modernas distinguen entre las metamorfosis voluntarias y las involuntarias, y contemplan las alucinaciones de los testigos que ven lobos reales. Otros híbridos de hombre y animal incluyen los hombres oso escandinavos, los hombres jabalí de Grecia y los hombres hiena de los desiertos de Egipto y Abisinia.

La leyenda del vampiro

El personaje del vampiro encarna el terror del hombre que devora a sus semejantes. A diferencia de los híbridos de hombre y animal, este ser legendario no pierde su naturaleza humana a causa de una metamorfosis, sino por el hecho de haber muerto y haber regresado de la muerte. Las leyendas afirman que los vampiros son en efecto personas fallecidas, que salen de noche de sus tumbas para chupar la sangre de los vivos. Algunos sostienen que un espíritu maligno se ha apropiado de su cuerpo en el momento de morir, y otros, que cometieron en vida maldades o crímenes y por este motivo se resisten a enfrentarse al juicio de la muerte. La sangre humana es lo que les permite aferrarse a la vida estando ya muertos. Sin embargo, su aspecto es igual al de los vivos, y su rostro, por lo general saludable y rubicundo, contrasta con la palidez de los vampiros de las películas. Los indicios para identificarlos son sus uñas largas y curvadas, que han seguido creciendo en la tumba, y las manchas ocasionales de sangre en su boca. El único método para acabar con ellos es exponerlos a la luz del día, clavarles una estaca en el corazón e incinerar luego sus restos hasta reducirlos a cenizas.

Los primeros testimonios sobre el vampirismo se remontan al final de la Edad Media, cuando el fenómeno hizo su aparición en los estados eslavos de Europa Oriental. Los estudios al respecto señalan que, en esta época, la endogamia de los nobles eslavos dio pie a graves desórdenes genéticos, entre ellos la llamada protoporfiria eritropoyética, una rara enfermedad cuyas víctimas enrojecían y empezaban a sangrar por la piel al cabo de unos minutos a la luz del sol. Los afectados tendían naturalmente a evitar los paseos diurnos y salían sólo de noche, y este comportamiento, junto con los síntomas de la protoporfiria, pudieron dar origen a la leyenda de los vampiros. Otra explicación natural serían los entierros frecuentes de individuos en estado de catalepsia que, tras permanecer horas o incluso días enterrados, aparecían de nuevo vivos y probablemente tan aterrorizados como los testigos. Tanto una como otra dolencia sólo fueron diagnosticadas en el siglo XIX.

Los mitos populares sobre el vampirismo encontraron eco en las obras de Lord Byron y otros autores románticos,

El conde Vlad de Transilvania se hizo famoso por su crueldad. Apodado el Empalador, dejaba a sus víctimas, con las manos y los pies cortados, a lo largo de los caminos.

Arriba, Bran Stoker, que pudo haberse inspirado en el mito de Vlad el Empalador para escribir Drácula, aunque algunos especialistas opinan que tuvo que hacerlo en la sanguinaria condesa Bathory, que sacrificaba a muchachas jóvenes para beberse su sangre y bañarse en ella. Abajo, uno de sus retratos, y a la derecha, sello de la condesa.

fascinados por las connotaciones eróticas del mordisco mortal del vampiro. El fenómeno adquirió fama mundial en 1897 tras la publicación de la novela «Drácula», del irlandés Bram Stoker, el clásico más importante sobre el tema. El personaje de Stoker estaba inspirado en un sanguinario príncipe eslavo llamado Vlad Barabar, que vivió en el siglo XV en Valaquia, en la actual Rumania. Sin embargo, sus andanzas literarias no resisten comparación con la sed de sangre del modelo, conocido en su época como Vlad Drácula, o Vlad «hijo del diablo», y también como Vlad el Empalador por el hábito de empalar a sus enemigos. Bajo su reinado, que se prolongó durante quince años, Vlad sometió a este suplicio a millares de personas después de cortarles manos y pies, en ocasiones con el único propósito de entretenerse viéndolas morir. En 1476, colocó a lo largo de los caminos de Valaquia centenares de cuerpos empala-

dos y acumulaciones de cabezas, brazos y piernas para intimidar al sultán turco que acudía a exigirle tributo. Para alivio de sus numerosos prisioneros, cayó en el choque con los turcos y su cabeza fue llevada en una estaca hasta Estambul.

Las atrocidades de Vlad Teppes dieron vida al mito del vampiro, pero las crónicas de la época no indican que bebiera la sangre de sus víctimas. La leyenda de los vampiros, como la novela de Stoker, podrían haberse inspirado en la historia de Isabel Bathory, otra noble eslava que vivió en Hungría en el siglo XVI. Casada a los quince años con el conde de Transilvania, Isabel se fugó de su casa con un joven noble con fama de vampiro y regresó al cabo de un tiempo a su castillo para iniciarse en el vampirismo. Tras la muerte de su marido en el año 1600, mandó a sus cuatro hijos con unos parientes y, con la colaboración de dos sirvientes, cortó las venas de una criada para beber su sangre y darse un baño con ella dentro de una tina. Durante más de diez años, sus cómplices sedujeron a docenas de víctimas con la promesa de hacerlas criadas del castillo. El hallazgo de unos cadáveres abandonados al pie de las murallas levantó finalmente sospechas, y en 1610, un primo suyo irrumpió en el castillo y encontró varias jóvenes moribundas con punciones en todo el cuerpo. La condesa transilvana fue emparedada en su dormitorio, y sobrevivió enterrada en vida cuatro años gracias a una abertura por la que le pasaban agua y comida.

Vampiros modernos

La literatura y la cinematografía inspiraron en pleno siglo XX a varios vampiros modernos como Fritz Haarman, el «Vampiro de Hanover», juzgado en 1924 por la muerte de veinticuatro jóvenes a los que había asesinado de un salvaje mordisco en la garganta. En 1949, un piadoso ciudadano inglés llamado John George Haigh confesó que había dado muerte a nueve personas para beber su sangre y había destruido luego sus cuerpos sumergiéndolos en ácido sulfúrico. Los hallazgos ocasionales de cadáveres desangrados, con marcas de mordiscos y punciones, siguen alimentando hasta la fecha el mito del vampiro. Algunos aficionados al tema atribuyen de hecho estos sucesos a la sed de sangre de vampiros de otras épocas que nunca han llegado a morir.

El rastro del demonio

Entre las criaturas sobrenaturales que se pasean por el planeta, ninguna resulta tan terrorífica como el demonio, o «el diablo», encarnación misma del poder de la maldad. Los testimonios de sus apariciones se remontan a los primeros siglos del cristianismo, y de ellos data la imagen de un ser mitad hombre y mitad macho cabrío, con pezuñas y cuernos en la frente. Los historiadores han señalado la semejanza entre esta figura y las representaciones de Pan, el antiguo dios griego de la naturaleza, reconocido por sus orgías y sus borracheras. Para los primeros cristianos, el culto del dios, que incluía unas y otras, debía parecer en efecto un tributo al propio Satanás.

En épocas posteriores, el demonio se apareció entre los hombres encarnado en brujas del bosque, niños poseídos e incluso animales domésticos, como perros o gatos. Sin embargo, el arquetipo del «macho cabrío» sobrevivió a todas estas mutaciones. Y sus pezuñas dieron lugar a uno de los fenómenos fortianos más recordados de la historia. El 8 de febrero de 1885, los habitantes del condado inglés de Devon se dejaron arrastrar por el pánico a raíz del descubrimiento de un rastro enigmático en la nieve, que parecía efectivamente obra del demonio. Se trataba aparentemente de un par de huellas de pezuñas, que medían diez centímetros de largo por siete de ancho, separadas por intervalos de veinte centímetros, y que se extendían a lo largo de más de ciento cincuenta kilómetros. El rastro había aparecido al cabo de una sola noche y la distancia recorrida resultaba tan inexplicable como la localización de algunas de las huellas. La criatura, identificada casi enseguida con el diablo, parecía haber escalado paredes y tejados sin aflojar el paso, y había saltado por encima de muros de cuatro metros e incluso de casas enteras.

En las riberas del río Exe, las huellas desaparecían en una orilla y reaparecían en la otra. En un caso, desaparecían por una grieta de pequeño tamaño y aparecían de nuevo al otro lado de la pared.

Al atardecer del día 8, se desató una cacería sin precedentes en busca del demonio, que había estampado además sus huellas en la puerta de una iglesia. Una semana después, los diarios londinenses publicaron la noticia, y desataron a su vez una avalancha de hipótesis descartables, que atribuían las huellas a un pájaro enorme, una liebre coja, un canguro escapado del zoológico, entre otros animales. En vista de la proeza que suponía cubrir semejante distancia a pie en una noche, se

Un grupo de brujas durante un aquelarre tratando de besarle las nalgas al demonio.

planteó incluso la teoría de que el rastro lo había dejado una cadena arrastrada por un globo. Por otra parte, el hallazgo sacó a la luz otras huellas similares, registradas en las montañas de Galicia y en la isla francesa de Kerguelen, donde habían sido avistadas por el famoso explorador James Ross. Otro rastro parecido apareció en marzo de 1885 en los alrededores de Glenorchy, en Escocia, a lo largo de varios kilómetros.

Los hallazgos de las huellas del demonio se produjeron más tarde en Nueva Zelanda (1886), Estados Unidos (1908) y Bélgica (1945), entre otros lugares. En 1950, aparecieron de nuevo en Devon y el fenómeno provocó curiosamente menos escándalo que setenta años antes. En 1970, fueron encontradas en las laderas del monte Etna, en Sicilia. En ninguno de estos casos se pudo establecer el origen de estas marcas inquietantes. Aparte de que, como dice el refrán, el diablo camina entre los hombres.

El mito cristiano sitúa los orígenes del demonio en la caída del ángel rebelde, que trató de arrebarle a Dios el puesto de amo del mundo.

Tras las huellas del hombre

de difícil acceso donde suelen refugiarse de los ojos humanos. Sin embargo, la búsqueda persiste.

El yeti

Conocido popularmente como el «hombre de las nieves», el yeti o metoh kangmi habita las altas cumbres del Himalaya. Según los informes existentes, es un homínido de gran tamaño que anda erecto y, salvo por el rostro de tez rosada, tiene todo el cuerpo cubierto de pelo. Su clasificación como homínido se basa en las huellas de sus pies. De costumbres nocturnas, evita a los hombres, pero puede detectarse a distancia por su olor pestilente característico. Cuando se encuentra con los humanos, se agita y vocifera para intimidarlos, pero luego desaparece entre las nieves. Los testimonios con que contamos han permitido

La existencia de humanoides y otras criaturas emparentadas con el hombres es uno de los mayores enigmas de la investigación de la naturaleza. Durante años, numerosos antropólogos, biólogos y exploradores han tratado de documentar estos fenómenos vivientes cuyo estudio podría desvelar el origen de nuestra especie. Hasta el presente, ningún investigador ha conseguido seguir el rastro elusivo de estas criaturas hasta los lugares

clasificar tres tipos de yetis: el gran yeti, que mide alrededor de dos metros y medio, el pequeño yeti, de un metro y medio, y el aterrador nyalmo o mi-chenpo, que puede alcanzar los 45 metros. Se supone que los dos primeros son omnívoros y se alimentan de frutas, líquenes, mamíferos pequeños y aves. El tercero es realmente peligroso, pues puede llegar a atacar al hombre y a alimentarse de carne humana.

Según algunos investigadores, el yeti es un primate desconocido antepasado del Homo erectus. Sin embargo, otras hipótesis afirman que se trata del célebre «eslabón perdido» entre los primates no homínidos y el ser humano, que completaría el rompecabezas de nuestra historia como especie.

Big foot

Conocido popularmente por su nombre en inglés, el big foot o «pies grandes», ha sido avistado sobre todo en el noroeste de Estados Unidos y en la provincia canadiense de la Columbia Británica. Se lo clasifica como un pariente del yeti, y al igual que este último, anda erecto, está cubierto de pelo y emite un olor pestilente. Sin embargo, es bastante más curioso que su primo del Himalaya, y suele bajar de las

A la izquierda, huella del yeti tomada en 1980 a 5000 metros de altura en el Himalaya. A la derecha y arriba, una de las escasas imágenes del esquivo big foot.

montañas por las noches para espiar a los turistas y robarles comida. Su estatura promedio es de dos metros, y aunque es muy corpulento no suele agredir a los humanos. Sus apariciones se han documentado primordialmente con las huellas enormes de sus pies, de las que deriva su nombre. También se han encontrado pelos y excrementos.

El yeren

Los investigadores han encontrados restos del yeren en las provincias chinas de Sichuan, Guizhou, Yunnan y Hubei. Se trata de un humanoide similar al piesgrandes, y podría compartir con éste un antepasado común: el gigantopithecus, un enorme primate que se originó en la China hace 400.000 años. Según los estudios paleon-

Representación del Gigantophitecus en el patio de un colegio cerca de Nueva York..

tológicos, este ancestro de remoto del hombre se propagó por toda el Asia, y algunos de sus descendientes llegaron a convivir con el homo sapiens.

Los almas

Los almas son una singular especie de homínidos que habitan en el desierto de Gobi y las montañas de Mongolia. La primera constancia de su existencia data de 1430, cuando un noble alemán capturado en batalla por los turcos fue comprado como esclavo por un príncipe mongol. Durante su estancia en Mongolia, el militar tuvo ocasión de ver a dos «hombres salvajes, cubiertos de pelo por todas partes salvo en la cara y las palmas de las manos, que se alimentaban de hojas y hierba». Durante siglos, los almas formaron parte de la vida habitual de los mongoles, que incluso llegaron a capturar ejemplares para usarlos como bestias de carga. Su estatura promedio ronda los tres metros, y al igual que el yereen, podría ser descendiente del gigantopithecus. El último alma en cautiverio falleció en 1931, y su tumba se encuentra en las montañas Altai.

Los hombres salvajes de Siberia, los hombres grises escoceses, los barmanu de Pakistán, los nguoi-rung de Vietnam y los gigantes tano del África occidental figuran también entre las diversas especies cerca-

Restos del niño hallado en Lapedo, un posible híbrido de homo sapiens y neandertal.

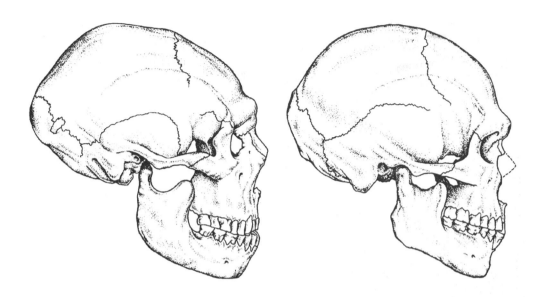

Cráneos de Neandertal y homo sapiens en el que destaca la frente prominente del primero.

nas al hombre registradas por los investigadores. A pesar de la ausencia casi total de pruebas, la amplia difusión geográfica de otras «especies humanas» a lo largo de la prehistoria presta credibilidad a los avistamientos. La desaparición progresiva de estas especies se atribuye generalmente a los cambios climáticos y más tarde a la proliferación del homo sapiens, pero no parece imposible que en algunas regiones remotas hayan sobrevivido algunos individuos. Quizá el enigma más intrigante sea la desaparición de los neanderthales, homínidos muy cercanos al hombre que aparecieron en el continente euroasiático hace 200.000 años. Según los paleontólogos, los neanderthales llegaron a elaborar herramientas, vestidos e instrumentos musicales, conocían el uso del fuego y el probable que se comunicaran en un lenguaje

primitivo. Aunque se consideran extinguidos desde hace cuarenta mil años, ciertas hipótesis sugieren que algunas poblaciones pudieron sobrevivir. El hallazgo del esqueleto de un niño de cuatro años muerto hace 24 mil años en el valle de Lapedo, en Portugal, presenta rasgos tanto del Homo sapiens como del hombre de Neanderthal. Quizá existan aún entre nosotros algunos de estos descendientes híbridos.

Las fuerzas del cosmos

Los círculos de piedras y otros monumentos antiguos emanan una presencia espiritual reconocible incluso para los escépticos. Muchas catedrales e iglesias medievales fueron erigidas de hecho en estos lugares cargados de energía, en los que hoy podemos identificar poderosos campos electromagnéticos. Las características geológicas del terreno y la presencia de corrientes subterráneas de agua están en parte en el origen de este fenómeno, tan espiritual como científico. Para la mayoría de las culturas antiguas, la Tierra era un organismo vivo, dotado de una red de canales de energía que podían afectar a los habitantes de su superficie. La ubicación de un monumento, a su vez, podía ejercer un efecto regulador sobre la Tierra. Una piedra sagrada colocada en un monte determinado podía compensar un desequilibrio en otro lugar distante, igual que una aguja colocada en la espalda de un paciente puede aliviar un dolencia en otra parte de su cuerpo.

La pregunta de cómo encontraron estos lugares los primeros hombres es uno de los grandes enigmas de la Tierra. Quizá, como los animales, nuestros antepasados podían detectar intuitivamente las vibraciones del terreno y la localización de las fuentes de agua, las fallas y los minerales del subsuelo. Muchos monumentos antiguos están orientados también hacia determinados astros y constelaciones para conjurar su influjo benéfico. Las bendiciones de las estrellas y las fuerzas telúricas se conjugan en estos lugares únicos donde nuestros antepasados veneraron dioses que hoy apenas conocemos. El estudio de las pirámides y otras construcciones puede acercarnos a través de los siglos a su sabiduría.

Cinco mil años después, los estudiosos siguen intrigados por las pirámides.

también los desplazamientos migratorios de pájaros y otros animales.

Si está interesado en investigar este tema, tome una de las líneas ley ya descubiertas y señálela sobre un mapa. Salga de excursión y camine sobre ella. Esté atento a todo lo que ve y busque emplazamientos significativos que puedan ubicarse a lo largo de esa línea ley y que tal vez hayan omitido otros investigadores.

Las líneas ley

En 1925, Alfred Watkins acuñó la expresión «líneas ley» para definir unas líneas rectas sobre las que estaban construidos una serie de monumentos y rutas de peregrinación. Estas líneas no sólo respondían a las necesidades humanas, sino que también reflejaban los movimientos del firmamento. Muchas seguían el movimiento del Sol, la Luna, los planetas o las estrellas, y

Stonehenge es uno de esos lugares mágicos que están conectados con el cielo.

La armonía del espacio

El feng-shui es una de las artes más antiguas de la sabiduría oriental. Su propósito es armonizar los lugares donde habitan los seres humanos con las corrientes de energía telúrica, para que éstas ejerzan un influjo benéfico sobre su salud y su destino. En la antigua China, todos los edificios y las carreteras se construían teniendo en cuenta los preceptos del feng-shui. Según estos últimos, la energía de la Tierra circulaba por el planeta a través de una vasta red conocida como «el dragón».

Geomanticos chinos en pleno trabajo.

Fotografía de Paul Devereux que muestra una probable línea ley en Salisbury, durante un estudio de círculos en las cosechas.

Si cerca de su casa no existen líneas ley establecidas, trate de descubrir una por su cuenta. El punto de partida puede ser la impresión que le causa un lugar particular y el deseo de constatar si se encuentra sobre una línea ley. El procedimiento es el siguiente:

■ Busque un mapa de pequeña escala de la zona. Sólo necesitará un mapa de mayor escala si quiere profundizar en su investigación después de descubrir la línea ley.

■ Con una regla transparente, trate de trazar líneas rectas entre el lugar elegido y algún emplazamientos ley reconocido.

■ Señale con un círculo los emplazamientos ley potenciales. Al finalizar un barrido de 180 grados, tal vez encuentre varios emplazamientos a lo largo de una o varias de las rectas. Una ley es tanto más convincente cuanto mayor sea el número de emplazamientos en su recorrido.

■ Señale con una línea fina las mejores alineaciones que tiene y compruebe si la línea podría extenderse a un mapa contiguo.

■ Recorra la línea a pie y busque emplazamientos ausentes en el mapa señalándolos con pequeños mojones.

■ Los archivos locales pueden arrojar luz sobre otros emplazamientos y su relación con el folclore o las leyendas de la zona.

Las pirámides

Según el arqueólogo Toby Wilkinson, las pirámides de Egipto fueron construidas con el propósito de reproducir en la Tierra una maqueta del cosmos, que les indicara a los faraones muertos el camino de regreso a su lugar de origen en las estrellas. Estas puertas hacia las estrellas les permitían

El espíritu de la costumbre

En el año 601, el papa Gregorio escribió al obispo Melito, que se iba a unir con Agustín de Canterbury en su cruzada para convertir a Inglaterra, ordenándole que buscara allí los templos paganos e hiciera de ellos iglesias cristianas. Los antiguos ídolos fueron destruidos y los templos rociados con agua bendita, pero siguieron empleándose como antes para que los fieles originales continuaran acudiendo y se convirtieran. Por esta razón, muchas iglesias medievales están situadas sobre líneas ley.

Glastonbury, encrucijada de las líneas ley.

además vivir en consonancia con el universo, y no sólo eran monumentos funerarios, sino también acumuladores de la energía de la Tierra y del cosmos. Puede afirmarse lo mismo de otras pirámides situadas en otras partes del mundo, como las construidas por aztecas y mayas en México y Guatemala. El alineamiento astronómico de unos y otros monumentos indicaría que estas culturas compartían una sintonía profunda en lo relativo a su visión del cosmos. Estas son algunas de las particularidades astronómicas de la arquitectura de las pirámides en diferentes partes del mundo:

Se dice que las pirámides de Guiza reproducen la Constelación de Orión en el suelo.

Las ermitas de Montserrat

La montaña de Montserrat, cerca de Barcelona, debe su nombre a la silueta aserrada que forman sus picos de granito. Sin embargo, esconde algo más que formas imponentes. Algunas de las ermitas construidas en la montaña pueden unirse mediante una línea ley, probablemente en lugares de culto o peregrinación precristianos. El monasterio benedictino de Montserrat está alineado con la ermita de Sant Miquel, la ermita de Sant Jeroni y el pico de su mismo nombre, que es el más alto de la formación montañosa. No muy lejos de esta línea se encuentran otros lugares de interés.

Monasterio de Montserrat en Barcelona.

■ Las pirámides de Guiza, en Egipto, reproducen el diseño de la constelación de Orión. La Esfinge y las construcciones que la rodean reproducen la constelación de Leo. La Esfinge está orientada hacia el punto del horizonte por donde aparecen las estrellas de Leo. Los monumentos funerarios, por su parte, están colocados al oeste del Nilo porque el Sol se pone por el oeste.

■ Las proporciones de la Gran Pirámide de Guiza demuestran notables conocimientos de geodesia: su altura multiplicada por 43.200 da el radio polar de la Tierra y la longitud de la base por el mismo número da la longitud del ecuador terrestre.

■ En Guiza, el canal sur de la Cámara de la Reina apunta hacia el Cisne; el canal sur de la Cámara del Rey hacia Orión y el canal norte de la Cámara del Rey hacia la estrella polar Alpha Draconis.

■ El templo de Horus, en el Alto Egipto, está orientado hacia las constelaciones de Orión y de la Osa Mayor.

■ En la ciudadela azteca de Teotihuacán, en México, el Paseo de los Muertos está orientado hacia el sol a 19 grados del ecuador el 19 de mayo y el 25 de julio. En los equinoccios de primavera y de otoño la luz produce sombras que sugieren una serpiente moviéndose por la escalinata Norte durante 3 horas y 22 minutos.

■ En la ciudad maya de Uxmal, cada construcción sagrada está relacionada con una constelación. El templo sudoccidental es Aries; la Casa de los Pichones, Tauro; La

Arriba, Teotihuacan y el Camino de los muertos del Templo del Sol.
Abajo, Uxmal, en Yucatán, antigua capital de los mayas.

Casa del Gobernador, Géminis; la Casa de la Tortuga, Cáncer; la sala de danza central, Leo; la Casa de los Pájaros, Sagitario; el Cuadrado de la Virgen, Virgo; la Casa de los Sacerdotes, Libra; la Pirámide del Mago, Escorpio y los templos sudorientales representan Capricornio, Acuario y Piscis.

■ Los templos mayas de Utatlán se encuentran alineados con el ocaso de las tres estrellas de la constelación de Orión.

■ Las pirámides chinas de Shensi están alineadas con el norte astronómico.

Lugares y energías

En algunos lugares sagrados, es posible percibir el influjo de las líneas de energía de la Tierra. El poder mágico atribuido a estos lugares está relacionado con la historia y las características del terreno, al igual que con el diseño de su construcción.

La catedral de Chartres

La catedral de Chartres, en Francia, está situada sobre diversas cavernas y fosas sépticas, y se cree que en el subsuelo existen tres criptas que sirvieron para los rituales de iniciación de los caballeros templarios. La colina donde se eleva la catedral era ya un lugar sagrado para sus habitantes prehistóricos, que levantaron allí numerosos dólmenes. En la época de los druidas, una cueva de la colina hospedó una capilla con la talla de una mujer con un niño, hecha con la madera de un peral cercano. Esta efigie fue venerada más tarde por los cristianos. Los druidas también construyeron un pozo de 33 metros de profundidad, el Pozo de los Fuertes, que ahora se encuentra en el Portal Norte de la catedral. Al agua del pozo se le atribuyen propiedades curativas.

El diseño de la catedral tiene en cuenta las fuerzas telúricas y refleja algunos elementos astronómicos. Sus precisas dimensiones se rigen además por la llamada «proporción áurea», según la cual la división de la base de una figura por su altura debe producir siempre el número 1.618, que es una cifra de significado cabalístico. Estas son algunas de las particularidades del edificio:

■ La bóveda está situada por encima de un antiguo pozo celta, que amplifica la música procedente de las corrientes subterráneas.

■ Sobre la losa de el Agujero de San Juan, el sol cae cada solsticio de verano exactamente a mediodía. En 1701, el monje Claude Etienne sustituyó unos cristales del vitral de san Apolinar por una placa de metal con un agujero para lograr este efecto.

Chartres representa la estrella Gamma Virginis. Se cree que los templarios practicaban cultos secretos dentro de los muros de estos templos, construidos sólo aparentemente para adorar a la Virgen María.

Angkor

El conjunto monumental de Angkor, en Camboya, permaneció sepultado por la vegetación hasta que un viajero de apellido Mouhot lo redescubrió en 1861. Se calcula que fue construido en diferentes fases entre los siglos VII y XII, siguiendo la disposición del firmamento. Todo el conjunto es un mapa de la constelación del Dragón durante el equinoccio de primavera. El templo de Angkor Wat está orientado hacia

■ En el interior de la catedral hay un laberinto dibujado sobre el suelo, conocido como El Camino de Jerusalén o Dédalo, de trece metros de diámetro y 261'5 metros de recorrido, en cuyo centro hay una imagen que representa la lucha de Teseo contra el Minotauro. Según las investigaciones, recorrer el laberinto con los pies descalzos permite absorber la corriente telúrica que circula por debajo de la catedral.

■ La catedral, finalmente, forma parte de un complejo de catedrales situadas en distintas ciudades francesas (Reims, Amiens, Sens y Ruan, entre otras), que forman un mapa de la constelación de Virgo. Cada catedral está colocada respecto a las demás a una distancia proporcional a la que separa a la estrella que representa de las demás estrellas de esta constelación. La ciudad de

el amanecer del solsticio de invierno y el amanecer del equinoccio de primavera.

Stonehenge

Las piedras de Stonehenge son un monumento megalítico construido hace más de 4.000 años en Inglaterra. Hasta hace pocos años, se creía que las piedras del monumento habían colocadas por sus primiti-

Emulos de los antiguos druidas se reúnen periódicamente en Stonehenge.

vos constructores siguiendo principios astronómicos (orientadas hacia el punto por el que sale el sol en el solsticio de verano). Sin embargo, una investigación llevada a cabo por Brian Edwards parece demostrar que fueron desplazadas durante sucesivas restauraciones realizadas entre 1901 y 1964. Esta investigación compara las diferencias entre las fotografías actuales y un dibujo de Constable pintado en 1835. También se cree que cuando Constable

Sorprendente representación de un mono de más de cien metros de longitud en Nazca.

hizo el dibujo el monumento ya había sido transformado.

Líneas de Nazca

Las pistas de Nazca se encuentran en la frontera entre Perú y Bolivia y miden 96 kilómetros de longitud y 16 de anchura. Las figuras que forman sólo se pueden apreciar desde una gran altura.

El astrónomo y antropólogo estadounidense Anthony Aveni asegura que fueron construidas para «caminar sobre ellas y suplicar a los dioses agua que hiciera fértil la tierra». Aveni basa esta teoría en el descubrimiento de que cerca de ochocientas pistas convergen en pozos y manantiales.

Los círculos en las cosechas

En 1980 aparecieron en los campos de trigo del sur de Inglaterra unas formas geométricas, que con el tiempo se fueron haciendo más y más complicadas (círculos, círculos formando triángulos, cruces célticas, siluetas de insectos). Los círculos en las cosechas han aparecido luego en Australia, Rusia, Canadá, EE UU, Italia, Alemania, Afganistán, Turquía, Noruega y Japón. Sin embargo, el 80 por ciento de los fenómenos han tenido lugar en Inglaterra. Las figuras se concentran allí en un área con muchos yacimientos arqueológicos (Abevurym, Wstinehenge, Silbury Hill). Alrededor de los fenómenos se han registrado variaciones en el magnetismo. A principios de los años 90, se descubrió que los tallos de las plantas que forman el dibujo sufren anomalías en los nódulos que les obligan a crecer torcidos. Por algún motivo, no crecen hacia el sol; quizá a causa de una radiación de microondas intensa. El doctor en física experimental Eltjo Haselhoff afirma que el foco de la radiación, dada la forma de los círculos, debe ser un objeto esférico situado encima de estas formas. De ahí las hipótesis de que la causa de los círculos en las cosechas es una nave extraterrestre.

Sin embargo, el foco también podría ser una concentración anormal de determinados minerales en el subsuelo. Algunos aficionados a lo paranormal especulan que podría tratarse de mensajes geométricos de Gaia, la mente de la Tierra. Ciertos investigadores hablan de fenóenos de teleplastia, similares a los de las caras de Belmez. En cualquier caso, las formas más complejas, que se presentan cada verano, parecen exigir la intervención de algún tipo de inteligencia. Algunas son claramente obra de hombres que han pisado las cosechas. En otras, los tallos de los cereales aparecen doblados y mediante un microscopio pueden apreciarse alteraciones en su estructura celular. Se han analizado los círculos mediante fotografías terrestres, aéreas e infrarrojas, mediciones de magnetismo y radiactividad, análisis de la tierra y de los cereales y cálculos informáticos. Los escépticos afirman que las figuras podrían dibujarse con un rayo de microondas desde una avioneta, y que el so-

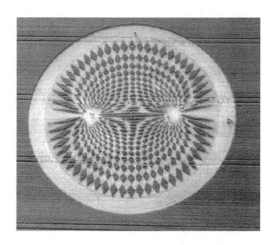

Fotografía aerea de Lucy Pringle de un círculo de las cosechas. Demasiado perfecta.

nido que suele acompañar su formación no es más que el girar de la hélice.

En 1991, Dave Chorley y Doug Bower de Southampton (Inglaterra) revelaron el origen de los círculos. Tras quince años de bromas decidieron confesar su manipulación de los tallos mediante una barra de hierro, hartos ya de la credulidad humana. Tal vez actuaron movidos por el miedo a una denuncia, ya que el caso estaba despertando demasiado interés e incluso la reina Isabel II llegó a consultar a lord Solly Zuckerman, ex-consejero científico del Ministerio de Defensa.

Chorley y Bower incluso mostraron ante la prensa su técnica para hacer círculos. Sin embargo, la demostración no convenció a todo el público. ¿Era un fraude la aparición de los círculos o es un fraude la demostración de fraude? Los círculos de las cosechas siguen inspirando la fantasía de quienes quieren creer en extraterrestres que nos envían señales indescifrables.

Fenómenos sin explicación

En las décadas de 1920 y 1930, el investigador Charles Fort llamó la atención del público sobre un gran número de sucesos anómalos que ocurrían cada tanto tiempo en el planeta. Estos fenómenos sin explicación fueron bautizados en su honor como fenómenos fortianos y, al igual que las anomalías naturales, escapan a las explicaciones de la ciencia.

Entre los sucesos descritos por Fort figuran animales fuera de lugar, monstruos como el del lago Ness, estatuas que lloran o sangran, visiones religiosas, círculos en las cosechas, bolas de fuego, mutaciones humanas y animales, hadas, ángeles, combustión espontánea, leyendas urbanas, vampiros, autoestopistas fantasmas y teorías de la conspiración. También podrían catalogarse como fenómenos fortianos ciertos hallazgos extraordinarios en especialidades como la arqueología, con el descubrimiento de objetos modernos en emplazamientos antiguos; la meteorología, con la lluvia de colores; la astronomía, con los deste-

Cualquier suceso extraordinario que no tenga explicación se puede considerar fortiano.

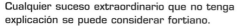

Charles Fort (1874-1932) era un escéptico.

llos de colores vistos en la Luna; la biología, con los sapos conservados en rocas, y muchos más.

Los investigadores fortianos obtienen la mayor parte de su material de los medios de comunicación. Los museos pueden ofrecer datos valiosos sobre sucesos históricos anómalos, al igual que algunos sitios de internet. El principal obstáculo para investigar los fenómenos fortianos, sin embargo, es la carencia de información verídica y relevante. Los medios de comunicación suelen «alen-

tar» las historias extrañas, aunque sumiendo posiciones escépticas. En algunos casos, ofrecen teorías estereotipadas sin considerar explicaciones naturales obvias que entusiasmarían bastante menos a los lectores. Las historias de muertos vivientes o los avistamientos de ovnis llaman mucho más la atención que una evaluación psicológica de los testigos, en caso de que estos últimos existan. La mayoría de las historias fortianas aparecidas proceden de fuentes no fiables o han sido acomodadas al gusto del públi-

197

co. El origen de muchos de estos «casos» son los relatos AAA, contados por un amigo de un amigo de un amigo, y las leyendas urbanas. Es difícil discernir las historias auténticas, y los medios rara vez las investigan en profundidad.

Ante tal variedad de fenómenos, es difícil precisar un solo método de investigación. El investigador debe recurrir a menudo al sentido común para decidir cómo proceder. Las entrevistas con los testigos son fundamentales, y dado el carácter aleatorio de los fenómenos, conseguir un testigo auténtico puede ser ya un logro en sí mismo. Salvo que usted sea un conocedor del campo en cuestión (por ejemplo, la meteorología), es recomendable consultar con un experto que establezca cuán improbable es su descubrimiento. A menudo, tales expertos

escucharán sus informes con escepticismo, pero si son veraces puede que quieran unirse a las pesquisas.

Lluvias de animales

Entre los fenómenos fortianos más conocidos figuran las lluvias de ranas, peces u otros animales. El investigador de lo paranormal Phil Walton refirió hace poco este incidente acaecido en el sur de Londres:

«Una señora mayor telefoneó a la oficina meteorológica local y preguntó si había habido vientos inusuales en el área. Continuó diciendo que tenía el césped cubierto de ranas, pero colgó antes de que nadie pudiera tomarle los datos. La oficina contactó con la prensa local y diversos periódicos informaron que había

Sorpresas del cielo

Phil no se habría sorprendido del todo si hubieran llovido ranas del cielo. Había presenciado un acontecimiento similar una década antes en Orpington. Sobre la ciudad había caído una lluvia de paja procedente de una granja cercana, que había cubierto a los desprevenidos compradores del centro urbano. El acontecimiento había aparecido luego en el parte meteorológico.

En otra ocasión, Phil encontró su coche cubierto de arena roja al salir de trabajar. Al día siguiente, los periódicos in-

formaron de que un vendaval había elevado arena del Sáhara hasta la alta atmósfera y lo había depositado sobre el sureste de Inglaterra.

ocurrido ciertamente un acontecimiento fortiano: una lluvia de ranas.»

Un examen pausado de los hechos revela las inconsistencias de la noticia. La señora sólo dijo que tenía el césped cubierto de ranas. ¿Por qué no llovieron también algas, peces y tritones? Pudo haber sacado las ranas de un estanque o un lago cercano. Como la testigo no dejó su nombre, fue imposible contactar con ella. Sin embargo, incluso su escueta declaración plantea algunas explicaciones posibles. La testigo, por ejemplo, no mencionó haber visto ranas en el tejado o en los árboles, como ocurriría si realmente llovieran ranas del cielo.

Phil Walton, que es dueño de un negocio de jardinería, había presenciado un suceso similar en la zona. Cinco años atrás, en una primavera, había encontrado el césped de varios clientes suyos lleno de ranas muertas. Sólo algunos tenían estanque, pero todos tenían cadáveres de ranas que, al parecer, habían salido huyendo del agua. A través de un programa de historia natural, Walton se enteró más tarde de que las ranas habían muerto a causa de un virus que había infectado el agua de la zona.

En la parte final de la excelente película *Magnolia*, de Paul Thomas Anderson, se reproduce una lluvia de ranas que refleja muy bien lo que uno debe esperar encontrar en un caso de este tipo.

El cubano Alberto Korda hizo esta magnífica foto de una farola que nadie consiguió apagar con los poderes de su mente.

Interferencias en las farolas

De vez en cuando, una farola se apaga cuando una persona pasa junto a ella por la calle. Desde luego, puede que la farola esté estropeada, y que se apague sin importar quién pase por ahí. Sin embargo, algunas personas «apagan» las farolas con demasiada frecuencia para que ésta sea siempre la causa. Estos acontecimientos se conocen como «interferencias en las farolas» (IEF).

Por el momento, las IEF no son un fenómeno paranormal reconocido. Varias sociedades paranormales han empezado a estudiarlo, y el doctor Richard Wiseman de la

universidad de Hertfordshire adelanta actualmente un proyecto de investigación. Sin embargo, no es fácil examinar un suceso espontáneo que no puede reproducirse en el laboratorio.

¿Cómo se producen las IEF? En principio, se cree que la persona causante ejecuta inconscientemente el proceso de apagar la luz a distancia. Aunque parezca difícil de creer, nuestro cerebro es un instrumento físico y eléctrico, y cuenta con suficiente potencia para ocasionar efectos sorprendente. Las IEF podrían ser sólo el resultado de un impulso eléctrico cerebral que afecta el mecanismo de conexión de las farolas.

Sin embargo, existen otros factores que vale la pena considerar:

■ Muchos interferentes afirman hallarse en un estado mental inusual cuando ocurren las IEF.

■ Rara vez pueden reproducir la hazaña de manera deliberada.

■ La farola se ve afectada sólo por el interferente, no por otras personas presentes.

El verano de 1991

«Volvía de casa de mi novia después de pasar la noche fuera. Era verano, de madrugada, y hacía bastante frío. Caminaba por un parque iluminado por farolas antiguas, cuando la farola más cercana al sendero se apagó. Pensé: "se ha fundido la bombilla". Pero ocurrió lo mismo la noche siguiente: de nuevo pensé que se trataba de una bombilla defectuosa y no volví a

acordarme del hecho hasta que volvió a suceder. Empecé a pensar que pasaba algo raro. Con el correr de los meses, cada vez que volvía de casa de mi novia mi presencia afectaba la farola. Si estaba apagada, se encendía, y viceversa. Una vez que yo había pasado, volvía a su estado original.

Sólo cuando noté que tenía el mismo efecto sobre otras farolas comprendí en qué condiciones se producía siempre el efecto. Tendía a suceder tarde por la noche o de madrugada. Normalmente hacía bastante frío y yo estaba cansado, nervioso o inquieto. Cuando intentaba demostrarle mi habilidad a mis amigos, no funcionaba, ya que quizá estaba demasiado relajado. Sólo puedo pensar que la causa de los fenómenos era alguna onda cerebral hiperactiva producida por mi estado nervioso».

■ Muchos interferentes dicen poder afectar también otros aparatos, como radios, televisores, relojes o incluso escáneres de los supermercados.

A menudo, en las oficinas hay una persona que tiene problemas con los ordenadores, o que no puede llevar reloj o que se las arregla para fundir siempre los plomos o las bombillas. Muchos casos paranormales incluyen sucesos análogos. En el famoso poltergeist de Rosenheim, por ejemplo, una joven aparentemente causaba llamadas telefónicas espontáneas e interferencias en la iluminación de la oficina.

Quizá las IEF puedan explicarse como fenómenos psíquicos. Probablemente sería aconsejable estudiar a las personas afectadas, a la luz de todos los mecanismos que ellas mismas afectan, y averiguar si emiten alguna clase de energía particular. De momento, los investigadores están concentrados en el efecto de las farolas.

Los relatos AAA

Los relatos AAA se conocen por este nombre porque su fuente suele ser un amigo de un amigo de un amigo. El testimonio en cuestión ha corrido de boca en boca, y cada intermediario ha añadido «detalles» para mejorar la narración. La historia resultante no suele tener nada que ver con el acontecimiento original.

Un conocido investigador fue abordado por varios aficionados a lo paranormal que se habían enterado de un suceso extraordinario ocurrido en una gruta en Inglaterra. Al parecer, todo un equipo de expertos había presenciado allí diversos fenómenos paranormales. La historia sonaba realmente extraordinaria. Sin embargo, el investigador ya la había oído en varias ocasiones y en diversas versiones. De hecho, había formado parte del equipo de expertos en la noche de los sucesos. Y sabia que se trataba de un relato AAA.

Sin duda, todos nos hemos encontrado en situaciones de este estilo, en las que un acontecimiento trivial se convierte en un chisme macabro a fuerza de correr de boca en boca. En este caso particular, el investigador conocía los hechos. Sin embargo, no siempre es fácil rastrear estas historias hasta una fuente original. Lo más común es que «alguien» haya presenciado un aterrizaje alienígena u otro suceso espectacular. Y que ese «alguien» nunca pueda ser identificado.

Las leyendas urbanas

El viaje de los argonautas y los trabajos de Hércules son los antecedentes de las leyendas urbanas modernas. A diferencia de los mitos griegos, hablamos de historias ubicadas en el presente y podrían haberle sucedido a un amigo o un conocido en un lugar incluso familiar. A diferencia de los casos «únicos» en los que a menudo se basan los relatos AAA, están estructuradas en torno a una «trama» o argumento esencial que está presente en todas

sus versiones sucesivas. La presencia de caimanes en las alcantarillas de una gran ciudad, o la idea de que puede apreciarse la dirección en la que gira el agua en el fregadero según el hemisferio son algunos de los tópicos que respaldan muchas leyendas urbanas. Aunque cambien los escenarios o los personajes, los hechos siempre son los mismos. Casi siempre son «demasiado buenos para ser verdad» y, por lo

El fantasma de Blue Bell Hill

Los indicios de que había un autoestopista fantasma en los alrededores de Blue Bell Hill en Kent, Inglaterra, empezaron a circular en 1966. Al parecer, varios automovilistas se presentaron en el pueblo cercano de Maidstone buscando a la víctima de un accidente que, según decía, había llevado en su coche al hospital. La historia se difundió con esta versión durante algunos años. Sin embargo, en 1974, se precipitaron los acontecimientos. Un hombre de Rochester, que volvía a su casa en la madrugada de un sábado, atropelló a una niña de unos diez años de edad. Dio marcha atrás y recogió a la niña, que estaba magullada y llamaba a su madre llorando.

Tras tenderla en la acera, intentó hacer señales a otros automovilistas, y luego tapó a la niña con una manta y fue a buscar ayuda a un puesto de policía más cercano. Cuando llegó la policía, la niña había desaparecido, pero la manta seguía allí. Se rastreó toda el área con perros pero la niña no apareció.

Casi veinte años después, en 1992, un conductor que pasaba por Blue Bell Hill vio salir a una niña de los arbustos junto a la carretera. La niña lo miró a los ojos y desapareció luego bajo las ruedas. El hombre paró y buscó frenéticamente el cuerpo. En la estación de policía de Maidstone, le hablaron más tarde del fantasma de la niña perdida. El incidente se repitió pocas semanas más tarde. Nunca se encontró el cuerpo.

tanto, deberían despertar las sospechas del investigador.

La historia del autoestopista fantasma es una de las leyendas urbanas más interesantes. El argumento básico comienza cuando alguien recoge a un autoestopista, casi siempre de noche y en un tramo solitario de la carretera. El autoestopista, con frecuencia una mujer, se resiste en un principio a subir. Dice que tiene frío, y el conductor le presta la chaqueta. Al cabo de unos kilómetros, el conductor descubre asombrado que su pasajera o pasajero se han desvanecido dentro del vehículo. Cuando acude a informar del incidente en la siguiente ciudad, se entera de que un terrible accidente ocurrió justo en ese tramo de carretera. Acude a la tumba de la víctima, y encuentra su abrigo sobre la lápida.

La historia, en diferentes versiones, aparece cada cierto tiempo en los medios de comunicación. Y desde luego es «demasiado buena para ser verdad»: tiene suspense, drama y casi moraleja, como una pieza de teatro. En comparación, los casos paranormales reales resultan desordenados, pues nunca siguen una estructura dramática precisa. Los fenómenos ocurren sin motivo, causan conmoción y desaparecen sin dejar rastro. Casi nunca parecen tener un significado particular para los implicados.

Las leyendas urbanas aparecen ordenadas de principio a fin. La chaqueta sobre la tumba es suficiente para darle escalofríos al oyente más cínico. El investigador de lo

paranormal puede tropezar con una leyenda urbana siguiendo el rastro de un caso o una noticia curiosa en los periódicos. Pese a la autenticidad de los detalles, rara vez podrá encontrar a los testigos implicados en el supuesto de que existan. La fascinante trama de la historia, carente de hechos sólidos, puede convertirse en una pesadilla.

Sin embargo, como en los mitos clásicos y las leyendas del folclore, esta trama puede originarse en un incidente real. Nunca será igual de dramático o literario, pero, como en el caso del fantasma de Blue Bell Hill, será posible encontrar pistas documentadas y testigos. Y estamos ante un caso genuino.

En el Triángulo de las Bermudas

El mito del Triángulo de las Bermudas es una de las historias fantásticas más populares del mundo contemporáneo. En principio, se trata de una leyenda inmemorial según la cual centenares de barcos y miles de marineros habrían desaparecido en la franja de mar situada entre la península de Florida, las islas Bermudas y la isla de Puerto Rico. Sus orígenes se remontan a un artículo publicado por Vincent H. Gaddies en 1964 y sobre todo, al bestseller mundial de Charles Berlitz, El Triángulo de las Bermudas. El manejo sensacionalista o acaso ingenuo del tema por parte de éstos y otros autores encontró enorme eco entre el público ávido de misterios y experiencias

nuevas de los años setenta. Ya en 1973, el supuesto fenómeno fue reseñado por la Enciclopedia Británica. Entre las teorías propuestas para explicar los naufragios estaba la existencia de un campo magnético potentísimo que alteraba en esta área del mar los registros de todos los instrumentos de navegación. Otros autores atribuían la «maldición» del Triángulo a las radiaciones de máquinas en el fondo del mar, que habrían pertenecido a los habitantes del continente perdido de la Atlantis, y otros más a las correrías de ovnis depredadores.

En 1975, Lawrence D. Kusche publicó *El Triángulo de las Bermudas: Misterio Resuelto*, denunciando los métodos equívocos y las conclusiones extravagantes de todas las supuestas investigaciones sobre el tema. Para empezar, demostró con datos de archivos históricos que, desde el año 1800, en la zona del Triángulo se habían producido menos naufragios que en muchas otras áreas marítimas con el mismo flujo de tráfico. También investigó a fondo las tragedias más conocidas que se atribuían al fenómeno del Triángulo, y, entre ellas, la célebre desaparición de una patrulla aérea en la zona en 1945.

Según la leyenda popular, cinco aviones torpederos Avenger tripulados por pilotos experimentados despegaron el 5 de diciembre de ese año de la base de Fort Lauderdale para efectuar un vuelo rutinario. El comandante de la patrulla contactó con la base para informar de extrañas alteraciones en los instrumentos, y, cuando trataba de comunicar su posición, se cortó la comunicación. Un hidroavión Mariner enviado en su búsqueda desapareció también esa noche. Kusche demostró que los pilotos experimentados de los vuelos eran en realidad alumnos novatos, y que su instructor, el teniente Charles Taylor, acababa de llegar a la base. También encontró un informe de sus comunicaciones con la base, en el que simplemente declaraba estar perdido. Los bombarderos, probablemente, se extraviaron a causa del mal tiempo, y se precipitaron sobre el mar al quedarse sin combustible. Kusche encontró también testigos que habían oído estallar en el aire el hidroavión Mariner. La coincidencia entre los dos trágicos incidentes habría servido para apuntalar la leyenda del Triángulo, pero estos últimos apenas habían sido investigados, como tantos otros casos «demasiado buenos para ser verdad».

Algunos aficionados a las ciencias paranormales muy imaginativos han ofrecido curiosas versiones del fenómeno. Por ejemplo, sugiriendo que en esa zona se abre uno de los agujeros de gusano que, según la física teórica, nos habrían de permitir viajar a través del espacio-tiempo. Hay que añadir que, por lo que se sabe, cuando se entra en ese tipo de singularidades, uno queda reducido a partículas. El destino final sería un planeta en torno a la gigante roja Betelgeuse, a trescientos años luz de la tierra.

Charles Berlitz, un hombre satisfecho.

La radiestesia

de la Baguette Divinatoire. 23

buscan por una reacción del instrumento: la horquilla se eleva por encima de la horizontal, las varillas se cruzan o el péndulo oscila hacia un lado. Algunos atribuyen estos éxitos a los dones perceptivos de los radiestesistas, que en ocasiones pueden realizar sus hallazgos también sobre un mapa del terreno.

La radiestesia ha sido empleada a menudo para detectar las «energías» de emplazamientos como Stonehenge. En efecto, muchos de estos lugares tienen un extraordinario potencial energético que, según se cree, pudo inducir a los antiguos a elegirlos para sus cultos, ya que sus rituales quedarían fortalecidos. En la actualidad, la radiestesia figura entre los misterios elementales de la Tierra. Su ejercicio requiere un poder de percepción que puede incluir información oculta a los sentidos. Se emplea para localizar objetos perdidos, tubos enterrados, petróleo, minerales metálicos y yacimientos arqueológicos, además de artefactos antiguos. También tiene aplicaciones médicas y puede usarse para diagnosticar dolencias. En general, parece funcionar mejor cuando se hacen preguntas concernientes al pasado o al presente más que al futuro. De hecho, algunos investigadores la consideran un método para consultar los «registros akáshicos» en los que estaría almacenado el conocimiento de todos los sucesos acaecidos en el mundo. Otras personas sostienen que se rige por una ley cósmica y que sería imposible emplearla para fines de lucro.

L a radiestesia es una técnica para encontrar agua, minerales, restos arqueológicos, objetos perdidos y otros elementos presentes en el subsuelo. Suele practicarse con una rama en forma de horquilla, un péndulo de cristal o dos varillas en forma de L. Los practicantes recorren la zona en cuestión con sus instrumentos, y encuentran el lugar donde se esconde lo que

Según algunos estudios, los instrumentos de los radiestesistas, como el péndulo, amplían movimientos musculares desencadenados por el cerebro del practicante. Sin embargo, la mayoría de los radiestesistas se refieren a ellos como aparatos de detección imparcial, independientes de su voluntad, y sostienen que este distanciamiento es fundamental para obtener resultados. Esta actitud parece diferenciar la radiestesia de las artes adivinatorias. Aún así, quizá no sea nada más que eso.

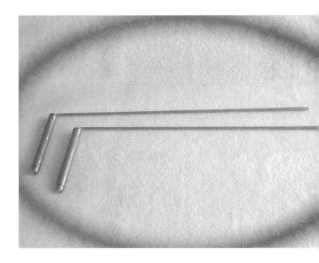

Varillas utilizadas en radiestesia ofrecidas por el Instituto Biocyber de México.

La práctica de la radiestesia

Cualquier persona puede poner a prueba sus dotes para la radiestesia. El equipo no es costoso, o puede fabricarse en casa. Se pueden usar un péndulo o un par de varillas en forma de L. La herramienta más antigua es la rama en forma de horquilla, pero suelen romperse con facilidad, y otra buena alternativa moderna son dos varillas de nilón unidas por un extremo. En contra de la creencia popular, no es necesario que los instrumentos estén hechos de un material particular. Ambos tipos de varillas sirven para trabajar en el exterior, ya que pueden usarse mientras se camina. Un factor crítico para el éxito es que la búsqueda obedezca a una necesidad real. Si no siente dicha necesidad, o se encuentra cansado, o no puede concentrarse, es poco probable que obtenga respuestas verídicas.

Si usa las varillas en forma de L, sostenga una en cada mano por el eje corto de la L, con el eje largo señalando hacia delante. La técnica común para usar las varillas en forma de L es mantener los antebrazos horizontales, ejerciendo sólo una leve presión con las manos para impedir que las varillas oscilen; los ejes largos deberían señalar ligeramente hacia abajo, para minimizar la oscilación. Recorra el terreno con lentitud para no pasar por alto un foco de radiestesia. Lo normal es que las varillas se crucen cuando lo encuentre. Trate de alinearlas con la fuente de energía. Para estas operaciones puede usarse una única varilla.

La radiestesia también puede practicarse sin instrumentos. Un modo de hacerlo es recorrer el terreno con los brazos hacia delante y las palmas de las manos una frente a la otra, separadas por unos

Cómo fabricar un péndulo

Suspenda un peso pequeño de una cadenilla o un hilo tejido (el hilo enrollado puede desenrollarse y causar una falsa lectura).

El peso de la plomada y la longitud de la cuerda pueden variar, pero un peso pequeño (100 g) en una cuerda corta, digamos de 6 cm, transmite las respuestas más rápidamente.

Cómo fabricar un par de varillas en «L»: Pueden hacerse de un par de perchas de alambre. El alambre, duro, debería ser de unos 48 cm de largo. Doble los alambres hasta formar un ángulo recto de unos 15 cm a partir de un extremo.

dos centímetros. Cuando encuentre un foco de radiestesia, las manos tenderán a juntarse irresistiblemente.

También puede experimentar con la radiestesia a distancia, sosteniendo un péndulo sobre un mapa o un diagrama grande de algún área donde haya perdido algo. Con una mano, tenga el péndulo en vilo, y con el dedo de la otra recorra el papel. Los resultados pueden sorprenderle.

Para entrenarse en la radiestesia, haga los siguientes experimentos:

■ Pídale a un amigo que esconda monedas bajo una alfombra o que las ponga en recipientes para que usted las encuentre.

■ Sostenga un péndulo sobre el suelo o sobre un objeto y vea la dirección en que gira.

■ Si usa varillas en forma de L concéntrese en lo que está buscando y las varillas se cruzarán al encontrar el objeto

■ Si quisiera experimentar dentro de casa con una varilla en horquilla, esta se moverá hacia arriba o hacia abajo cuando se descubran los objetos.

La radiestesia y la psi

Algunos investigadores, entre ellos T.C. Lethbridge, han utilizado la radiestesia en diversos experimentos. Lethbridge propuso una teoría según la cual la humedad y las corrientes subterráneas de ciertos lugares creaban un círculo energético que propiciaba las apariciones de fantasmas, concebidas por él mismo como imágenes «grabadas» en la memoria del lugar. El hecho de que los radiestesistas profesionales puedan sentir estas corrientes de energía sugiere una conexión bastante real entre estas disciplinas. La radiestesia parece apelar a las mismas dotes perceptivas involucradas en la psicometría, la telepatía y la visión a distancia. Es difícil establecer límites claros entre todas estos campos de la actividad psíquica, que probablemente corresponden a manifestaciones de una única energía.

Las respuestas del péndulo

El uso del péndulo está basado en un sistema de respuestas asociadas a sus movimientos. Para identificar a qué tipo de oscilación corresponde una respuesta afirmativa, formule una pregunta cuya respuesta conoce sosteniendo el péndulo en alto. A menudo, el péndulo oscilará en una dirección particular. Esta oscilación corresponderá a un «sí». También puede preguntarle al péndulo «¿qué es sí?» y «¿qué es no?» y ver en qué dirección oscila. Para la mayoría de la gente, una oscilación en el sentido de las agujas del reloj corresponde al «sí».

En ciertas situaciones, tal vez no haya una contestación clara a una pregunta, así que tendrá que vigilar cualquier movimiento indeterminado, a menudo una oscilación hacia atrás o hacia delante, que podría significar: «no lo sé». Otro método para hacer preguntas es tener ya el péndulo oscilando o rotando suavemente, ya que esto transfiere energía a la plomada y hace que usted sea más sensible a movimientos musculares minúsculos. Una vez establecido un sistema, estará listo para probar sus dotes como radiestesista sobre el terreno.

Las coincidencias

La investigación científica está basada en el principio de que todo efecto tiene una causa y de que, por lo tanto, para explicar a un hecho hay que buscar su causa. La causa se presume anterior al efecto y este ordenamiento establece la dirección en que transcurre el tiempo. Este principio, sin embargo, no se aplica al terreno de la subjetividad, que puede incluir visiones y otros estados de conciencia. Y tampoco a muchas instancias de la realidad cotidiana, que parecen más bien gobernadas por el caos y las coincidencias.

¿Qué es una coincidencia?

Una coincidencia puede definirse como el acontecimiento de dos o más hechos parecidos o relacionados entre sí, por ejemplo, el hecho de pensar en un amigo y el de tropezar con él en la siguiente esquina. La proximidad de estos hechos en el tiempo o en el espacio no evidencia que tengan una causa común. Sin embargo, algunas coincidencias parecen tan poco probables que sugieren la existencia de esta misma causa.

El funcionamiento selectivo de la memoria está en el origen de muchas coincidencias. Para continuar con el ejemplo, quizá el amigo en cuestión nos dijo que pasaría por esa esquina, y, aunque no recordábamos la conversación, por este motivo estábamos pensando en él. Otra causa frecuente es el funcionamiento igualmente selectivo de la atención, que en un momento dado nos insta a fijarnos en ciertos detalles que en otro momento nos habrían pasado desapercibidos. Cuando estamos a punto de comprar un coche, quizá pensemos todo el día en un color o un modelo de coche particular, y, «casualmente» empeccmos a verlo en todas las esquinas. De igual modo, una mujer embarazada puede empezar a «coincidir» en todas partes con otras mujeres embaraza-

das, a las que ni siquiera habría visto en otra época de su vida.

Algunos estudios sugieren que las coincidencias pueden ser obra de la criptomnesia, «la memoria oculta» que registra en nuestro inconsciente todo lo que vemos, hacemos o experimentamos. La sorpresa que nos produce una coincidencia de este tipo correspondería a la sensación de que lo sabíamos de antemano, aunque no lo tuviéramos presente en la conciencia. Otros investigadores señalan que ciertas coincidencias pueden atribuirse a estados alterados de la conciencia, que transforman la experiencia de la realidad y, en particular, del tiempo. El encuentro imprevisto con un amigo sólo nos llama la atención si hemos estado pensando en él un momento antes de en-

Contra toda probabilidad

El matemático francés Laplace, inventor de la ley de probabilidades, se quejaba que la gente prestaba demasiada atención a las coincidencias y demasiado poca a las no coincidencias cotidianas. En efecto, ¿cuántas veces pensamos en un pariente y no nos llama enseguida por teléfono? ¿Cuántas veces no se nos aparece el fantasma de un amigo que está a punto de morir? La más extraordinaria de las coincidencias, dentro de esta óptica, tendría tantas posibilidades de suceder como cualquiera de las «no coincidencias» incontables de la vida diaria.

contrarlo por la calle, y ni siquiera llegaría a parecernos significativo pensar en él un momento después. Si nos atenemos al principio científico de causa y efecto, que determina nuestra percepción convencional del tiempo, estos dos momentos no son desde luego intercambiables. Sin embargo, en ciertos estados alterados de conciencia, el «antes» bien podría ser la consecuencia del «después», y habríamos estado pensando en ese amigo justamente porque nos dirigíamos a su encuentro. Nuestros pensamientos y percepciones formarían parte de un continuum relacionado con los acontecimientos externos, que formaría parte de un gran número de precogniciones y sueños confirmados en la realidad. Más que asistir a la coincidencia, seríamos sin saberlo sus causantes.

Las coincidencias más frecuentes

En el siglo XIX, varios investigadores compilaron extensas listas de coincidencias significativas. Una de las pioneras de esta labor fue Alice Johnson, secretaria de la Society for Psychical Research en la década de 1880. Entre los cientos de informes examinados por la señora Walker, figuran tres sucesos que han tenido lugar en la vida de un sinnúmero de personas:

1. Un agonizante que se le aparece a un pariente.
2. Un reloj que da la hora en el momento de una muerte.
3. Un acontecimiento que hace realidad un sueño.

El fenómeno de la coincidencia

En principio, puede ser difícil entender por qué un investigador de lo paranormal ha de interesarse en las coincidencias. Sin embargo, en ocasiones las coincidencias pueden tener un significado profundo, por lo menos para los involucrados. Y algunas coincidencias resultan tan extraordinarias que parecen ser significativas por sí mismas. Si una persona se encuentra continuamente con coincidencias, existe una posibilidad real de que sean obra de un fenómeno paranormal que convendría investigar.

Ciertas coincidencias parecen contradecir todas las leyes de la probabilidad. Carl Jung, uno de los padres del psicoanálisis, estudió a fondo estos hechos singulares llamados por él mismo «sincronicidades». En *The Structure and Dynamics of the Psyche*, Jung registró una de sus propias experiencias: «En un momento crítico del análisis, una joven paciente tuvo un sueño en el que le daban un escarabajo dorado. Mientras me lo contaba, yo estaba sentado de espaldas a la ventana cerrada. De repente, oí un ruido detrás de mí, como un suave golpeteo, y vi un insecto volador que chocaba contra el vidrio fuera de la ventana. Abrí la ventana y cogí a la criatura en el aire. Era la analogía más cercana al escarabajo dorado que se encuentra en nuestras latitudes: un escarabeido, o escarabajo rosa, que en contra de sus hábitos había sentido la urgencia de entrar en una habitación oscura en ese preciso momento».

Jung registraba meticulosamente sus propias experiencias relacionadas con la sincronicidad.

Para Jung, este caso de sincronicidad tenía varios matices. El escarabajo era un símbolo clásico del renacer. Y había sentido la «urgencia» de entrar en la habitación coincidiendo con el momento crítico de la paciente y el contenido de su sueño. También encajaba dentro de la teoría del propio Jung sobre los «arquetipos» que cifran los mensajeros del inconsciente colectivo.

En ocasiones, algunas personas parecen tropezar a cada paso con coincidencias desafortunadas. Un caso dramático es el de la gente que, sin cometer ninguna imprudencia, vive de accidente en accidente. El físico Wolfgang Pauli, creador del principio de exclusión, padeció durante toda su vida los efectos aparentes de un poltergeist personal, y cada vez que cruzaba el umbral del laboratorio algo caía y se hacía trizas. Era un hecho tan predecible que sus colegas lo llamaban el «efecto Pauli». Por contraste, otras personas parecen tener siempre de su lado a la buena fortuna en forma de casualidad. Según Brian Inglis, la intuición puede ser responsable de muchas de las coincidencias afortunadas que se cruzan en su camino.

Quizás ambos tipos de incidentes supongan un mecanismo inconsciente similar. Si un matemático conocido está examinando cinco fórmulas para resolver un problema, es posible que su inconsciente empuje hasta la consciencia la más apropiada. De igual modo, si un caminante elige un camino equivocado, es posible que su inconsciente se lo manifieste a través de una serie de distracciones y acabe tropezando y rompiéndose una pierna. La recurrencia de este tipo de accidentes podría de hecho entrañar un mensaje profundo a la manera de las sincronicidades de Jung. Como señala el investigador Arthur Koestler, en *La flecha en el azul*:

«Cuando toda clase de pequeñas y grandes calamidades se amontonan en el lapso de poco tiempo, pueden representar una advertencia simbólica. Quizá un poder mudo nos está tirando de la manga. Depende de nosotros descifrar el significado del mensaje. Probablemente no sucederá nada si lo ignoramos. Pero quizá perdamos una oportunidad decisiva de cambiar el curso de nuestra vida. No se trata de una superstición simplona: quizá estas series de hechos se originan en el inconsciente».

Los ángeles de la biblioteca

En una ocasión, Rebecca West estaba investigando un archivo de crímenes de guerra durante los juicios de Nuremberg. La información estaba dispersa y catalogada bajo títulos inútiles o arbitrarios. Después de buscar durante horas un informe particular, siguió un pasillo hasta donde había un bibliotecario y dijo: «No puedo encontrarlo. No hay ningún indicio. Podría estar en cualquiera de estos volúmenes».

Acto seguido, tomó un volumen y lo abrió al azar. No sólo era el volumen correcto, sino que lo había abierto en la página exacta.

Cómo investigar una coincidencia

Investigar acontecimientos que suponen coincidencias es muy similar a investigar premoniciones (véase «Premoniciones»). Lo primero que debe hacer es asegurarse de que tiene todos los hechos del caso. Entreviste a los testigos para comprobar que el incidente tuvo lugar realmente tal como se informó. Luego intente evaluar las probabilidades de que suceda un hecho así. También compruebe si puede tratarse de un caso de criptomnesia, es decir, si el testigo pudo tener un conocimiento previo inconsciente del acontecimiento y «provocó» la coincidencia.

Es importante preguntar a los testigos si han protagonizado antes otras coincidencias. Una persona puede presenciar una o dos coincidencias extraordinarias durante su vida, pero si le suceden regularmente tal vez se trate de algo más. El investigador de lo paranormal John Spencer, por ejemplo, se ha visto envuelto en un número asombroso de coincidencias. A principios de la década de 1980, organizó la rifa anual de una sociedad de investigación. A fin de poner en marcha la rifa, compró cinco boletos elegidos al azar dentro del talonario. Se vendieron alrededor de quinientos boletos, y un invitado procedió luego a extraer los boletos ganadores. El primer boleto que extrajo era uno de los números de John, que declinó diplomáticamente el primer premio. Pero el siguiente boleto que salió de la urna también estaba en su

Arriba, W. Pauli separó condicionamiento de coincidencia. Abajo, Arthur Koestler.

Serialismo

Existe un tipo de coincidencias que suelen ocurrir con particular frecuencia. El biólogo austriaco Paul Kammerer recopiló cerca de dos mil coincidencias que según sus investigaciones acontecían una y otra vez. A muchas personas les ha ocurrido tomar el autobús número nueve y sentarse luego en la butaca nueve de la hilera nueve de un teatro. Kammerer denominó a estas series de coincidencias «serialismos».

bolsillo. Ante los abucheos de los presentes, declinó el premio por segunda vez. El tercer boleto era de uno de los espectadores. Sin embargo, el boleto siguiente, ¡también era de John! Si esta clase de cosas ocurre una o dos veces, pueden resultar llamativas. Pero John tiene cuadernos enteros llenos de tales coincidencias. Para el investigador de lo paranormal encontrar un sujeto al que le ocurran muchas coincidencias, puede ser el comienzo de una larga investigación.

La gente que no está familiarizada con las estadísticas siente a menudo que los acontecimientos de su vida son coincidencias muy raras cuando, de hecho, no son tan infrecuentes. Supongamos que usted viaja a una ciudad a muchos kilómetros de distancia en la que nunca ha estado antes y se encuentra a su vecino de escalera por la calle. Usted no tenía la menor idea de que él iba a la ciudad o de que tuviera ninguna conexión con ella. ¿Se trata de una coincidencia? Ciertamente, pero no es tan rara

Los aficionados a la numerología encuentran curiosas coincidencias el día 11 del 9 de 2001, puesto que 1+1+9 dan once, y teniendo en cuenta que es el día 254 del año, si sumamos 2+5+4 también obtenemos once.

como se podría imaginar. Miles de personas viajan a una ciudad lejana a lo largo de un día. Si sólo una fracción de ellas se encuentran allí con algún conocido, pensarán que es una coincidencia asombrosa. Sin embargo, bien podría ocurrir varias veces cada día en todo un país. Para que esta coincidencia sea más inusual, hacen falta otros factores que incrementen las probabilidades en contra de que tenga lugar, por ejemplo, que las dos personas implicadas se dirijan exactamente al mismo edificio de la ciudad por razones distintas. Puede que te encuentres varias veces seguidas con ella. Muchas coincidencias no son tan asombrosas como pueden llegar a creer sus protagonistas. Sin embargo, cuando le ocurren una y otra vez a la misma persona, cabe intuir otras explicaciones.

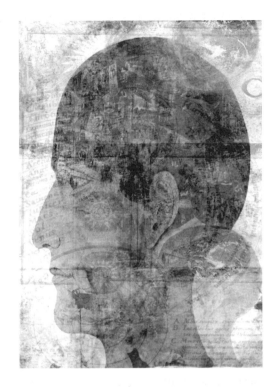

Guía de investigación

- Las coincidencias pueden ser más comunes de lo que sospechamos. Que sean «significativas» depende de la experiencia y el propio sistema de creencias del individuo. Ocasionalmente, tienen el poder de cambiar el rumbo de nuestra vida.

- La precognición, la telepatía, los sueños clarividentes y las apariciones críticas se han atribuido en ocasiones a la coincidencia.

- Los estados alterados de consciencia nos permitirían percibir con más claridad las coincidencias, y quizá incluso causarlas.

- La casualidad es probable que no sea tan aleatoria como creemos.

- La mente del individuo forma parte de un entramado o continuum que le une al mundo que le rodea. ¿Puede nuestro inconsciente hacer realidad nuestros deseos, o más bien nuestras necesidades? Las casualidades milagrosas, tanto como los poltergeist, podrían ser ejemplos de su poder.

CAPÍTULO 5

El poder de la mente

Guía de campo de los fenómenos psíquicos

Partiendo de un juego de veinticinco cartas Zener, en las que hay cinco símbolos que se repiten cinco veces, el interrogador preguntará al interrogado qué carta ha levantado.

comienzos de los años treinta, el profesor de psicología Joseph Rhine organizó una serie de curiosas veladas en su residencia de la universidad de Duke. Para un espectador desprevenido, se trataba de largas partidas de cartas en las que participaban profesores y estudiantes. Sin embargo, ni el procedimiento de la partida ni los naipes empleados tenían relación con los juegos de cartas tradicionales. La baraja de Rhine, inventada por un colega suyo llamado Karl Zener, constaba de veinticinco cartas, y cada una de ellas tenía impreso uno de estos cinco símbolos: una estrella, un cuadrado, un círculo, una cruz y unas líneas paralelas onduladas. El propósito del juego era adivinar el símbolo correspondiente a cada carta a medida que otro jugador las iba poniendo boca arriba tras un pequeño biombo. Y el invitado con el mayor número de aciertos era el ganador.

Las veladas organizadas por Rhine fueron los primeros experimentos para demostrar la existencia de la percepción extrasensorial, también conocida como PES. Con este término, acuñado por él mismo, Rhine se refería a la capacidad de la mente para percibir un suceso o un objeto sin hacer uso de los sentidos. Según la ley de las probabilidades, los participantes en el juego podían adivinar al azar cinco cartas, puesto que había cinco de cada símbolo y veinticinco en total. Sin embargo, algunos de los invitados de Rhine obtenían resultados bastante más altos y, en algunos casos, realmente extraordinarios. El estudiante de teología Hupert

Pearce, con el que Rhine realizó numerosos experimentos, acertó tal número de veces que la probabilidad de que hubiera adivinado los símbolos por casualidad era de una en más de mil trillones. Incluso los observadores más escépticos admitieron que no podía tratarse de una coincidencia. Los experimentos de Rhine, respaldados por datos estadísticos, condujeron a la creación de un laboratorio de parapsicología en la universidad de Duke en 1935. Y sus investigaciones dieron inicio al estudio de los fenómenos psíquicos, o fenómenos psi.

J.B. Rhine en pleno experimento.

219

Qué son los fenómenos psi

La naturaleza de los fenómenos psi ha sido objeto de toda clase de controversias, tanto entre sus detractores como entre los defensores de su existencia. En principio, se trata de manifestaciones de los poderes ocultos de la mente, que permiten a ciertos individuos realizar proezas inexplicables desde el punto de vista científico. El profesor Rhine citaba entre estos poderes la telepatía, la clarividencia y la precognición de hechos futuros. Más tarde, añadió la psicoquinesia, que es la facultad de emplear la mente para producir alteraciones en la materia. En la actualidad, los fenómenos psi se clasifican en cinco categorías diferentes:

■ La telepatía, que permite a dos personas comunicarse a través de la mente.
■ La clarividencia, o capacidad de percibir un suceso o un objeto sin hacer uso de los sentidos.
■ La psicoquinesia, o facultad de producir alteraciones en la materia sin hacer uso de medios físicos.
■ La precognición, o facultad de conocer un hecho futuro sin deducirlo de hechos previos.
■ Las experiencias extracorporales.

La energía de la mente

Los parapsicólogos atribuyen los fenómenos psi a la acción de la energía de la mente. Sin embargo, qué es y cómo actúa está energía sigue siendo un enigma. A mediados del siglo XX, el neurólogo italiano F. Cazzamalli postuló la teoría de que las células del cerebro humano podían generar suficiente energía electromagnética para transmitir ondas de radio. La telepatía y la clarividencia serían fruto de estas transmisiones radiales, a través de las cuáles el cerebro podría enviar información a otro cerebro. Sin embargo, el físico soviético L.L. Vasiliev refutó está hipótesis, al demostrar que una persona podía hipnotizar telepáticamente a otra encerrada en una cabina metálica que impedía el paso de ondas electromagnéticas. Las investigaciones posteriores han demostrado que estas ondas no intervienen en los fenómenos psi, aunque el cerebro pueda verse afectado por ellas. La energía del cerebro es más sutil e imprevisible.

En los años sesenta, el neurobiólogo John Eccles, premio Nobel de medicina, postuló la existencia de una fuerza desconocida dentro del cerebro, que sería responsable de las transmisiones telepáticas y los fenómenos psicoquinéticos. El astrónomo británico V.A. Firsoff atribuyó estos fenómenos a la acción de ciertas partículas de energía generadas por el circuito cerebral, a las que bautizó «mindones», derivado del inglés mind. El psicólogo Cyril Burt empleó el término «psicones»

para designar estas minúsculas entidades de energía psíquica, que serían semejantes a los neutrinos y podrían desplazarse a velocidades superiores a la de la luz. En 1965, el matemático Adrian Dobbs formuló la existencia de los «psitrones», se-

mejantes a su vez a los «mindones» y los «psicones», para explicar no sólo la telepatía sino también la precognición.

Según las hipótesis de Dobbs, la telepatía tiene lugar porque el cerebro emite corrientes o «nubes» imperceptibles de psitrones que transportan el contenido de los mensajes telepáticos. Puesto que

La radio de la mente

En la década de 1920 el escritor esta-dounidense Upton Sinclair planteó la existencia de una forma de comunicación mental que él mismo bautizó como «radio de la mente». Para probar sus planteamientos, Sinclair realizó una larga serie de dibujos que intentaba transmitir a través de estas «ondas radiales» a su esposa Mary Craig. El escritor observó que en algunos casos Mary percibía la imagen pero la interpretaba errónea-mente, ya en sus propios dibujos o en sus descripciones sobre estos mismos. En otras ocasiones, dibujaba figuras que no estaban presentes en el original, pero en las que Sinclair había estado pensando justo antes del experimento. Los sorprendentes resultados de esta investigación pionera fueron publicados en 1928,

y el científico Albert Einstein, que prologó el libro, atestiguó la buena fe y la seriedad del escritor.

Einstein dijo su famosa frase «Dios no juega a los dados» cuando se sugirió que el universo está regido por el principio de incertidumbre.

estas partículas carecen de masa, se desplazan como si viajaran en el vacío, y los mensajes alcanzan el cerebro del receptor sin que transcurra ningún intervalo de tiempo. Para explicar los fenómenos de precognición, Dobbs recurrió a la teoría de que existe otra dimensión del tiempo, aparte del tiempo lineal que transcurre del presente hacia el futuro. En esta otra dimensión, conocida como espacio-tiempo, los acontecimientos del pasado y del futuro conviven en secuencias que no están distribuidas en ningún orden particular. Los psitrones serían capaces de ingresar en esta otra dimensión, recoger información sobre un hecho futuro y transmitirla de regreso al cerebro original. En la dimensión lineal del tiempo, el viaje no duraría ni un instante.

Los detractores de los fenómenos psi descartan estas explicaciones como meras fantasías. Sin embargo, algunas de las conjeturas de la física actual no parecen menos fantásticas. En las últimas décadas, los científicos han especulado acerca de la existencia de partículas como los «taquiones», cargadas de electricidad y carentes de masa real, que se desplazarían más rápido que la luz al igual que los psitrones. Un proyectil imaginario de taquiones daría en el blanco antes de ser disparado, igual que los pensamientos telepáticos se le ocurren al receptor antes que el emisor sea consciente de haberlos pensado. La semejanza entre los fenómenos telepáticos y el mundo de la física cuántica se ve ilustrada por la paradoja de Einstein-Podolsky-Rosen, entre otros sucesos subatómicos. Según este experimento, si dos partículas se generan al mismo tiempo y se separan a la velocidad de la luz, cualquier alteración en la trayectoria de una afectará a la dirección de la otra. Asimismo, una persona unida a otra por lazos familiares o afectivos puede sentirse afectada cuando esta última fallece o tiene un accidente, aunque se encuentre a miles de kilóme-

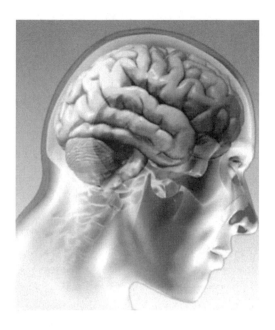

tros de distancia. Las partículas, al igual que los protagonistas de estas situaciones, no tienen modo de saber que algo le ha ocurrido a sus contrapartes. Y sin embargo unas y otros lo saben.

En realidad, sin embargo, la física ha evolucionado bastante después de Einstein, y ahora sabemos que la información que los pares de partículas comparten a distancia es el espín, es decir, el sentido de su propia rotación únicamente. La formación de pares de partículas, como demostró Stephen Hawking se produce en el entorno de los agujeros negros y resulta imposible influir sobre una de las partículas y tener conciencia de lo que le sucede a la otra, que habrá desaparecido en el seno de la singularidad. De modo que la comunicación a una velocidad superior a la de la luz es imposible.

El efecto declive

El declive habitual de los resultados en los experimentos psi ha sido corroborado por un gran número de investigadores. Para evitar este efecto, el psicólogo Charles Tart diseñó en 1970 un experimento en el que los participantes, clocados ante una consola de diez lámparas, debían adivinar cuál de ellas iba a encenderse y oprimir el interruptor correspondiente. En cuanto oprimían uno de los interruptores, un generador electrónico encendía aleatoriamente una de las lámparas, y podían comprobar en el acto si habían elegido la correcta. La respuesta inmediata mantenía a los sujetos en alerta, y parecía potenciar además sus facultades psi. El número de aciertos no sólo era superior a las probabilidades sino también al resultado obtenido por esas mismas personas en otros experimentos cuyos aciertos o errores sólo se daban a conocer al final. El psicólogo atribuía estos hechos al desafío que la prueba suponía para los participantes. Y a la influencia de sus actitudes inconscientes.

Mensajes del inconsciente

Los fenómenos psi rara vez pueden reproducirse en un laboratorio como exige la ciencia tradicional. En palabras de Joseph Rhine, se trata de sucesos que «ocurren y se van, y enseguida se convierten en un recuerdo». Además de no dejar ningún rastro, dependen de factores imponderables, que hacen imposible prever el resultado de los experiment. En sus pruebas con las cartas Zener, por ejemplo, Rhine descubrió que las mismas personas, en circunstancias semejantes, podían obtener resultados muy dispares. Las facultades que les permitían adivinar los símbolos de las cartas no sólo no se incrementaban con la práctica, sino que a menudo disminuían a medida que se repetían las experiencias. Aún los pocos individuos que parecían dotados de facultades estables, podían perderlas de un momento a otro.

Rhine realizando uno de los miles de test que llevó a cabo en la universidad.

La irregularidad de los resultados experimentales parece cuestionar la propia existencia de las facultades psi. Las investigaciones psicológicas han contribuido a explicar estas variaciones. Si el sujeto de un experimento pierde interés en lo que está haciendo, o se siente decaído, los resultados de este último tenderán también a decaer. El estado de ánimo cobra especial relevancia en el caso de que una persona empiece a dudar del alcance de sus propias facultades mentales. La psicóloga Gertrude R. Schmeidler descubrió a este respecto un efecto conocido como el efecto «ovejas-cabras». Según Schmeidler, los sujetos convencidos de que tienen facultades psi suelen desenvolverse mejor en las pruebas, puesto que se dejan llevar «como ovejas» por sus percepciones extrasensoriales. Por contraste, los individuos convencidos de lo contrario consiguen resultados pobres, pues se resisten «como cabras» a seguir estas percepciones. En las pruebas de Rhine con las cartas de Zener, algunos jugadores llegaban

conciencia. Para demostrar esta hipótesis, los físicos Harold Puthoff y Russell Targ diseñaron un experimento en el que una persona debía transmitirle telepáticamente a otra cuando se encendía una luz y midieron las reacciones cerebrales de la segunda mediante un encefalograma. Aunque las respuestas del receptor no excedían el cálculo de probabilidades, el registro del encefalograma presentaba fluctuaciones cada vez que se encendía la luz. El sujeto no era consciente de sus percepciones, pero su cerebro reaccionaba al mensaje telepático una y otra vez.

Las actitudes y los deseos inconscientes del investigador también pueden condicionar los resultados de un experimento psíquico. El estudio de un fenómeno trans-

a obtener puntuaciones muy inferiores al cálculo de probabilidades, como si deliberadamente evitaran acertar. La doctora Schmeidler atribuía estas puntuaciones a su deseo inconsciente de ignorar sus percepciones extrasensoriales.

Las relaciones entre el inconsciente y los fenómenos psi han sido estudiadas en profundidad por el psicólogo californiano Charles Tart. Según Tart, las percepciones extrasensoriales son de hecho señales del inconsciente, que recibimos constantemente todos los seres humanos. Los individuos considerados «dotados» sólo son más sensibles a estas señales que los demás, y esta sensibilidad da lugar a que las señales irrumpan en su

forma de hecho este último, y la realización misma de un experimento puede inhibir las facultades psi de una persona capaz de ejercerlas en otro contexto. El propio investigador puede llegar a potenciar los resultados, proporcionando las respuestas a los participantes por medio de señales inconscientes. El declive habitual de estos resultados ha sido atribuido también a este «efecto del experimentador», descubierto por Rhine con las cartas Zener. Aún más, la interacción inconsciente entre el investigador y los participantes puede incluso alterar el funcionamiento de ciertos aparatos de medición. El modelo del científico objetivo y desapegado es un ideal inalcanzable, dentro del estudio de los fenómenos psi. El investigador debe tratar de mantener la actitud más

neutral posible, a sabiendas de que su inconsciente puede estar enviando todo el tiempo señales que influyan en el resultado del experimento. Y el sujeto del experimento debe sentirse lo más relajado posible.

Señales de advertencia

Las estadísticas indican que en la mayoría de los aviones que tienen accidentes falta un número significativo de pasajeros. Los sobrevivientes que nunca subieron a bordo suelen explicar este hecho por los motivos más variados, desde un súbito cambio de opinión hasta una serie inexplicable de percances caseros, pero a menudo afirman haber recibido, por una u otra vía, «señales de advertencia». Los parapsicólogos identifican estas señales con percepciones inconscientes que, ante la inminencia del peligro, consiguen abrirse paso hasta la consciencia.

¿Tiene usted poderes mentales?

La sensibilidad psi

La capacidad de entrar en contacto con las propias facultades mentales se conoce como sensibilidad psi. En contraste con las opiniones de los escépticos, esta habilidad no es patrimonio exclusivo de unos pocos individuos superdotados. En la década de los setenta, una encuesta sobre las creencias básicas de la sociedad estadounidense reveló quc más de la mitad de la población creía haber tenido experiencias extrasensoriales. De hecho, quince de cada cien individuos experimentaban habitualmente fenómenos de telepatía o clarividencia, y, con menos frecuencia, fenómenos de precognición. Los sondeos realizados en otros países arrojaron resultados similares, para sorpresa de científicos y sociólogos.

Aunque los fenómenos psi suelen identificarse con la ignorancia y la superstición, los estudios mencionados ofrecen un perfil bastante diferente de sus protagonistas. En la llamada «escala psi», creada por el sociólogo Andrew Greeley para medir la sensibilidad psi, los individuos mejor puntuados eran personas educadas que respetaban las creencias ajenas y no se sentían identificadas con ninguna religión. Sus circunstancias personales y económicas eran diversas, pero casi todas se sentían afectadas por los conflictos sociales de su entorno. Por otra parte, muchas tenían que hacer frente a situaciones conflictivas en su vida afectiva o familiar. Según Greeley, este último hecho no significaba que fueran individuos «problemáticos», sino que su sensibilidad emocional las hacía más conscientes de sus percepciones extrasensoriales.

El sociólogo norteamericano Andrew Greeley, creador de la escala psi.

Habilidades psíquicas

La conciencia de las propias emociones es un elemento fundamental de la sensibilidad psi. Sin embargo, para evaluar esta última deben ponerse a prueba habilidades específicas, como por ejemplo, la capacidad de predecir cuándo va a llamarnos por teléfono una persona. A menudo, estas habilidades involucran distintas facultades. En un mensaje telepático puede intervenir la clarividencia, y una visión clarividente puede incluir contenidos premonitorios. Cuanto más logre precisar las habilidades que desea poner a prueba, podrá diseñar mejores experimentos.

Los fenómenos psi que se registran con más frecuencia en la vida diaria están relacionados con la telepatía, la clarividencia y la precognición. La habilidad que se asocia más típicamente con la telepatía es la «lectura del pensamiento» que, por ejemplo, nos permite responder a una pregunta antes que la formule el interlocutor. La comunicación telepática puede intervenir en otras situaciones, como la mencionada «premonición de la llamada», que casi todos hemos experimentado alguna vez. Si conseguimos identificar la hora en que la persona en cuestión realizó la llamada con la hora en que pensamos que llamaría, esta premonición sería en realidad un contacto telepático. También es posible que, consciente o inconscientemente, hayamos «visto» a esa persona marcando nuestro número en el teléfono, y en este caso estaríamos ante un fenómeno de clarividencia (véase «La visión a distancia»).

Los años psíquicos

En los años setenta, se hizo famoso en todo el mundo por sus facultades psicoquinéticas el vidente israelí Uri Geller, que era capaz de doblar objetos de metal y detener relojes frente a las cámaras de televisión. La difusión de sus proezas impulsó la carrera de muchos otros individuos «superdotados», con facultades tanto reales como dudosas, y desencadenó un auge de estudios, publicaciones y testimonios sobre la percepción extrasensorial. Este interés masivo en los fenómenos psi ha sido atribuido por algunos sociólogos a la sensibilidad social y política de la época, que vio florecer paralelamente la creencia en las abducciones extraterrestres, entre otros misterios insondables.

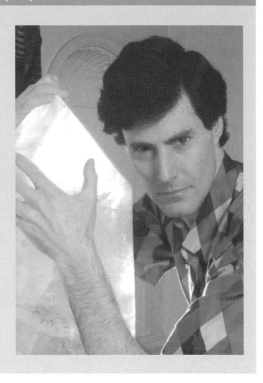

Otra habilidad más o menos frecuente es la de identificar objetos o imágenes ocultos a nuestra vista. Si los hemos ocultado deliberadamente para realizar un experimento, la identificación puede ser obra de un contacto telepático con otra persona que está viéndolas o tratando de transmitírnoslas inconscientemente. Pero también puede ser fruto de la clarividencia. Para determinar la inherencia de ambas facultades, experimente colocando los objetos en bolsas de papel (o las imágenes en sobres cerrados) y pídale a otra persona que los baraje sin examinarlos previamente. Otra alternativa interesante es emplear objetos o imágenes que le sean totalmente desconocidos.

Las premoniciones telefónicas y otros presentimientos cotidianos también pueden ser indicios de su propia sensibilidad psi. Aunque el carácter aleatorio de estos incidentes impide realizar pruebas sistemáticas, trate de establecer con el máximo grado de detalle las circunstancias para comprobar si se trata en realidad de fenómenos psíquicos. Asegúrese sobre todo de que sus «premoniciones» no pueden basarse en ninguna información previa, ni en datos y conocimientos que haya podido adquirir inconscientemente. Las habilidades premonitorias son bastante difíciles de verificar, aún en casos como el anuncio de una muerte u otras situaciones dramáticas. Lo mismo ocurre con las experiencias de retrocognición, que permiten «recordar» a ciertas personas hechos históricos o sucesos en los que no estaban presentes.

En el campo de la psicoquinesia, las habilidades psíquicas registradas con más frecuencia se refieren a la alteración del funcionamiento de aparatos mecánicos o eléctricos, como relojes o farolas. Algunas personas «se las arreglan» también para estropear los ordenadores y otras máquinas, o incluso para arreglarlos según las circunstancias. Al igual que en los fenómenos de precognición, estos incidentes aleatorios suelen resistirse a la investigación. Muchos parapsicólogos no los consideran manifestaciones psíquicas, en la medida en que sus protagonistas no pueden ejercer deliberadamente sus presuntas habilidades.

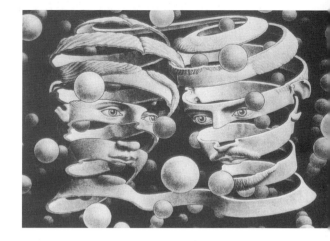

Algunos experimentos básicos

Hasta la década de 1960, las cartas Zener fueron la prueba más empleada para evaluar las habilidades telepáticas. Los investigadores actuales han ido sustituyéndolos por otros experimentos, ante la evidencia de que los símbolos geométricos de las cartas son más difíciles de transmitir por telepatía que otras imágenes más complejas. Sin embargo, siguen siendo de utilidad para empezar a poner a prueba las propias facultades.

Consiga una baraja de cartas Zener, o fabríquela usted mismo utilizando los símbolos de la estrella, el cuadrado, el círculo, la cruz y las líneas paralelas onduladas. En caso de fabricarlas, compruebe que cada símbolo está representado en cinco cartas, que los símbolos son lo más parecidos posible y que las veinticinco cartas son de tamaño y forma idénticos. Solicite a un colaborador que baraje el mazo. Luego, pídale que saque las cartas una a una con intervalos de treinta segundos, concentrándose en cada símbolo y anotándolo en un papel. Respetando los mismos intervalos, anote

usted los símbolos en el orden en que cree percibirlos. El mazo debe barajarse cinco veces en total, hasta un total de 125 símbolos anotados.

En promedio, cualquier persona debería acertar por azar cinco símbolos por ronda. Un promedio de más de seis aciertos y medio por ronda se considera estadísticamente significativo e indicativo de habilidades telepáticas. Por contraste, uno inferior a tres aciertos y medio sugiere también la intervención de factores ajenos al azar, como la resistencia subconsciente del llamado efecto «ovejas-cabras». Los parapsicólogos modernos han desarrollado sofisticados métodos estadísticos para de-

terminar si estas variaciones pueden ser a su vez obra del azar. El experimento puede repetirse para sopesar la influencia del estado de ánimo y otras circunstancias, pero, cuántas más veces se repita, los resultados serán más cercanos al promedio de cinco aciertos dictados por la probabilidad.

Para poner a prueba sus dotes de clarividencia, coloque veinte canicas, cinco de cada color, dentro de una bolsa. Pida a un colaborador que las saque una por una con la mano sin que las vea ninguno de los dos. Trate de percibir el color de cada canica y anote su conjetura, y después de que ambos hayan visto la canica, anote su color real en otra columna y reponga la canica dentro de la bolsa. El colaborador debe sacar veinte canicas en cinco rondas sucesivas, hasta completar una lista de cien intentos que puedan cotejarse con los colores reales. Un número de 25 aciertos corresponde a las probabilidades matemáticas. Más de 34 aciertos se consideran estadísticamente significativos e indicativos de un posible fenómeno de clarividencia. Sólo una de cada cien personas consigue sobrepasar estos resultados.

Otro experimento algo más complejo consiste en colocar cinco fotografías en sobres cerrados y tratar de percibir qué sobre corresponde a cada cual. Pida a un colaborador que baraje los sobres y los coloque uno por uno sobre una mesa, asegurándose de que las imágenes no pueden entreverse a través del papel. Anote las referencias a las fotos en el orden en que cree percibirlas, y, al final de la secuencia, pida al colaborador que anote en otra columna el orden en que aparecieron en realidad. Tras repetir la secuencia cinco veces, la probabilidad matemática de adivinar el contenido de los sobres será de cinco aciertos. Solicite luego al colaborador que, en vez de poner los sobres en la mesa, los abra uno por uno sin enseñárselos y se concentre en cada imagen antes de volverlos a cerrar. Repita todo el experimento cinco veces y compare los resultados. Un promedio de 6,5 aciertos por ronda, de nuevo, se considera estadísticamente significativo. Si este promedio varía sensiblemente con la intervención del colaborador, puede ser un indicio de facultades telepáticas.

La facultad de precognición puede ponerse a prueba empleando una baraja española o de póquer de cincuenta y dos naipes. Pida al colaborador que retire los cuatro ases de la baraja, y anote en una lista el orden en que cree que saldrán los 48 naipes restantes después que el mazo haya sido barajado. El colaborador debe barajarlo y sacar las cartas una por una, anotando el número y el paso correspondientes en una columna paralela a su lista de predicciones. La probabilidad de adivinar al azar es de una contra 48, que corresponde a un acierto por ronda. Una de cada cuatro pruebas arroja un resultado de entre dos y tres aciertos, pero este resultado no se considera significativo estadísticamente. Por contraste, un resultado de cuatro o más aciertos se considera un indicio relevante de dotes de precognición y hay que seguir adelante.

Investigaciones psíquicas

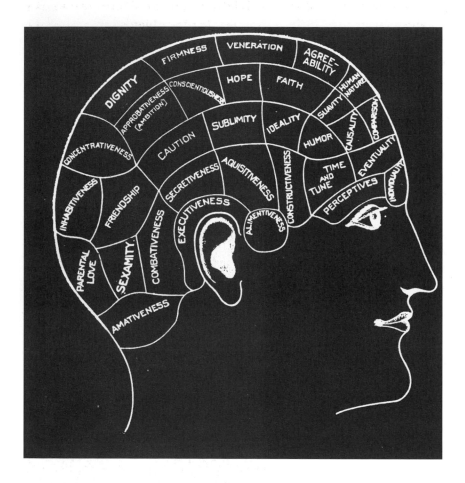

Los fenómenos psi están ligados a factores impredecibles como el estado de ánimo y la actividad del inconsciente. Estos factores representan un desafío para la investigación, como el hecho de que muchos son sucesos inclasificables en los que intervienen varias facultades psíquicas. La principal dificultad, sin embargo, estriba en encontrar un individuo que posea estas facultades y esté dispuesto a demostrarlas a través de pruebas convincentes. Los parapsicólogos se ven abordados a menudo por «voluntarios» dotados de aparentes poderes y motivados por un afán de reconocimiento personal o incluso por la expectativa de un pago. El investigador debe mantenerse en guardia ante estos ofrecimientos. También debe estar atento a sus propias motivaciones y expectativas, para no acabar presenciando fenómenos que son fruto de su propia imaginación.

Una alternativa para encontrar un sujeto de estudio es colocar un anuncio en el diario o hacer correr la voz acerca de su interés en los fenómenos psi. Otra es acudir a una persona ya reconocida por sus habilidades psi, o bien a un médium o mentalista profesional (véase también «Cómo encontrar un médium»). En estos casos es aconsejable acotar al máximo la investigación, concentrándose en dichas habilidades y no en el individuo

Para evitar fraudes y desilusiones, una vez encontrado el sujeto, entrevístelo según el método estándar de investigación, haciendo énfasis en su historial psi y en sus experiencias anteriores. Averigüe cómo descubrió sus habilidades o si intentó desarrollarlas, y qué piensa de la PES. Si la persona profesa creencias esotéricas, evalúe hasta dónde puede ser víctima de la autosugestión.

Demostraciones

El siguiente paso de la investigación es la demostración de las habilidades en cuestión. Es recomendable que tenga lugar en una reunión informal en la que la persona se sienta cómoda. En el curso de la demostración, no imponga restricciones.

Deje que la persona le enseñe todas las habilidades que considere relevantes y que emplee los objetos y aparatos que cree necesitar. El objeto de la demostración es establecer qué facultades podrían estar involucradas en los fenómenos para realizar luego pruebas y experimentos apropiados.

Si el sujeto accede, concierte una segunda demostración e intente grabarla en vídeo. La presencia de la cámara puede inhibir las habilidades de la persona, sin que

La famosa medium londinense Florence Cook.

éste sea por fuerza un indicio de fraude. Si usted mismo dudas, guárdese de expresarlas en esta fase inicial. Los parapsicólogos han descubierto que un investigador escéptico puede llegar a inducir resultados negativos en demostraciones y experimentos. Una actitud abierta pero vigilante es lo más aconsejable.

Uno de los casos más extraordinarios conocidos es el de la médium londinense Florence Cook, que empezó a oír sonidos y voces a los quince años, y a los veinte era capaz de materializar por completo el espíritu de Katie King, que en este ámbito se denomina «espíritu controlador». Katie decía ser hija de un bucanero, pero en general sólo cabeceaba y no hablaba. El investigador de lo paranormal William Crookes investigó el caso y confirmó su veracidad, pero en un par de ocasiones se descubrió que el rostro pálido que aparecía de detrás de la cortina que escondía a Florence era la propia médium.

Arriba, abundante producción de ectoplasma y el médium escocés Douglas Hume. A la derecha, arriba, extraña materialización de un espíritu; abajo, dama abrazada por un fantasma, del Museo Americano de Fotografía.

Pruebas y controles

A continuación, diseñe las pruebas que considere adecuadas para evaluar las habilidades del individuo. Si el sujeto parece poseer dotes clarividentes, por ejemplo relacionadas con los juegos de azar, consiga por su cuenta los instrumentos o materiales necesarios (una ruleta, unos dados, etc.) y pídale que repita con ellos la demostración. Si parece ser capaz de mover objetos por psicoquinesia, haga también su propia selección de objetos de diferente peso y material y pídale que intente desplazarlos para comparar los resultados. Grabe en vídeo los experimentos, a menos que la grabación afecte la concentración de la persona. Pídale que se someta a pruebas estándar para evaluar la sensibilidad psi, como las cartas Zener, enfatizando que con estas pruebas no intenta cuestionar sus habilidades y que sus resultados pueden respaldar la investigación.

En este punto, los parapsicólogos suelen establecer medidas conocidas como controles, destinadas a descartar las explicaciones naturales del fenómeno y a detectar posibles fraudes. En el caso de los médiums o los mentalistas, estas medidas deben aplicarse desde un comienzo, y no deberían incomodar demasiado a los profesionales. Si el mentalista parece poseer habilidades de psicoquinesia, examine la habitación donde suele ejercerlas para comprobar que no esconde circuitos eléctricos u otros dispositivos que puedan dar cuenta del desplazamiento de los objetos.

trucos de ilusionismo, visite al mentalista acompañado de un mago que pueda desenmascarar esta clase de trucos. La asesoría de un jugador profesional puede ser útil si los fenómenos están relacionados con juegos de azar.

Los experimentos y los controles confirman la autenticidad de los fenómenos investigados. El sujeto de estudio debe estar al tanto de unos y de otros, para colaborar más efectivamente con la investigación. El investigador, por su parte, debe alentarlo en cada fase del proceso y llevar un registro de todos

El atuendo del individuo pueden contener también imanes u otros elementos capaces de generar campos electromagnéticos. Si sospecha que los fenómenos pueden ser

Personas eléctricas

A lo largo de la historia, se han registrado casos singulares de personas que parecen generar espontáneamente campos electromagnéticos. A mediados del sigo XIX, una adolescente francesa llamada Angelique Cottin se convirtió durante más de dos meses en un auténtico imán humano que hacía volar objetos por los aires y ponía a girar enloquecidas las brújulas. Hacia finales de siglo, Jennie Morgan, una adolescente estadounidense, soltaba chispas cuando se acercaba a un objeto metálico y podía dejar inconscientes a sus pretendientes con sólo estrecharles la mano. Ya en el siglo XX, la canadiense Caroline Clare y el estadounidense Louis Hamburger padecían en apariencia de un fenómeno crónico de imantación, que hacía que se adhirieran a su piel cuchillos, tenedores, clavos, pinzas y, en general, todos los ob-

jetos metálicos que encontraban a su paso. Los investigadores Joni Mitchell y Robert M. Rickard han recopilado otros casos de personas afectadas por este «síndrome de alto voltaje», que sería la causa de las habilidades psicoquinéticas de ciertos individuos.

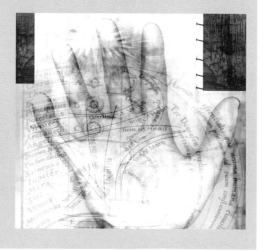

los hechos relacionados con el caso. También debe realizar periódicamente análisis estadísticos, para examinar la evolución de los fenómenos. El seguimiento de un fenómeno psi auténtico puede llevar meses, o incluso años, y los resultados de los experimentos pueden reflejar variaciones notables, tal como se ha descrito en las páginas anteriores. Comparta sus observaciones con una asociación de parapsicología para enriquecer su investigación con otras opiniones.

Tenga en cuenta que la tecnología moderna permite llevar a cabo muchos trucos que para el profano pueden parecer auténticos, y sobre todo no confíe nunca en fotografías o películas que no haya realizado usted mismo.

Sesiones en grupo

Otra alternativa para investigar los fenómenos psi es conformar un grupo de personas interesadas en explorar sus facultades. Estos grupos se conocen como «grupos de sesión». En la mayoría de los casos están compuestos por cuatro personas que se reúnen regularmente en una residencia o algún otro lugar privado. La condición básica para ingresar en un grupo es tener una actitud abierta hacia las investigaciones psíquicas y un interés real en adquirir conocimientos sobre ellas. También es indispensable una asistencia regular a las sesiones, pues los resultados de las pruebas no serán los mismos si varían los asistentes.

Durante la sesión, los miembros del grupo se sientan alrededor de una mesa, en una habitación a oscuras o en penumbra. El ambiente debe ser distendido y todos los participantes deben estar cómodos, pues la intención es dejar que fluyan sus energías psíquicas. Los parapsicólogos desaconsejan meditar y pronunciar invocaciones, que de hecho pueden impedir

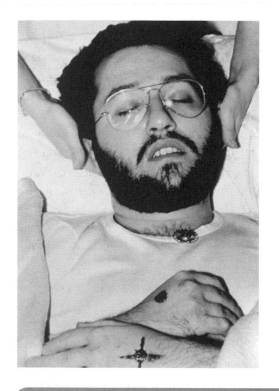

que se produzcan fenómenos psi. La mesa debe ser ligera, de modo que pueda inclinarse con facilidad, pero también lo bastante grande para que todos pongan sobre ella las manos sin tocarse. Estas indicaciones son especialmente relevantes, pues el fenómeno más corriente que se produce en las sesiones es el desplazamiento de la mesa.

Al cabo de un rato de estar sentados, los asistentes quizá perciban ligeros movimientos y sonidos provenientes de la mesa. Casi siempre, estos efectos se producen cuando las personas están conversando o no prestan demasiada atención, y no es necesario tratar de registrarlos enseguida. La magnitud y la diversidad de los efectos pueden aumentar en el curso de las reuniones, hasta producir fenóme-

Fenómenos de autosugestión

En las primeras reuniones de un grupo no es aconsejable prestar excesiva atención a los fenómenos que aparentemente tienen lugar. El intento de registrarlos o controlarlos casi siempre reduce su incidencia. En cambio, los movimientos accidentales de la mesa inducen a los participantes a creer en sus poderes psicoquinéticos, y algunos incidentes pueden convertirse en fenómenos reales de psicoquinesia en sesiones posteriores. La autosugestión y la ambigüedad alientan estos fenómenos, como sucede en otras investigaciones psi.

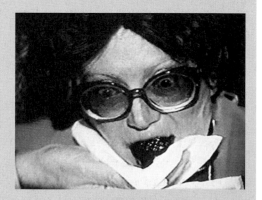

Impresionante imagen de la Fortean Picture Library que muestra la manifestación ectoplasmática de Raimundo de Sansevero, príncipe del siglo XVII, en Nápoles.

nos semejantes a los de las sesiones espiritistas. Lo más frecuente es que la mesa se incline o cambie ligeramente de posición, pero pueden registrarse incidentes dramáticos, como que se eleve en el aire o que aparezcan objetos que no estaban en la habitación. A menudo, los participantes sólo se percatan de estos fenómenos concluida la sesión.

Los fenómenos que se presentan en las sesiones de grupo pueden variar según las circunstancias del momento y el estado de ánimo de los participantes. Sin embargo, si logra crear un grupo estable, es posible que, sin darse cuenta, todos sus miembros adquieran una dinámica propia sin ningún esfuerzo consciente. En tal caso, la evolución de los fenómenos puede ser de enorme interés, no sólo para el grupo sino para otros investigadores. Intente grabar los fenómenos en vídeo, a ser posible con una cámara de infrarrojos, y no se desaliente si la presencia de la cámara reduce el entusiasmo y la intensidad de las manifestaciones en un primer instante. En caso de que se inhiban por completo, intente registrar la sesión con una grabadora. Al terminar la sesión, escriba un informe basado en la grabación y pida a los demás participantes que redacten sus propios testimonios, detallando sus pensamientos y sensaciones sin la menor inhibición. La discusión posterior de estos testimonios puede ser de gran utilidad para profundizar en los fenómenos psi que han tenido lugar. Trate de conseguir el ambiente relajado que dé confianza a sus interlocutores.

Factores variables

Los resultados de las sesiones en grupo pueden variar significativamente si se introducen pequeños cambios. Aquí tiene algunas alternativas:

- Emplee una mesa diferente
- Siéntese en una habitación diferente.
- Cambie de sitio los muebles de la habitación, sobre todo si son de madera (la mesa debe permanecer en su lugar).
- Ponga música relajante de fondo durante la sesión.

- Lleve ocasionalmente invitados, pero instrúyalos previamente sobre lo que puede suceder para que sepan reaccionar.

La lectura del pensamiento

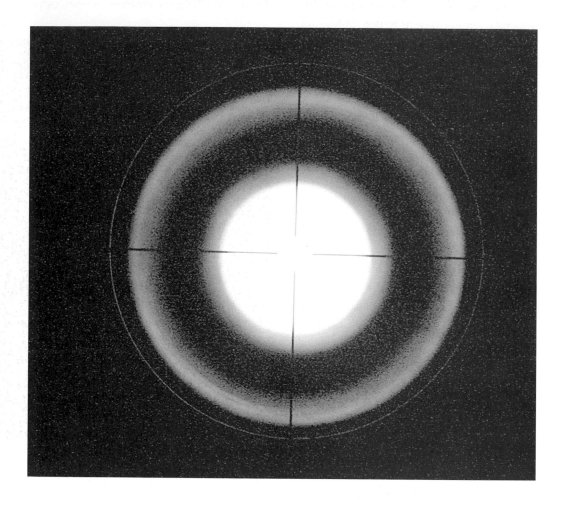

Todos hemos tenido la sensación de leer alguna vez los pensamientos de alguien más. Estas «lecturas del pensamiento» son en esencia un acto de imitación, por el que percibimos lo que otra persona piensa y pensamos lo mismo o, por así decirlo, imitamos sus pensamientos. En ocasiones la persona misma nos ha hecho saber qué está pensando sin darse cuenta, a través de una mirada o un gesto que hemos observado inconscientemente. Pero, en muchas otras situaciones, estos incidentes son fenómenos telepáticos.

Una de las teorías más recientes para explicar la telepatía se apoya en el funcionamiento de las «neuronas espejo», descubiertas por los neurofisiólogos italianos Giacomo Rizzolatti y Vittorio Gallese. De acuerdo con los experimentos de Rizzolati, estas neuronas situadas en el córtex cerebral impulsan a los primates de laboratorio a repetir automáticamente las acciones y los gestos que observan en un modelo humano. En el caso de la telepatía, la observación sería sustituida por otro estímulo nervioso, como por ejemplo una descarga imperceptible de energía. El resultado sería la repetición, no de un gesto, sino de un pensamiento idéntico.

La telepatía espontánea resulta imposible de analizar. Y muy pocos individuos pueden ejercer a su discreción sus propias facultades telepáticas. Sin embargo, los parapsicólogos han descubierto que estas facultades emergen a la conciencia con más facilidad en situaciones de peligro o en estados mentales excepcionales, como la hipnosis o la meditación. Otro factor que potencia las transmisiones, aunque parezca sorprendente, son los sentimientos de amor y de amistad.

Los lazos del afecto

Los fenómenos telepáticos se producen con mucha frecuencia entre personas ligadas por relaciones afectivas. Los psicólogos atribuyen este hecho al mayor conocimiento que tenemos de nuestros seres queridos, que nos permite predecir sus opiniones y reacciones. Sin embargo, en muchas situaciones este conocimiento no

parece desempeñar ningún papel. En la década de 1970 se realizaron diversos estu-

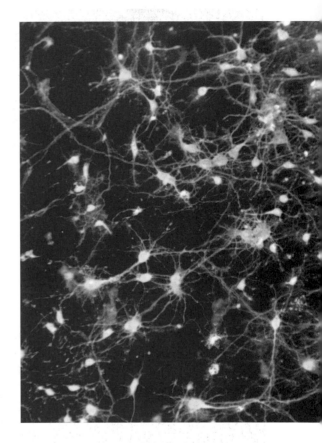

Las neuronas están en la base de la telepatía.

dios con niños de escuela primaria que «adivinaban» sistemáticamente las respuestas a las preguntas de sus maestros. Algunos niños obtuvieron resultados notables en diversos tests de desarrollo verbal e intelectual, pero otros apenas clasificaron dentro del promedio. Por contraste, muchos demostraron poseer facultades telepáticas en pruebas con las cartas de Zener

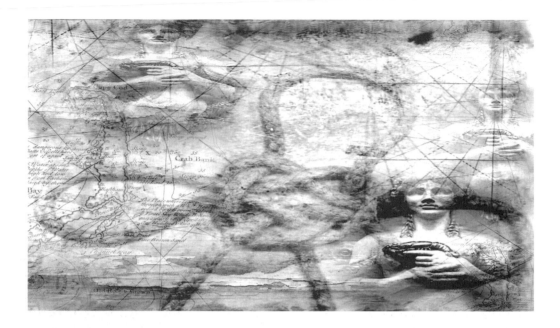

y otros experimentos. El rasgo común a todos no era la inteligencia sino el cariño que sentían por sus maestros.

Para algunos parapsicólogos, la relación de los afectos con la telepatía echa raíces en el carácter inconsciente de las percepciones telepáticas. Según sus planteamientos, estas percepciones emergen del inconsciente gracias a los estímulos afectivos, que, por así decirlo, les «abren el camino» hacia la conciencia. Algunos investigadores sostienen incluso que lo que transmitimos por telepatía son realmente «emociones» o estados anímicos muy precisos, que permiten a nuestros allegados sintonizar con nuestros pensamientos. Para otros, sin embargo, los lazos afectivos y el contacto telepático están relacionados sólo de manera circunstancial. Las personas unidas por estos lazos están en contacto casi todo el tiempo, y en esta medida, pueden descubrir que han tenido este contacto que no tienen los desconocidos que se cruzan por azar en un lugar público. Sin embargo, también con estos desconocidos estaríamos intercambiando todo el tiempo transmisiones telepáticas.

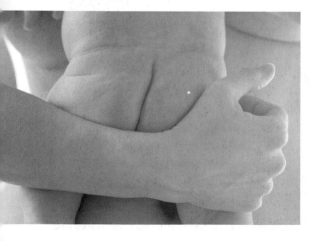

Las relaciones entre padres e hijos han sido objeto en este contexto de numerosas investigaciones. En la década de 1950, el psiquiatra Berthonld Schwarz registró más de quinientos fenómenos telepáticos en los que intervenían él mismo, su esposa Ardis y sus dos hijos, Lisa y Eric. Según sus observaciones, recogidas en su libro *Telepatía entre padres e hijos*, los padres y los hijos se comunican telepáticamente todo el tiempo durante la época de la crianza. Aunque este contacto es reemplazado luego por otras formas de comunicación, puede reactivarse en ciertas situaciones críticas, como por ejemplo, cuando una madre se entera telepáticamente de que sus hijos están en peligro.

Los planteamientos de Schwarz se han visto corroborados indirectamente por diversos estudios psicológicos. En la Universidad de Montana, en Estados Unidos, un equipo de psicólogos estableció mediante un experimento que muchas madres tenían reacciones telepáticas cuando sus hijas se encontraban en peligro. El experimento consistía en situar a las niñas en un recinto donde estallaban cargas de salva, mientras las madres permanecían en otra habitación, conectadas a un medidor galvánico como los de los detectores de mentiras. Las lecturas del medidor reflejaban alteraciones asociadas a la angustia o el temor cuando estallaban los fulminantes, a pesar de que algunas de las madres ni siquiera eran conscientes de estas reacciones. Por contraste, algunas madres cuyas hijas no presenciaban las explosiones no experimentaban estas reacciones, a pesar de que, al igual que las primeras, desconocían la situación en que se encontraban las niñas.

nos más reconocidos de la percepción extrasensorial. De acuerdo con Ehrenwald, los niños recién nacidos emplean naturalmente la telepatía para comunicar sus necesidades a sus madres o a las personas que los cuidan. Estas transmisiones telepáticas explicarían la misteriosa comprensión existente entre muchas madres y sus bebés, al margen de señales evidentes como llantos o sonrisas. La telepatía, en este sentido, sería una facultad común a todos los seres humanos, que se reprime o se olvida con el desarrollo del lenguaje verbal y que se pierde totalmente durante la pubertad.

Las ideas de Schwarz fueron reelaboradas por el psiquiatra Jan Ehrenwald, uno de los investigadores norteamerica-

Las gemelas de La Rioja

Las parejas de hermanos gemelos han intrigado durante años a los investigadores de la telepatía. Muchas parejas de gemelos, en efecto, afirman que se leen con frecuencia los pensamientos o se comunican mediante mensajes telepáticos. En 1976, dos hermanas gemelas españolas llamadas Silvia y Marta, residentes en Murillo de Río Leza, en la provincia de La Rioja, protagonizaron un episodio particularmente sorprendente. Cuando una de las dos estaba visitando a sus abuelos en otro pueblo, una mancha semejante a la de una quemadura apareció en su mano derecha justo en el momento en que su hermana se quemó la misma mano con una plancha a decenas de kilómetros de distancia. Cuando sus faculta-

des telepáticas fueron examinadas por un equipo médico, se descubrió que Silvia experimentaba un movimiento reflejo cuando el médico golpeaba con un martillo de goma la rodilla de Marta, aunque estuvieran en distintas habitaciones. Cuando la pupila de Marta se contraía por efecto de la luz, también se contraía la de su hermana gemela.

Estados telepáticos

La meditación, la hipnosis, el sueño y otros estados alterados de conciencia potencian las facultades telepáticas de muchos individuos. Los parapsicólogos explican este efecto por el hecho de que, al igual que los estímulos afectivos, estos estados nos permiten acceder a percepciones inconscientes que de otro modo pasarían desapercibidas. El cerebro, por su parte, puede entrar en estas circunstancias en un estado conocido como «estado Alfa», en el que se reduce la frecuencia de las ondas electromagnéticas producidas por las sinapsis o circuitos neuronales. Algunos participantes en las investigaciones identifican este estado cerebral con una sensación profunda de paz interior, como

la asociada tradicionalmente a la meditación. En esos momentos, según sus testimonios, todo parece estar conectado con todo y se desdibujan los límites entre las personas y los objetos.

En 1974, el parapsicólogo Charles Honorton realizó una serie de interesantes experimentos para investigar los estados telepáticos que se producen durante el sueño. En uno de los experimentos, un «emisor» telepático debía tomar una fotografía y tratar de transmitírsela a un individuo «receptor» que estaba durmiendo. Cuando el receptor despertaba, describía lo que había soñado, y un grupo de jueces debía seleccionar entre varias fotografías la que ilustrara mejor sus sueños. Las fotografías tomadas por el emisor fueron seleccionadas un número de veces significativamente mayor que las otras. En otra experiencia, el emisor debía tratar de transmitirle una serie de fotografías a un receptor recostado en una tumbona en otra habitación. El receptor debía describir a través de un micrófono todas las imágenes que afloraban a su conciencia. Aunque muchas descripciones eran demasiado vagas, también se produjeron aciertos inexplicables, en los que los receptores describían con precisión las imágenes de las fotografías.

Las experiencias de Honorton y otros experimentos telepáticos están basados en una técnica conocida como «Ganzfeld», que en alemán significa «campo total». Esta técnica consiste en aislar el cerebro del receptor de todos los estímulos sensoriales para que se concentre en sus propias percepciones internas. Los participantes, por este motivo, deben taparse los ojos con cubiertas traslúcidas y ponerse auriculares que emiten ruido blanco (similar al de una señal de radio fuera de sintonía). Las investigaciones han demostrado que la técnica de Ganzfeld puede reducir la frecuencia de las sinapsis cerebrales para que generen ondas Alfa, o incluso ondas Theta, como las que se producen durante el sueño profundo. Los resultados de diversos experimentos, en los que los aciertos telepáticos superan hasta por un cincuenta por ciento las probabilidades

La frecuencia de las ondas

En 1928, el psiquiatra Hans Berger estableció que los circuitos neuronales del cerebro humano generan campos electromagnéticos. Estos campos están compuestos de ondas de frecuencia variable, asociadas con ámbitos distintos de la actividad cerebral. Las ondas beta, que oscilan entre 23 y 14 ciclos por segundo, son las más comunes, y están relacionadas con el pensamiento racional y la actividad cotidiana del cerebro. Las ondas alfa, de entre 14 y 8 ciclos por segundo, caracterizan en cambio los estados de relajación como la meditación, en los que podríamos acceder más fácilmente a nuestro inconsciente. Las ondas theta, de entre 8 y 4 ciclos

por segundo, son más lentas todavía, y han sido asociadas por algunos estudios con los cambios emocionales. Las ondas de frecuencia más baja son las delta, que registran menos de cuatro ciclos por segundo, y rigen los estados de sueño profundo.

Curiosa superposición de imágenes que podría ponerle las cosas difíciles a un investigador de principios de siglo. La pregunta es si la comunicación con personas desaparecidas puede considerarse de algún modo un acto telepático que nos relaciona cpn el pasado.

estadísticas, lo han convertido en un método estándar en la investigación de la telepatía.

Son muchas las personas que han hecho experimentos telepáticos a nivel particular y se han asustado de los resultados al ver que sus pensamientos (un número, por ejemplo) eran adivinados, y han renunciado a volver a intentarlo por miedo a perder la intimidad.

Telepatía a larga distancia

Las transmisiones telepáticas son independientes de la distancia, a diferencia de otras formas de energía como las ondas de radio. En un experimento singular, un receptor situado en Zurich, en medio de los Alpes suizos, intentó captar los mensajes de un emisor que se encontraba practicando submarinismo frente a las costas de Florida. El emisor, sin dejar de bucear, debía concentrarse en una serie de nombres, y las reacciones del emisor eran controladas por un dispositivo para medir la constricción de los capilares sanguíneos. Cuando los nombres en los que pensaba el emisor eran relevantes para el receptor, el dispositivo registraba cambios significativos en su flujo sanguíneo.

Visiones lejanas

Al lado, sacerdotisa de Delfos según Miguel Ángel. El oráculo hacía sus predicciones el día siete de cada mes, fecha del nacimiento de Apolo, representado a la derecha. Se cree que el poder de la predicción procedía de unos gases que emanaban del suelo y afectaban la percepción de las sacerdotisas. Su prestigio era tan grande que la gente adaptaba sus actos a las previsiones. En el extremo de la derecha, restos del templo de Atenea en Delfos.

En el año 550 a.C., el rey lidio Creso, preocupado por el acoso de las tropas persas, envió a sus escribas a diversos oráculos del mundo griego para establecer cuál podía predecir con más veracidad el futuro de su reino. Los escribas tenían cien días para hacer el viaje, y, en la centésima jornada, debían preguntar a los oráculos qué estaba haciendo el rey en su palacio. Cuando regresaron con las respuestas, Creso proclamó que la más acertada era la del oráculo de Delfos, donde sus servidores habían transcrito los siguientes versos:

Yo soy el que cuenta las arenas y las aguas de los océanos,
Tengo oídos para el silencio y escucho a los mudos.
¡Ay! Siento el olor de una tortuga que hierve en el fuego
Entre las carnes de un cordero.
De bronce es el caldero, y de bronce la tapa.

En el centésimo día del viaje de los escribas, el rey Creso, en efecto, se había dedicado a cocinar una tortuga y un cordero en un caldero de bronce. El oráculo de Delfos había acertado, a pesar de su lenguaje enigmático. El rey lo interrogó acerca de la suerte que podía correr si invadía Persia, y el oráculo respondió que si cruzaba el río un gran reino caería en ruinas. Creso ordenó a sus ejércitos que cruzaran

el río que marcaba la frontera con Persia. Pero, en el curso de la guerra, el reino que se derrumbó no fue Persia, sino su propio reino de Lidia.

La visión a distancia (VAD)

El viaje de los escribas lidios representa el primer experimento registrado del fenómeno conocido como Visión a distancia, o VAD. Este fenómeno es una de las manifestaciones más estudiadas de la clarividencia. Según el investigador Rusell Targ, la visión a distancia es una capacidad común a todas las personas, que permite a ciertos individuos particularmente sensibles describir lugares y acontecimientos

son enviadas por otra persona, que se las transmite por telepatía. Muchos de estos episodios pasan desapercibidos para sus protagonistas, y es poco probable que el investigador tropiece con fenómenos de VAD espontáneos. Los resultados de los experimentos deben abordarse con cautela, para no caer en errores de interpretación como el del rey Creso.

En ocasiones, los receptores de VAD pueden seguir los pasos de una persona en un lugar distante con sólo saber su nombre o tocar una de sus pertenencias personales. El parapsicólogo William Roll ha atribuido estas habilidades a la existencia de lo que él mismo ha denominado «campos psi». Según Rolls, las palabras, los objetos y los lugares poseen todos sus campos psi particulares, en los que quedan registrados todos los fenómenos y las entidades psíquicas con las que han estado en contacto. Los individuos clarividentes son capaces de discernir estas huellas y viajan con la mente hasta su origen, igual que un sabueso puede rastrear a una persona tras olfatear una prenda de ropa. La existencia de los campos psi explicaría también los efectos portentosos atribuidos a ciertos conjuros e invocaciones, que estarían compuestos de palabras con campos psi especialmente intensos.

remotos a través de percepciones que no recurren a los sentidos. Concentrándose en un lugar particular, los receptores de estas visiones pueden llegar a describirlo, aunque les sea desconocido, con un grado extraordinario de detalle. En algunos experimentos, las imágenes visuales del lugar

En su libro Penetration, el vidente Ingo Swann sostiene que los fenómenos de visión a distancia tienen origen en sutiles ór-

El investigador y vidente Ingo Swann.

Los viajes del yagé

La visión a distancia ha sido empleada durante siglos por los chamanes de las selvas amazónicas. Muchos afirman haber realizado viajes a lugares remotos durante los trances que tienen lugar en sus ceremonias. Algunos antropólogos han atribuido estos viajes al consumo de ayahuasca, o yagé, una planta alucinógena que crece a lo largo del Amazonas. Sin embargo, los testimonios sobre estos viajes no dejan de ser intrigantes. En 1993, un chamán del río Putumayo fue invitado a un congreso de antropología en Bogotá, la capital de Colombia. Al llegar a la ciudad, se orientó de inmediato y encontró por su cuenta el lugar donde debía hospedarse. Cuando se le preguntó si conocía Bogotá, respondió que la había visto en uno de sus viajes.

ganos de percepción localizados en el cuerpo humano. Según sus planteamientos, en las palmas de las manos poseemos sofisticados detectores electromagnéticos y, con la nariz, podemos captar a gran distancia olores imperceptibles y conocer a través de ellos los estados emocionales de los demás. Basándonos en estas percepciones, de las que rara vez somos conscientes, podemos localizar y seguir mentalmente a otra persona a miles de kilómetros, igual que la glándula pineal sigue los movimientos del sol aunque sea de noche. Para realizar estos seguimientos, Swann inventó una técnica llamada «scanate», que consistía en emplear las coordenadas geográficas de una persona para estimular las percepciones sutiles del receptor que intentaba visualizarla.

Estudios estratégicos

A comienzos de los años setenta, el gobierno de Estados Unidos financió una serie de estudios para evaluar el potencial de la visión a distancia como herramienta de espionaje. Estos estudios, emulados por otros países, impulsaron durante un breve período diversos experimentos sobre la VAD. Entre los más conocidos figuran los realizados por los físicos Russell Targ y Harold Puthoff en el Stanford Institute of Research, entre 1972 y 1975. Los experimentos consistían en enviar un equipo de entre dos y cuatro personas a un lugar elegido al azar dentro de una lista de cien localidades mientras un receptor VAD intentaba visualizar el objetivo en cuestión. Los emisores permanecían en este objetivo entre quince minutos y media hora, examinándolo con detalle, y el receptor debía registrar entre tanto sus visiones a través de descripciones y dibujos. Más tarde, un juez imparcial visitaba todos los lugares de la lista e intentaba relacionarlos con las descripciones del receptor, asignándoles una puntuación en orden ascendente: una puntuación de uno significaba que el lugar era el objetivo, uno de dos que era probable que lo fuera, y así sucesivamente. En una serie de

Un malecón en el cielo

Los experimentos VAD se ven afectados a menudo por errores de interpretación. Estos errores tienen su origen en el propio funcionamiento del cerebro, que intenta «ajustar» sistemáticamente las visiones a parámetros conocidos. El británico Clive Seymour, por ejemplo, visualizó en una ocasión un largo malecón que se perdía en el mar azul. El «objetivo» del experimento era una torre de telecomunicaciones recortada contra el azul del cielo. La imagen que había percibido Seymour era correcta, pero su cerebro la había acomodado a su propia experiencia hasta hacerla casi irreconocible.

nueve pruebas realizadas con la receptora Hella Hammid, el juez otorgó una puntuación de uno a cinco lugares y una de dos a los otros cuatro. La probabilidad estadística de que estos aciertos fueran frutos del azar era de uno a quinientas mil.

Los resultados de Targ y Puthoff fueron cuestionados por otros investigadores, que señalaban que los jueces de las pruebas tendían a buscar inconscientemente semejanzas entre los lugares visitados y las descripciones del receptor. En la lista de localidades se incluían de hecho descripciones que podían identificarse con las del receptor sin necesidad de visitar el «objetivo». Las investigaciones posteriores sobre la VAD no han logrado reproducir los éxitos de los físicos estadounidenses. Sin embargo, siguen produciendo ocasionalmente resultados sorprendentes. En septiembre de 1996, el británico Clive Seymour organizó un experimento VAD masivo en el que se invitaba a todos los interesados a concentrarse en un «objetivo» elegido al azar, a la hora exacta en que lo visitaba un emisor. Los participantes enviaron por correo más de cien respuestas describiendo sus visiones, y muchas de ellas contenían elementos reconocibles del lugar. Un miembro de la Asociación para el Estudio de Fenómenos Anómalos, llamado Roy Maidment, consiguió ver un río y un puente con un cierto número de farolas, delante de otro elemento que no pudo identificar. Su descripción correspondía exactamente al objetivo, salvo por un grupo de antenas parabólicas.

Espionaje extrasensorial

El interés del gobierno de Estados Unidos en la VAD echaba raíces en la carrera armamentista que enfrentó a este país con la Unión Soviética durante la guerra fría. Desde la década de 1920, las universidades soviéticas habían venido realizando una serie de estudios sobre diversos fenómenos paranormales, catalogados bajo el nombre de investigaciones psicotrónicas. En los años sesenta, una serie de informes promulgaron que las autoridades soviéticas habían

invertido quince millones de dólares en estas investigaciones psíquicas, que incluían supuestos experimentos para espiar a distancia objetivos militares y alterar telepáticamente las funciones vitales de agentes enemigos. El gobierno norteamericano reaccionó financiando diversos programas y laboratorios de «psicoenergética». En 1973, la CIA creó un proyecto para investigar la VAD empleando la técnica de localización a distancia inventada por Ingo Swann. El propósito del proyecto era espiar los laboratorios y las instalaciones militares soviéticas. La CIA proporcionaba las coordenadas geográficas de estos objetivos para estimular las facultades de los receptores e intentaba corroborar luego la exactitud de sus visiones.

Los experimentos norteamericanos sobre espionaje extrasensorial se prolongaron durante cerca de dos décadas, a través de los proyectos Grill Flame, Center Lane, Sun Streak y Star Gate, desarrollado entre 1991 y 1995. En este último año, el congreso estadounidense solicitó a la CIA un informe escrito sobre las investigaciones, que determinó que los fenómenos VAD no justificaban la inversión continuada de fondos públicos. Sin embargo, las conclusiones del informe fueron cuestionadas por varios parapsicólogos profesio-

Objetivos militares

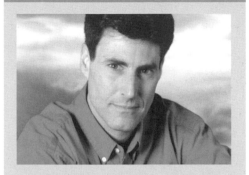

En los años setenta, la CIA recurrió a los servicios de varios videntes para diversas tareas de inteligencia. El psíquico estadounidense Pat Price fue contratado para espiar desde Estados Unidos un laboratorio secreto situado en Kazajstán, entonces territorio soviético. Durante la firma del Tratado de Desarme Nuclear, la agencia solicitó al israelí Uri Geller que influyera en la mente de Yuri Vorontsov, el oficial soviético que debía rubricar el tratado.

nales y por los propios participantes en los experimentos. El oficial de inteligencia Joseph McMoneagle, que participó como receptor VAD del StarGate, afirmó públicamente que las técnicas VAD arrojaban un número significativo de aciertos y que él mismo había llegado a localizar con éxito «objetivos» localizados en territorio estadounidense. La doctora Jessica Utts, encargada de compilar los datos estadísticos del proyecto, discrepó también en público de la presentación y las conclusiones del informe. Las investigaciones VAD adelantadas por otros países han sido también clausurados oficialmente. Sin embargo, la documentación relacionada con casi todos ellos sigue siendo clasificada.

Videntes detectives

La participación de videntes en enigmáticos casos policiales forman parte de la historia de la visión a distancia. Sin embargo, muchos de estos casos están envueltos en el misterio, y resultan tan difíciles de verificar como los propios fenómenos de la clarividencia. A finales del siglo XIX, el célebre asesino en serie Jack el Destripador fue identificado por el vidente londinense Robert James Lee, pero, según la leyenda popular, Lee fue luego arrestado y recluido en un manicomio por Scotland Yard. En la década de 1920, August Drost ayudó a la policía alemana a resolver varios casos criminales, pero al final fue arrestado por la propia policía y acusado de ser un estafador. Hacia 1950, el vidente holandés Peter Hurkos se hizo célebre al identificar a un incendiario entre centenares de fotografías de jóvenes sin antecedentes. Sin

embargo, unos años más tarde investigó un asesinato múltiple en Estados Unidos y guió a la policía hasta un inocente. En 1969, participó en la investigación el asesinato de la actriz Sharon Tate, pero los agentes asignados al caso minimizaron luego sus aportes.

Otro vidente detective famoso fue Dorothy Allison, un ama de casa estadounidense que ayudó a descubrir a cerca de treinta personas desaparecidas y a localizar a seis asesinos buscados por la policía. Sin embargo, el valor de sus aportes también fue puesto en duda, como en el caso de Hurkos y de su compatriota Gerard Croi-

Arriba, el célebre asesino de Sharon Stone, Charles Mansón; a la izquierda, grabado inglés del siglo XIX de Jack el Destripador.

set. Según algunos policías que trabajaron con Dorothy Allison, sus revelaciones eran demasiado ambiguas para interpretarlas con certeza y podían aplicarse casi a cualquier situación. La reserva con que las autoridades aceptan la colaboración de un vidente tiene origen en esta dificultad de interpretación, que afecta por definición a los fenómenos de percepción clarividente. Los tribunales desestiman por este motivo cualquier testimonio fundado en estas percepciones. A pesar de algunos éxitos ocasionales, los indicios obtenidos mediante VAD rara vez son concluyentes y a menudo conducen a los interesados a la desilusión.

Explore sus visiones

Según algunos parapsicólogos, la visión a distancia es una facultad que puede desarrollarse con la práctica. La condición esencial para cultivarla es confiar en las propias percepciones, a pesar de que los aciertos sean mucho menos frecuentes que los errores. Y dedicar a los experimentos una cantidad considerable de tiempo y energía. Quizá las «visiones» obtenidas durante estos entrenamientos no sean propiamente imágenes sino más bien «sensaciones» o «impresiones» a distancia. Estas impresiones son difíciles de analizar, y puede resultar provechoso compartirlas con otras personas y pedirles que las interpreten. Para evaluarlas correctamente, también es indispensable registrar todas las percepciones que emergen durante los experimentos, por ejemplo describiéndolas ante una grabadora. Estas descripciones deben ser tan espontáneas como sea posible, para evitar que el propio cerebro acabe atribuyéndoles explicaciones lógicas que son equivocadas. Los párrafos siguientes incluyen algunas indicaciones para explorar sus facultades de VAD.

Preparación

El primer paso para realizar un experimento de VAD es relajarse a nivel físico y mental. Haga un ejercicio de relajación, concentrándose en distender las distintas de su cuerpo. Para despejar también su mente, visualícese a sí mismo en una habitación ideal, decoradas con colores y objetos que tengan un significado especial para usted. En está página hemos colocado un cristal de hielo y en la siguiente una ima-

gen del desierto que para muchas personas es absolutamente relajante. Dentro de esta habitación, imagine un sillón especialmente cómodo, en el que usted mismo se sienta para llevar a cabo el experimento. Si lo desea, puede colocar también música suave, asegurándose de que sea la misma siempre que realiza los experimentos.

Procedimiento

Un experimento VAD básico consiste en tratar de visualizar un lugar desconocido donde se encuentre otra persona. Esta persona que se tiene que localizar es el emisor, y el individuo que intenta ver a distancia el objetivo se denomina «visionador». Pida ayuda a varios colaboradores que quieran

desempeñar estos papeles y llevar a cabo otras tareas. Establezca turnos para que todos los involucrados puedan ensayar las distintas tareas.

1. Pida a una persona ajena al experimento que haga una lista de veinte lugares u objetivos de los alrededores. Estos objetivos deben ser llamativos y fácilmente identificables, como por ejemplo un edificio con una forma peculiar, una fuente, una iglesia, un monumento singular. Las direcciones, referencias y elementos principales de cada emplazamiento deben anotarse en una tarjeta y cada tarjeta debe introducirse en un sobre sellado.

2. Pida a un observador imparcial que elija un sobre y se lo entregue al emisor.

3. Establezca la hora en que el emisor ha de llegar y abandonar el lugar señalado.

4. Es el momento en que el emisor debe abrir el sobre, y con la información en su mano, dirigirse al objetivo y esperar hasta la hora acordada. Llegada esta hora, debe tratar de transmitir sus impresiones al receptor. También debe tomar notas y hacer un bosquejo del lugar.

5. A la misma hora, el visionador debe empezar a describir las imágenes que afloran a su mente. Además de grabar las descripciones, debe hacer también dibujos y anotaciones.

6. Cuando llegue la hora establecida, tanto el emisor como el visionador deben firmar y fechar sus notas y dibujos, que serán entregados a un tercer colaborador.

Para evaluar el resultado de la experiencia, pida a una persona independiente que visite cinco lugares de la lista entre los que se encuentra el objetivo, sin advertirle de cuál de ellos se trata. Entréguele luego los dibujos y las notas del visionador, para que decida cuál de los lugares corresponde a su descripción.

Es obvio que los detectives videntes no cuentan con la ayuda del emisor para localizarlo, por eso deben tener a su alcance la mayor información posible.

Premoniciones

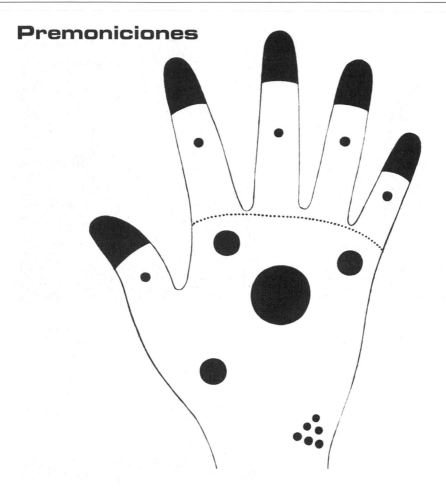

Las premoniciones son las manifestaciones más reconocibles de nuestras facultades de precognición, que nos permiten percibir sucesos que están todavía por ocurrir. Para el común de la gente, estas facultades entran en acción de manera aleatoria y sus revelaciones sólo se hacen evidentes cuando estos sucesos ya han tenido lugar. A menudo están relacionadas con situaciones de crisis, como un accidente que está a punto de ocurrir. Cuando los protagonistas de estos hechos son personas cercanas, es posible que en el anuncio premonitorio intervenga la telepatía.

Probabilidades y coincidencias

Para ser considerada como tal, una premonición no puede estar basada en conjeturas ni en conocimientos previos. Los hechos predichos deben tener pocas probabilida-

Nostradamus, sobre estás líneas, basó sus predicciones en sueños incomprensibles. Otros utilizan el tarot para conocer el futuro.

des de ocurrir, y una vez que han ocurrido, debe tratar de descartarse que hayan sido fruto de la coincidencia. Al respecto, cabe recordar que muchas coincidencias no son tan improbables como parecen (veáse «La coincidencia»). Si una persona sueña con

Profecías y vaticinios

Las premoniciones son tan antiguas como la humanidad. La historia y los libros sagrados de todas las culturas están poblados de profecías y vaticinios, desde los oráculos del I Ching de los chinos hasta los pronósticos agrícolas de los maya, pasando por los jeroglíficos egipcios y las revelaciones de Isaías, los augurios de los druidas celtas y toda clase de anuncios y visiones proclamados por místicos y profanos en diferentes épocas. Entre los más recordado figura el adivino Michel de Nostredame, más conocido como Nostradamus, que según sus defensores habría profetizado un sinnúmero de sucesos, desde la muerte del rey inglés Enrique II en 1559 hasta el derrumbe de las torres gemelas de Nueva York en 2001. Sus crípticas visiones, redactadas en verso en el siglo XVI, respaldan aún hoy las percepciones de los videntes y futurólogos modernos.

Sueños que se hacen realidad

Las visiones en sueños y los sueños proféticos parecen confirmar el papel del sueño como umbral de otra esfera de percepción. Un ejemplo notable es el de J.W. Dunne, un soldado británico que, estando en Australia en 1902, soñó acerca de una isla donde hacía erupción un volcán. En el sueño, Dunne intentaba socorrer en vano a los habitantes de la isla y pedía ayuda a unos militares franceses de otra isla cercana. El sueño se convertía en una pesadilla y, ante su impotencia, la erupción causaba la muerte de cuatro mil personas.

Al cabo de unos días, Dunne leyó en un diario que un volcán había hecho erupción en la isla francesa de Martinica. El número de víctimas ascendía a cuarenta mil. Al leer el artículo, confundió esta cifra con las cuatro mil personas muertas de su sueño, y lo mismo ocurrió cuando se lo contó a otras personas. Su inconsciente había cometido el mismo error. Pero su pesadilla se había hecho realidad.El Mont Peleé explotó el 8 de mayo de 1902, y destruyó totalmente la población más cercana.

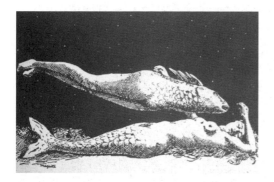

Cómo registrar una premonición

La investigación sobre las premoniciones parte del supuesto de que éstas pueden tener lugar en la realidad. Sin embargo, el cumplimiento de una aparente premonición no se considera una prueba suficiente de su validez. El testimonio de la persona que ha tenido la premonición es desde luego fundamental, pero para que sea admitido por los parapsicólogos tiene que quedar registrado por escrito antes de sucedan los hechos predichos. Una manera sencilla de registrarlo es redactar este testimonio y enviarlo por correo a otra persona, cuidando de que se aprecie claramente en el sobre la fecha del matasellos. En algunos países, existen «oficinas de premoniciones», que se ocupan de recibir estos testimonios y corroborar luego, a la luz de estos hechos, si ha tenido lugar un fenómeno de precognición.

Si usted está interesado en investigar los fenómenos premonitorios, intente establecer una «oficina de premoniciones» informal colocando un anuncio en un diario o haciendo correr la voz sobre sus intereses. También puede po-

otra y se la encuentra al día siguiente, este sueño puede parecer una coincidencia demasiado extraordinaria para no ser una premonición. Sin embargo, cada noche sueñan en el mundo millones de personas, y las probabilidades de que el incidente ocurra son relativamente altas.

Desde luego, ciertas premoniciones, pese a ser teóricamente probables, parecen imposibles de justificar por las estadísticas. Para algunos investigadores, esta imposibilidad sólo refleja nuestra concepción convencional del tiempo como una serie lineal de acontecimientos. En la rutina cotidiana, estos acontecimientos suceden invariablemente desde el presente hacia el futuro. Sin embargo, ciertos estados de conciencia como los sueños o los trances hipnóticos pueden alterar nuestra percepción de este orden y abrir las puertas de otras dimensiones temporales. Según el astrónomo británico Adrian Dobbs, la mente humana tiene el poder de desplazarse a través de estas dimensiones, en las que coexisten el pasado, el presente y el futuro. Estos desplazamientos estarían en el origen de los fenómenos de precognición.

Nostradamus was a student of the mystic cabbalistic diagram known as the Tree of Life.

Nostradamus estudiando el árbol de la cábala.

nerse en contacto con personas con dotes de precognición reconocidas, y pedirles que colaboren con su investigación remitiéndole por escrito sus premoniciones. La evaluación de estos registros, o de los testi-

monios enviados por correo, debe tener en cuenta los siguientes factores:

- El número de detalles acertados de la predicción, como la hora, el lugar, el orden preciso de los acontecimientos y las personas involucradas.
- El grado de probabilidad del acontecimiento. Si cualquier persona inteligente e informada puede predecir cierto hecho, es menos probable que este hecho sea una premonición.
- La relación entre la persona que ha tenido la premonición y los hechos predichos. Si estos hechos afectan su entorno personal, es menos probable que sus premoniciones sean consideradas como tales.
- El posible interés de la persona en que se cumplan los hechos. Si una persona con elevada sensibilidad psi está interesada en que se cumplan sus premoniciones, es muy posible que intente hacerlas realidad, por ejemplo, ejerciendo inconscientemente la facultad de la psicoquinesis. En tal caso, el investigador debe centrar su atención en sus habilidades psicoquinéticas.
- La disponibilidad de la persona a aportar pruebas independientes de su propio testimonio, como una declaración jurada, recortes de prensa, etc.

Los saltos en el tiempo

La posibilidad de viajar a otras dimensiones temporales haría realidad la posibilidad de visitar otras épocas del pasado, que algunas personas experimentan en sueños o en los tratamientos de regresión hipnótica. Las retrocogniciones no pueden corroborarse a través de hechos predichos que luego ocurren en la realidad, y en muchos casos sólo reflejan fantasías o alucinaciones.

Para investigar un episodio de retrocognición lo más aconsejable es aplicar el método estándar tal como se emplea en los casos de apariciones y realidades fantasmales. Averigüe la historia del lugar donde se ha producido el fenómeno, y trate de recabar toda la información posible acerca de la época en cuestión, a partir de archivos, planos, mapas y fotografías. Los fenómenos de retrocognición no suelen repetirse, a diferencia de las apariciones de espíritus o fantasmas.

El espectáculo de los incas

En 1983, dos estudiantes alemanes que estaban de viaje en el Perú tuvieron una experiencia insólita camino de las ruinas incas de Machu Picchu. Los muchachos se apartaron para tomar unas fotografías y se encontraron de pronto perdidos. Cuando localizaron de nuevo el camino, el grupo de viajeros con el que habían emprendido el recorrido había desaparecido.

Los estudiantes apretaron el paso, pero al llegar a la última cumbre antes de las ruinas seguían sin encontrarlos. Al bajar fueron rebasados por dos corredores descalzos, ataviados con túnicas, que pasaron a su lado sin detenerse. Pensaron que eran actores de un espectáculo teatral organizado para los turistas. La impresión perduró cuando entraron en la ciudad y vieron a otras personas ataviadas como los antiguos incas. La ciudad se encontraba en perfecto estado de conservación, y no parecía un conjunto de ruinas.

Recorrieron la antigua ciudad de Machu Picchu durante cerca de media hora. Nadie se percató de su presencia. Y los relojes de ambos se habían detenido. Presas del pánico huyeron de la ciudad, y uno de ellos se rompió una pierna. Fueron localizados horas después por una patrulla de salvamento.

Las fotos que tomaron los estudiantes aparecieron todas veladas. Pero sus testimonios coincidían en un numerosos detalles con las reconstrucciones de la antigua Machu Picchu.

El control de la materia

P ara el común de la gente, la psicoquinésis es la más impactante de las facultades psi. Sólo un puñado de individuos pueden ejercerla a voluntad, y sus manifestaciones resultan especialmente llamativas en la medida en que alteran la realidad física y, por lo tanto, parecen más «reales» o «comprobables» que otros fenómenos. Las proezas de estos individuos, como doblar objetos metálicos y detener relojes, se identifican con los poderes mentales. Sin embargo, las habilidades psicoquinéticas abarcan un rango mucho más amplio de fenómenos, desde la alteración de instrumentos electromagnéticos hasta la curación de dolencias irreversibles.

Individuos con poderes

El estudio de la psicoquinésis se ha desarrollado en torno a las habilidades de un puñado de personas dotadas de poderes excepcionales. Entre las más célebres figura Nina Serveyevna Kulagina, una mujer rusa capaz de «dirigir» su energía mental para alterar el comportamiento de una brújula, desplazar objetos por el aire, disminuir el ritmo cardiaco de un individuo y hacer aparecer dolorosas quemaduras en la piel de otros. En 1967 sus sensacionales hazañas fueron registradas en un documental soviético que causó alarma entre algunas autoridades estadounidenses, temerosas del potencial de estas habilidades en el mundo del espionaje. En los años setenta, las habilidades psicoquinéticas del israelí Uri Geller llegaron a aterrorizar también a muchos telespectadores, que veían doblarse los objetos metálicos de su casa mientras Geller hacía sus demostraciones por televisión.

La psicoquinética rusa Nina Kulagina durante una demostración de sus poderes mentales.

Control mental

En la década de 1960, el investigador estadounidense Joe Kamiya diseñó un método sencillo para enseñar a los sujetos en sus experimentos a generar ondas cerebrales alfa, asociadas a la telepatía y también a la psicoquinesia. Los participantes, conectados a un encefalógrafo, escuchaban una nota musical cada vez que sus cerebros registraban ritmos alfa, y al cabo de cierto tiempo eran capaces de generarlos concentrándose en la nota musical. La aparición de estos ritmos venía acompañada en ocasiones de un descenso en la presión sanguínea y otros síntomas físicos, y, cuando se encontraban en este estado, algunos participantes obtenían resultados notables

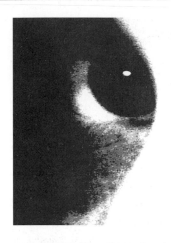

El poder de la mirada

Las estudios sobre la psicoquinesia han revelado que las miradas de los demás pueden alterar nuestro sistema nervioso. En un experimento, se colocó en una habitación cerrada a un individuo que era observado por otro a través de una cámara oculta. Aunque ignoraba la presencia de la cámara, la persona dentro de la habitación experimentaba una reacción cada que vez que la miraba el observador. Estas reacciones, de las que no era consciente, aparecían en las lecturas de un encefalógrafo y otros instrumentos de medición. El temible poder atribuido a la mirada de ciertos individuos en el vudú y otras prácticas mágicas podría estar relacionado con estas alteraciones psicoquinéticas.

Por contraste con estos fenómenos, algunas personas parecen gozar en ciertas circunstancias del don de la invisibilidad. Se trata de una habilidad misteriosa, para la que la parapsicología no puede ofrecer una explicación precisa. Sin embargo, algunas personas que afirman tenerla han protagonizado episodios sorprendentes. En la época de la antigua Unión Soviética, el mentalista Rolf Messing logró colarse en el Kremlin y llegó hasta las habitaciones de Stalin, proyectando en la mente de los guardias con los que tropezaba la imagen de otro guardia. En 1997, Richard Weaver burló todos los dispositivos de seguridad de la Casa Blanca y estrechó la mano de Bill Clinton el día de su posesión. En 2001, repitió la hazaña para felicitar a George Bush.

en pruebas de telepatía o clarividencia. Todos manifestaban una sensación de profunda paz interior, que les permitía estar a la vez alertas y relajados, como la descrita por muchos videntes profesionales.

Los experimentos de Kamiya formaron parte de una serie de investigaciones pioneras sobre la bioautorregulación, o la capacidad de controlar psíquicamente las funciones del organismo. Esta habilidad, conocida popularmente como «control mental», es la manifestación menos visible y quizá más apasionante de nuestros poderes psicoquinéticos. Los médicos y los psicólogos reconocen implícitamente estos poderes al señalar la inherencia de la fortaleza emocional y la fuerza de voluntad de sus pacientes en el proceso de curación. Regularmente, se registran en los hospitales curas milagrosas atribuidas a estas «fuerzas», como la desaparición de un tumor sin necesidad de tratamiento o la cicatrización inmediata de una herida. En la vida cotidiana, un gran número de personas llegan a experimentarlas a menor escala, por ejemplo cuando tienen una gripe y «se ponen sanas» para atender a sus compromisos.

Algunos investigadores atribuyen estas curaciones a la transmisión de sutiles corrientes de energía a través del sistema nervioso. Estas corrientes serían capaces de acelerar procesos orgánicos como la cicatrización de la piel, e incluso de alterar en profundidad las células del cuerpo, como en los casos de curación de tumores. Sin embargo, la naturaleza de la energía que

El crecimiento de las semillas

Los fenómenos psicoquinéticos que afectan a otros seres vivos, como plantas y animales, ocupan la atención de un gran número de investigadores. En la década de 1970, Enrique Novillo Paulí, de la Universidad del Salvador de Buenos Aires, realizó un interesante experimento sobre este tema con varias macetas en las que se habían sembrado semillas de centeno. Tras colocar las macetas en un invernadero, Novillo solicitó a un grupo de voluntarios de distintas edades que se concentraran en el crecimiento de determinadas macetas. Las plantas correspondientes crecieron mucho más rápido que las otras, a pesar de se encontraban en idénticas condiciones de temperatura y humedad.

transmiten y su preciso funcionamiento siguen siendo incógnitas sin resolver. La imposición de manos, los masajes de sanación y otras técnicas asociadas a la hechicería serían también ejemplos de estas transmisiones, ejercidas en estos casos por individuos capaces de proyectar dicha energía fuera de su cuerpo. El efecto curativo de las esencias florales y los aceites esenciales estarían basadas también en la transmisión de minúsculas descargas energéticas. En la medicina occidental tradicional, el ejemplo más cercano, y desde luego el más brutal, serían los tratamientos terapéuticos con descargas eléctricas, tristemente célebres en la segunda mitad del siglo XX en forma de shock.

Milagros y portentos

El control de la mente sobre el cuerpo está en el origen de muchos otros milagros y portentos atribuidos a la magia o al poder de la divinidad. El ejemplo más típico es quizá el de los faquires que yacen en lechos de púas y realizan otros dolorosos portentos, que no sólo no les producen dolor sino que tampoco les dejan huellas físicas. Los faquires conciben estas prácticas como un medio para comunicarse con Dios, y atribuyen su invulnerabilidad a este contacto divino. Para los investigadores de la bioautorregulación, sus hazañas reflejan un largo adiestramiento que, de forma consciente o inconsciente, les permite alterar sus respuestas nerviosas y, en el caso de los lechos de púas, incluso la textura de su epidermis. Algunos estudios sugieren que

Aun cuando se han dado casos extraordinarios en Occidente, los fenómenos relacionados con el control de la mente y el cuerpo son más frecuentes en las sociedades más espirituales de Oriente, donde abundan las personas entregadas a la meditación.

estas alteraciones se efectúan en un estado mental similar a los estados Alfa que se registran en los experimentos psíquicos. La lucidez y la paz interior asociadas con estos estados corresponderían al contacto con Dios que reclaman los faquires.

La insensibilidad a temperaturas extremas, los ayunos prolongados y los entierros en vida, realizados también por los faquires y otros ascetas, se atribuyen también al ejercicio del control mental. En los ayunos y los entierros, los individuos en cuestión serían capaces de reducir al mínimo sus funciones metabólicas, concentrando toda su energía en la contemplación de la divinidad. Este tipo de concentración también permitiría levitar a ciertos monjes budistas del Tíbet, de acuerdo con los testimonios de numerosos viajeros y exploradores. Los parapsicólogos han equiparado este fenómeno del que no existen pruebas fotográficas con la levitación de mesas y otros objetos que pueden

provocar algunos médiums y videntes. En ambos casos, la levitación se produciría por la aparición de un campo magnético que desafía la fuerza de gravedad, generado psíquicamente por los individuos involucrados. En el caso de los «dotados» occidentales, estos fenómenos se presentan como el resultado de un enorme esfuerzo

desempeñan las creencias personales en ciertas proezas del control mental y en particular, en el rito universal de caminar sobre el fuego, practicado desde los Balcanes hasta las islas del Pacífico. Según Russell, el rasgo común a todos los practicantes no es la insensibilidad física ni la sensibilidad psíquica, sino el hecho de que atribuyen a este rito un significado trascendental. Sea para apaciguar a los dioses, para demostrar la inocencia de un crimen o para cumplir un juramento, la motivación personal reviste una importancia muy superior a la del acto mismo de pisar brasas o lava ardiente. Russell sugiere que, durante el rito, los practicantes permanecen absortos en esta motivación, y esta concentración obsesiva libera paradójicamente el inconsciente, que se hace cargo de la hazaña mediante la bioautorregulación. Estas conjeturas se han visto corroboradas por algunos experimentos en los que los participantes deben realizar dos tareas simultáneas, como adivinar el

de concentración, que está sujeto a los estados de ánimo del individuo y otras interferencias. En el caso de los monjes budistas, serían un efecto secundario de un estado de meditación profunda y de años de entrenamiento en el ascetismo. Hay que tener cuidado sin embargo, de no caer en las trampas de algunos magos del espectáculo que realizan elaborados trucos para hacernos ver lo que no existe en realidad, aquí y en todas partes.

El antropólogo e investigador británico Allan Russell ha examinado el papel que resultado de un lanzamiento de dados y el lugar donde caerán en una mesa de cuadros rojos y verdes. En la tarea que consideren «más importante», la mayoría de los sujetos obtendrá un número de aciertos cercano a las probabilidades del azar. Pero en la tarea supuestamente «secundaria», las mismas personas pueden realizar hazañas de las que apenas son conscientes, al igual que los caminadores sobre el fuego.

La serenidad interior, la meditación, la concentración e incluso una cierta desconcentración, como en el caso de los caminadores sobre fuego, han sido citadas como las claves que desencadenan el con-

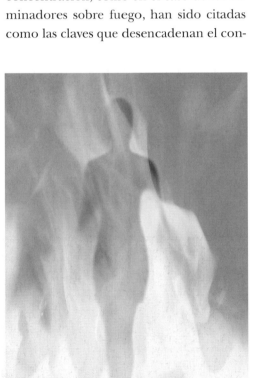

trol mental. Los parapsicólogos señalan también la importancia de la fe, ya se trate de fe en Dios o de la confianza en sí mismo que ha reemplazado a esta última en la espiritualidad occidental. Al igual que en otras investigaciones psíquicas, los estudios sobre la psicoquinesia ponen de manifiesto que, en efecto, los individuos con habilidades psicoquinéticas no logran demostrarlas si tienen dudas acerca de su éxito. Por contraste, una persona común y corriente puede realizar actos inauditos como desplazar una columna de hierro en un incendio impelida por el deseo de salvar a un ser querido. Los protagonistas de muchas de estas situaciones declaran más tarde que Dios escuchó sus oraciones. El conocido refrán de que «la fe mueve montañas» parece confirmado por estos fenómenos de psicoquinésis.

275

Viajes fuera del cuerpo

«Ascenso al paraíso celeste» de El Bosco, donde se muestra el túnel de la luz.

L a noción de viajar fuera del cuerpo resulta familiar para la mayoría de la gente. Los medios de comunicación y la literatura han popularizado estos viajes, que para algunos confirman la existencia del alma y la posibilidad de que sobreviva tras la muerte. Para los psicólogos, son el fruto de estados alterados de la conciencia, inducidos por situaciones traumáticas o drogas alucinógenas. Los parapsicólogos los clasifican entre los fenómenos psíquicos, y distinguen entre ellos fenómenos diferentes: las experiencias extra-corporales, o EEC, y las experiencias cercanas a la muerte, o ECM. En las primeras, los protagonistas se descubren repentinamente fuera de su cuerpo, y pueden recorrer grandes distancias antes de volver a él. En las segundas, la persona es declarada clínicamente muerta y se aleja del cuerpo, con frecuencia a través de un largo túnel.

Por sus connotaciones espirituales, los viajes fuera del cuerpo cuentan con una larga historia de testimonios. El Antiguo Testamento alude a su existencia, y San Pablo parece referirse a ellos en su segunda epístola a los corintios (12, 2-4). Varios manuscritos medievales relatan viajes protagonizados por monjes durante trances místicos, y otros tantos recogen las hazañas de brujas capaces de recorrer grandes increíbles con ayuda de

los demonios. Durante la conquista de América, la evangelización de una tribu de indígenas mejicanos se atribuyó a la monja española María de Jesús, que habría viajado por este medio a América para convertirlos. Los primeros registros científicos sobre el tema fueron publicados en 1886 por la Society for Psychical Research. La rusa Helena Blavatsky, fundadora de la Sociedad Teosófica, introdujo unos años más tarde el término de «viaje astral», durante el apogeo del espiritismo en Estados Unidos. En 1929, el británico Hereward Carrington puso de moda los viajes astrales con la publicación de *The Projection of the Astral Body*, acerca de las experiencias extracorporales de un estadounidense llamado Sylvian Muldoon.

La bibliografía actual incluye las proezas de diversos «viajeros frecuentes» que dicen ser capaces de provocar sus experiencias. Entre los más conocidos figura Robert Monroe, que proclamó la existencia de distintos «planos astrales» y, según su testimonio, llegó a tener rela-

tificada creencia de que durante la separación, una especie de «cuerpo astral» que es igual al cuerpo físico pero transparente y está hecho de energía, se aparta de nosotros. Sin embargo, pocos protagonistas de EEC espontáneas llegan a ver este cuerpo fantasmal. El cordón de plata que en teoría lo une al cuerpo físico parece ser un invento pintoresco de Blavatsky, que habló por primera vez de él en 1875. Sólo las personas que saben de antemano de su existencia llegan a verlo.

ciones sexuales con entidades etéreas. La mayoría de los parapsicólogos cuestionan estos relatos sensacionales, que incluyen viajes a planetas distantes y contactos con las almas de los muertos. En general, las EEC son fenómenos espontáneos, protagonizados por personas comunes y corrientes, y sus testimonios coinciden con un patrón básico que permite reconocer sus experiencias.

Según los testimonios, la percepción de que se está fuera del cuerpo es bastante nítida. La persona puede ver claramente los objetos a su alrededor y estas visiones no se desdibujan como los sueños. En ocasiones llega también a escuchar sonidos. Los es-

Sensaciones extra-corporales

Las EEC espontáneas suelen ocurrir cuando la persona está dormida o a punto de dormirse o despertar. En estos estados semiconscientes, puede escuchar zumbidos graves o sentir vibraciones y síntomas de parálisis justo antes de salir del cuerpo. En caso de que esté dormida, lo habitual es que despierte de repente fuera del cuerpo, y se perciba a sí misma suspendida en el aire o a los pies de la cama. Existe la injus-

Viaje a la repisa

En la década de 1960, Charles Tart realizó varias pruebas con personas que podían provocar deliberadamente experiencias extra-corporales. Los participantes debían tenderse en una cama, salir de su cuerpo y emprender un viaje astral hasta una repisa donde había un número escrito en un papel. El experimento obtuvo resultados significativos, y el parapsicólogo Karlis Osis también tuvo éxito con el vidente Ingo Swann, empleando dibujos en vez de números. Las acertadas descripciones de Swann, sin embargo, podían ser obra de sus dotes de clarividencia.

tudios han demostrado que sus descripciones posteriores discrepan de la realidad en pequeños detalles, como la presencia o el tamaño de un objeto, y los psicólogos recurren a estas discrepancias para afirmar que los viajes son sólo productos notablemente realistas de la imaginación. Los parapsicólogos atribuyen estas discrepancias al estado de pánico que a menudo sobrecoge a los viajeros, deseosos de volver enseguida dentro del cuerpo. Salvo si han tenido ya otras EECs, o si su curiosidad es más fuerte que sus temores, los protagonistas de estos episodios no llegan a salir de su habitación. Sin embargo, en tales casos pueden recorrer grandes distancias y recordar luego los escenarios de su viaje con precisión.

Las EEC espontáneas rara vez conducen a planetas remotos o a «planos astrales» diferentes, como los recorridos por Robert Monroe. La existencia de estos planos o «niveles de vibración psíquica» ha sido cuestionada por muchos investigadores, que los consideran otra invención exótica de Blavatsky y los teosofistas. En los experimentos con individuos que pueden inducir el fenómeno, tampoco suelen presentarse encuentros con las almas de los muertos ni, para el caso, con las de los vivos. Algunos viajeros afirman haber visitado a un familiar o a un amigo que supuestamente ha visto su cuerpo astral, pero estas visitas no son frecuentes. Además, los testimonios de los involucrados son la única prueba de su existencia y no es suficiente.

M. Blavatsky, arriba, sola, y abajo con Vera de Zhelihovsky, Charles Johnston y Henry Olcott.

Los viajes astrales suelen concluir inesperadamente. A veces, los viajeros mismos les ponen término concentrándose en volver al cuerpo o repitiendo una oración. El regreso al cuerpo es abrupto y puede estar acompañado de espasmos o temblores. Las personas con experiencia en las EEC afirman que basta con pensarse a sí mismo de vuelta en el cuerpo para volver, y no existen indicios de que una persona pueda «quedarse» fuera de su cuerpo. Las experiencias tampoco dejan en los involucrados huellas físicas.

Investigaciones astrales

Las EEC espontáneas son un fenómeno frecuente, y según los parapsicólogos las experimentan quince de cada cien perso-

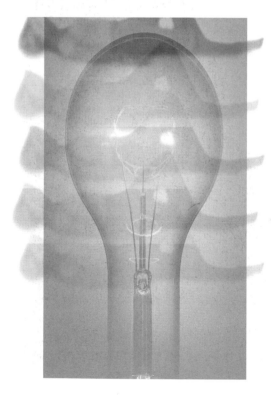

nas. Por su carácter aleatorio son difíciles de investigar, pero es relativamente fácil encontrar individuos que han tenido la experiencia. Si desea profundizar en el fenómeno, haga correr la voz entre sus conocidos o coloque anuncios en diarios, tablones de avisos o revistas dedicadas a lo paranormal. Las asociaciones de lo paranormal pueden ayudarle a encaminar sus investigaciones. Trate de evitar a los «viajeros profesionales» que cuentan experiencias fabulosas. Y, como siempre, desconfíe de los relatos que suenen «demasiado bien para ser verdad».

El método más directo para investigar las EEC es tratar de inducir una por cuenta propia. Existen varias técnicas para hacerlo relacionadas con la relajación corporal, la autohipnosis y la meditación. Entre las más exitosas está la «técnica de Christos», desarrollada en los años setenta por el periodista australiano G. Glaskin. El objetivo fundamental de la técnica es desplazar la atención de la conciencia fuera del cuerpo físico. Para experimentar sus resultados, pida a dos amigos que actúen como ayudantes y siga estas indicaciones con la máxima fidelidad:

■ Quítese los zapatos y tiéndase boca arriba en una habitación en penumbra
■ Ponga música suave, a ser posible con ritmos repetitivos
■ Los ayudantes deben proceder a hacerle un masaje. Mientras uno le frota los pies y los tobillos, el otro debe frotarle la frente con el puño cerrado.

■ Al cabo de unos minutos, quizá se sienta mareado o desorientado. Una señal de que la técnica está funcionando es un ligero cosquilleo en los pies. Trate de relajarse, inspirando y expirando con lentitud.

■ Cuando se encuentre relajado, imagine que su cabeza y sus pies se alargan un par de centímetros y a continuación recobran su forma normal, todo ello de forma indolora. Luego imagine que se alargan cada vez más. Cuando su cuerpo se haya alargado alrededor de un metro, imagine que se hincha hasta llenar toda la habitación. La sensación puede ser bastante vívida e inquietante, pero resista.

■ En este punto, uno de los ayudantes debe pedirle que se vea a sí mismo saliendo de su casa y que describa todo lo que ve a su alrededor. Luego debe pedirle que se eleve por el aire para observar el tejado de su casa y los de las casas vecinas. Para entonces, lo normal es que usted ya no sepa si se encuentra dentro o fuera de su cuerpo.

■ Para potenciar la experiencia, trate de desplazarse por encima del paisaje y describa con detalle a los ayudantes todo lo

Consejos de los chamanes

Los chamanes de diversas culturas atribuyen sus visiones a viajes identificables con las EEC. Estas experiencias podrían estar propiciadas por las danzas rítmicas y el consumo de sustancias alucinógenas que acompañan algunos rituales mágicos. Los antropólogos señalan que, a diferencia de muchas EEC autoinducidas por individuos occidentales, estos viajes y rituales suelen obedecer a un propósito preciso, como por ejemplo buscar una planta curativa o averiguar la causa de las desgracias de una persona. Los propios chamanes desaconsejan a menudo consumir dichas sustancias sin un motivo claro o al margen de los ceremoniales. El mayor riesgo para los involucrados es el de perderse en el viaje y no poder regresar a su cuerpo real. (Véase el apartado «Los viajes del yagué»).

Los chamanes son frecuentes entre las tribus indígenas de América, pero se dan en todos los continentes, y destacan en Siberia.

que está observando con la mayor precisión y sin omitir detalle alguno.

El experimento terminará espontáneamente cuando despierte de este estado de entresueño. Si los ayudantes notan que empieza a angustiarse, deben ordenarle que regrese a su cuerpo. Al regresar, quizá sienta que se encuentra en un cuerpo ajeno o no reconoce la habitación del experimento. También pueden afluir a su mente imágenes que no pertenecen a su vida personal. Algunos estudios han identificado estas imágenes con recuerdos de posibles vidas anteriores.

Experiencias cercanas a la muerte

Las experiencias cercanas a la muerte, o ECM, han sido descritas como una escenificación del viaje fuera del cuerpo que nos aguarda a todos tras la muerte. Las experiencias extra-corporales o viajes astrales serían en este sentido «vuelos de prueba», que nos anticipan este tránsito final. Para la mayoría de los psicólogos este tránsito es fruto de los imágenes culturales que tenemos de la muerte, a pesar de que se registren objetivamente en la psique de involucrados. Para los protagonistas de las ECM, éstas representan el umbral del mundo fascinante del más allá.

Los mitos de la antigüedad abundan en referencias a viajes al mundo de los muertos, del que las personas regresan porque todavía no ha llegado su hora. En el siglo IV a.C., Platón relata en *La República* la experiencia de un soldado griego que vuelve a la vida al oír que otros hablan de su fallecimiento. Los primeros testimonios propiamente dichos sobre las ECM se remontan al siglo V, después de la difusión del cristianismo en Europa occidental. El Papa Gregorio Magno, que vivió entre el año 540 y el 604, recoge en sus tres escritos tres de estos testimonios, que en la Edad Media se multiplicaron y se poblaron de visiones dantescas o celestiales. En la época moderna, el interés en estos fenómenos cobró ímpetu con el inicio de las investigaciones psíquicas a finales del siglo XIX. El primer estudio sobre el tema fue publicado por el geólogo suizo Albert Heim que, en 1892, recopiló los testimonios de una serie de escaladores alpinos que habían sufrido caídas aparentemente mortales y habían experimentado en esta situación «visiones místicas» como las asociadas a las experiencias cercanas a la muerte.

En la década de 1970, las ECM se convirtieron en un fenómeno conocido en todo el mundo gracias al clásico sobre el tema *Life after Life*, escrito por el psiquiatra estadounidense Raymond Moody. La obra de Moody comprendía más de un centenar de testimonios de personas que habían vuelto de la muerte clínica, y las similitudes entre estos relatos sugerían una experiencia común a todos los seres humanos en el momento de la muerte. Los hallazgos de sus colegas Russell Noyes y Elisabeth Ku-

La parálisis del sueño

Las sensaciones de parálisis y los espasmos que acompañan algunos fenómenos de EEC son los síntomas de una dolencia conocida como parálisis del sueño. En este estado fisiológico, los músculos que suprimen los movimientos bruscos durante el sueño permanecen en acción después del despertar, y la persona puede sentirse paralizada durante unos segundos o incluso unos minutos. La parálisis puede estar acompañada de alucinaciones hipnapómpicas, que provocan en la persona sensaciones inexistentes, como la de flotar por encima del cuerpo. El siguiente testimonio de una mujer que tuvo EECs recurrentes durante la adolescencia ha sido identificado con un caso de parálisis del sueño:

«Me desperté asustada porque no podía mover ninguna parte del cuerpo. Era como si estuviera pegada a la cama,

y no podía respirar bien. Traté de gritar pidiendo ayuda, pero no conseguí mover la boca. Recuerdo que pensé que tenía una hemorragia o un ataque y que estaba a punto de morir.

Estaba cada vez más asustada, al borde del pánico. Forcejeaba tratando de sentarme y de gritar, sin dejar de respirar, y sentía una gran presión en el cráneo. De repente, empecé a elevarme, y cuando miré hacia abajo descubrí que estaba fuera de mi cuerpo. La sensación de libertad era enorme, a pesar de que una parte de mí estaba todavía aterrorizada. En un momento dado, conseguí moverme y me senté en la cama. Poco después, se me pasó el pánico, y no se lo conté nunca a nadie.»

(Fragmento extraído del libro de V. Hope y M. Townsed, *The Paranormal Investigator's Handbook*, pág. 107) bler-Ross, que habían investigado por la misma época las ECM, reforzaron las hipótesis sobre la existencia de dicha experiencia compartida. En 1980, el cardiólogo

Michael Sabom emprendió una investigación con pacientes que habían sobrevivido a infartos mortales para refutar los descubrimientos de Moody, y el resultado de esta

investigación fue el libro *Recollections of Death*, otro de los grandes clásicos de la investigación sobre la ECM.

El viaje hacia la luz

Los protagonistas de las ECM describen sus experiencias en términos de un viaje hacia la luz. Este viaje suele desarrollarse a través de una serie de etapas bastante estructuradas y precisas. El siguiente relato del pisquiatra Raymond Moody ilustra los puntos principales:

«Un hombre está agonizando y, en el clímax de la agonía, oye decir a un médico o a otra persona que ha muerto ya. Empieza entonces a oír un timbre o un zumbido, y al mismo tiempo siente que ha echado a andar por un túnel largo y oscuro. Al principio se ve así mismo fuera de su cuerpo pero todavía dentro de la habitación, y luego se va adentrando en el túnel, hasta contemplar su cuerpo desde la lejanía. Observa los esfuerzos de los médicos por resucitarlo y entra en un estado de trastorno emocional.

Al cabo de un rato, se serena y comienza a percatarse de su nuevo estado. Todavía parece tener un «cuerpo», pero éste posee facultades muy distintas de los de su cuerpo físico. Muy pronto, otros cuerpos semejantes acuden en su ayuda. Contempla espíritus de parientes y amigos fallecidos, y de repente aparece ante él una entidad desconocida que lo colma de amor: un ser de luz.

El ser de luz le pide entonces que evalúe su vida, y el protagonista ve desfilar ante él los acontecimientos fundamentales de su existencia. En cierto momento, percibe que está aproximándose al límite entre la vida terrena y el más allá. En este límite o barrera, descubre que debe volver a la Tierra pues todavía no ha llegado su hora o quizás hay parientes que los reclaman Se resiste a volver, embriagado por una profunda sensación de amor y paz y la necesidad de seguir adelante, pero a pesar de esta resistencia vuelve a su cuerpo y resucita en el lecho de muerte.

Cuando intenta contar luego sus experiencias, no consigue encontrar las palabras apropiadas en un lenguaje humano. Algunos interlocutores se ríen del relato, y decide no volverlo a contar. La experiencia, sin embargo, cambia profundamente su visión de la muerte y su relación con su propia vida en adelante ya no vuelve a ser la misma.

Las fases de la muerte

El relato de Moody refleja la gran mayoría de las ECM registradas por los investigadores. En sus estudios sobre el tema, el psiquiatra ha identificado cinco etapas clave que sus protagonistas experimentan después de la muerte clínica:

1. Una sensación profunda de serenidad y paz interior.
2. La separación del cuerpo físico y el «cuerpo espiritual»
3. El ingreso del «cuerpo espiritual» en un área de tinieblas, casi siempre descrita como un túnel.
4. La aparición de una luz a menudo al final del túnel.
5. El intento de entrar en esa luz, resguardada por uno más seres, para acceder a la vida ulterior.

Las cinco etapas identificadas por Moody conforman el modelo básico de la experiencia cercana a la muerte. Según algunos estudios estadísticos, el número de

personas que experimentan cada etapa decrece significativamente en el curso del proceso. El 60 por ciento de las ECM abarcan la primera etapa, el 37 por ciento la segunda, el 23 por ciento la tercera, el 16 por ciento la cuarta y sólo el diez por ciento la etapa final. El investigador de lo paranormal interesado en las ECM puede llegar a contactar con relativa facilidad con personas que han salido de su cuerpo estando al borde de la muerte. Pero un caso auténtico del tránsito clásico por el túnel es mucho menos fácil de encontrar, puesto que prácticamente requiere una muerte clínica de varios minutos.

Cómo investigar una ECM

La investigación de una ECM es menos complicada de lo que podría parecer, pues los protagonistas de estas experiencias suelen estar dispuestos a compartirlas con los demás. Como en otras investigaciones, el mejor método para encontrar un caso es hacer correr la voz acerca de su interés en

Presencias salvadoras

En muchos episodios de ECM, el individuo que ha muerto clínicamente siente en cierto momento que una o varias personas «tiran» de ella de regreso hacia la vida. Estas personas pueden ser sus seres queridos, a quienes ve o imagina sufriendo por su muerte. A menudo, se trata de miembros del equipo médico que están aplicando las técnicas de resucitación. El siguiente testimonio de un anciano que en 1997 sufrió un paro cardiaco total y fue revivido por tres enfermeras que le aplicaron electrochoques ilustra la influencia de estas y otras «presencias salvadoras»:

«Me llevaron al hospital y me ingresaron en la U.V.I. con problemas coronarios [...] Estaba tendido en una cama cuando, de repente, salté estirando los brazos y grité. Una presencia me guió entonces hacia una gran estrella de colores.

Escuché una especie de cántico que provenía de la estrella, y a medida que me acercaba lo oí con más claridad. Me acerqué con las manos extendidas, y vi a miles de personas con los brazos extendidos que gritaban: «Milenio».

Estaba a punto de entrar en la estrella cuando una voz por encima de mí dijo: «Regresa. Revive mis enseñanzas uniendo las religiones del mundo». Justo en ese momento, sentí que me empujaban fuera de la estrella. Mientras me alejaba vi a tres personas que me sujetaban y me tiraban hacia la Tierra.

Las enfermeras me explicaron más tarde que ellas eran las tres personas que tiraban de mí. Me reí y les dije que precisamente en ese momento estaba en órbita».

En ocasiones es preciso tener sentido del humor ante ciertas eventualidades.

el fenómeno y, si esto no funciona, colocar anuncios en diarios y revistas. Otra opción es consultar publicaciones especializadas, en busca de episodios que hayan tenido lugar cerca de su lugar de residencia. El protagonista de la ECM quizá tenga confianza más pronto si ha contactado con él a través de amigos o conocidos. En cualquier caso, es aconsejable abordarlo con tacto y discreción, pues estas experiencias pueden estar asociadas a creencias religiosas o a recuerdos dolorosos como accidentes o enfermedades. Emplee el método estándar para entrevistar a la persona, y trate de obtener el mayor número posible de detalles que pueda verificar por su cuenta acerca del escenario, la presencia de otros testigos, los procedimientos médicos, etc. Si la experiencia cercana a la muerte ocurrió hace mucho tiempo o en un sitio lejano, los relatos pueden haber sido adornados con recuerdos falsos y las comprobaciones serán más difíciles de realizar.

Una vez que haya entrevistado a la persona, trate de contactar con los testigos presentes en el momento de la muerte clínica. Si consigue localizarlos, no revele ningún detalle sobre el protagonista de la ECM. Concéntrese en obtener información acerca de los sucesos ocurridos antes y después del suceso, para cotejarla más tarde con las descripciones del propio involucrado. En el caso del personal médico, establezca si la persona estuvo técnicamente muerta durante un tiempo significativo. Aunque esta averiguación parezca gratuita, los estudios revelan que más de la

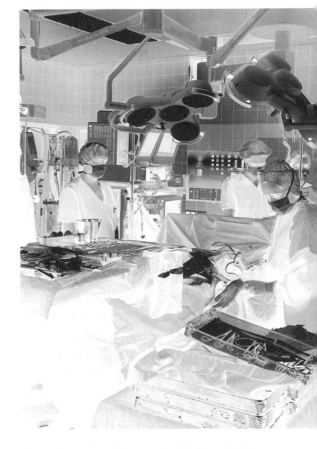

mitad de los protagonistas de una ECM no llegan a estar en peligro objetivo de muerte. Averigüe también si la persona relató su experiencia por iniciativa propia o si la recordó después de enterarse de que había «resucitado». Si tiene la suerte de encontrar pruebas médicas de su muerte, haga fotocopias o fotografías.

Como se ha señalado más arriba, la mayoría de las ECM concluyen en las primeras etapas del viaje hacia la muerte. Los testimonios más frecuentes se centran en el estado de desdoblamiento en el que la per-

sona se ve a sí misma muerta, típicamente desde una esquina del techo del quirófano. La descripción detallada de estas escenas es

El cielo puede esperar

Los testimonios de las ECM están marcados por un fuerte componente cultural. Los cristianos devotos que ingresan en el túnel de la muerte se encuentran con los ángeles o con Jesús, que los guía felizmente al cielo o, con menos frecuencia, los envía al infierno. Por contraste, los hindúes suelen encontrarse con las deidades del hinduismo y a menudo se enfrentan a ellas, resistiéndose a entrar en la luz, para demostrar que su hora no ha llegado todavía. A los chinos suelen enviarlos de vuelta, una vez confirmado que los «pescadores de almas» los han pescado por error.

de gran valor, pues puede incluir incidentes o acciones que el testigo no habría podido percibir desde su lecho de muerte ni, desde luego, estando ya clínicamente muerto. La aparición de la luz al final del túnel es otra referencia recurrente en estos relatos, al igual que la percepción de sonidos rítmicos o «músicas celestiales».

El viaje a través del túnel, que como está dicho es menos frecuente, puede estar acompañado de una gran variedad de imágenes y percepciones, a menudo relacionadas con la cultura y las creencias religiosas del individuo. Los cristianos suelen ver ángeles donde otras personas ven seres de luz, e interpretan las visión retrospectiva de su vida pasada como un juicio del que depende su entrada en el más allá. Por contraste, los individuos sin demasiados vínculos religiosos suelen encontrarse dentro de túnel con los espíritus de parientes o amigos que los ayudan a avanzar hacia la luz. El lugar que se esconde tras su destellos puede ser asimismo muy diverso, desde un jardín paradisíaco hasta una estrella multicolor. Casi todos los relatos coinciden en que se trata de un lugar de paz y amor, pero se han registrado también lugares oscuros o sórdidos que parecen evocar las representaciones contemporáneas del infierno.

Es posible que cada uno encuentre lo que desea o ha estado deseando de manera inconsciente a lo largo de toda su vida, y también es posible que sea una fantasía inducida por las explicaciones que han dado otras personas.

El último misterio

Algunos psicólogos señalan el contenido cultural de las ECM como una prueba de que son fruto de la fantasía. Con el correr de los años, se han formulado a su respecto diversas explicaciones, que las atribuyen a estados fisiológicos o a estrategias psicológicas frente al temor a la muerte. Las investigaciones más recientes sugieren que una dosis controlada de ketamina puede inducir las sensaciones asociadas con estos fenómenos y también con los viajes fuera del cuerpo. Sin embargo, ninguna de estas explicaciones da cuenta del profundo impacto psíquico que las experiencias cercanas a la muerte tienen en sus protagonistas. La mayoría de estos individuos se replantean su vida después de ellas, tanto como su relación con el acto de morir. Algunos abrazan la religión al cabo de una vida entera de ateísmo, y otros tantos abandonan sus credos particulares, persuadidos de la existencia de una única fuente de energía universal. Casi todos pierden el miedo a la muerte, y esperan con ansia el día en que podrán sentir otra vez el amor y la serenidad del más allá.

Como tantos otros fenómenos anómalos, desde los fantasmas hasta la psicoquinesia, el viaje hacia la luz trasciende lo que podemos conocer a través de los sentidos y la razón. La investigación de lo paranormal busca salvar este abismo, más allá del cual sólo contamos con la imaginación y los poderes inexplorados de la mente. La experiencia de la muerte sigue siendo el último misterio, como en el principio de los tiempos. Con suerte, las páginas anteriores habrán acercado también al lector al umbral de este misterio, que tarde o temprano todos debemos afrontar.

ALLA, Tony: *Profecías*, Barcelona: RBA, 2003

AMOROS SOGORB, Pedro. *Psicofonías: voces del más allá*, Alicante: Grupo M&C, 2001

AIZPURUA, Jon. *Los fundamentos del espiritismo*, Caracas: Cima, 1991

AUERBACH, Loyd. *Hautings and Poltergeist: A Parapsychologist's Handbook*, New York: Warner Books, 1987

BARDENS, Dennis. *Más allá del tiempo: el misterio de la precognición*, Buenos Aires: Sudamericana, 1992

BASSLER, Guido. *Los secretos de la radiestesia*, Buenos Aires: Errepar, 1995

BENDER, Hans. *Parapsicología hoy*, Buenos Aires: Lidium, 1993

BONIN, Werner F. *Diccionario de parapsicología*. Madrid: Alianza, 1983

BRADBURY, William (ed.). *Into the Unknown*, Pleasantville, New York: The Readers Digest Association Publishing, 1981

BRUNE, Francois. *Los muertos nos hablan*, Madrid: Edaf, 1990

CARO BAROJA, Julio. *Las brujas y su mundo*, Madrid: Alianza, 2003

CHAUVIN, Remy. *En busca del poder mental. Los avances en la investigación parapsicológica*, Barcelona: Robín Book, 1992

CARBALLAL. Manuel. *Los expedientes secretos. El Cesid, el control de las creencias y los fenómenos inexplicables*, Barcelona: Planeta, 2001

COHEN, Daniel. *Encyclopédie des fantomes*, París : Robert Laffont, 1991

DE VICENTE, Enrique. *Los poderes ocultos de la mente*, Madrid: América Ibérica, 1995

DUBROV, A.P. & PUSHKIN, V.N. *La parapsicología y las ciencias naturales modernas*, Madrid: Akal, 1980

FINUCANE, Ronald C. *Ghosts : Appearances of the Dead & Cultural Transformation*, Buffalo, New York: Prometheus Books, 1996

GALIANA, Helena. *La vida tras la muerte*, Madrid: Susaeta Ediciones, 2004

GARCÍA BAZÁN, Francisco. *El cuerpo astral*, Barcelona: Obelisco, 1993

GIBÍER, Paul. *Las materializaciones de fantasmas*, Buenos Aires: Constancia, 1958

GRANT, John. *Grandes misterios: un estudio ilustrado de lo inexplicable*, Madrid: Tikal, 1994

HAINING, Meter. *Ghost: The Illustrated History*, London: Book Club Ass,1975

INGLIS, Brian. *Fenómenos paranormales: una visión panorámica*, Girona: Tikal, 1994

INGLIS, Brian. *Trance. historia de los estados alterados de la mente*, Girona: Tikal, 1995

INSUA, Rosa. *Mito y realidad de los fantasmas*, Barcelona: Uve, 1985

JIMÉNEZ-VISEDO, Antonio. *El sexto sentido*, Barcelona: Uve, 1985

JORDAN PEÑA, José Luís. *Casas encantadas: poltergeist*, Barcelona: Noguer, 1982

KOESTLER, Arthur. *Las raíces del azar*, Barcelona: Kairós/Troquel, 1994

LABORDE-NOTTALE, Elizabeth. *La videncia y el inconsciente*, Barcelona: Paidós 1990

LIGNON, Yves. *Introduction a la parapsychologie scientifique*, París: Calmann-Levy, 1994

MACKENZIE, Andrew. *Fantasmas e aparições*, Sao Paulo: Pensamento, 1983

MARTÍNEZ ROMERO, J. *Las caras de Belmez*, Barcelona: Martínez Roca, 1978

MACKENZIE, Andrew. *Adventures in Time: Encounters with the Past*, The Athlone Press. London, 1997

MELIEUX, M. & ROSSIGNOL, J. *Que savons-nous sur les fantomes?*, París: Tchou, 1978

MOODY, Raymond A. *La bola de cristal: un modo femenino de adivinación*, Madrid: J.C. Ediciones, 1995.

OSTRANDER, S. & SCHROEDER, L. *Psychic Discoveries*, New York: Marlowe & Co, 1997

PERCIA DE CARVALHO, Andre. *Las casas embrujadas: poltergeist*, Valencia: Tetragrama, 1992

PICKNETT, Lynn. *The enciclopedia of the paranormal: a complete guide to the unexplained*, London: Macmillan, 1990

PILÓN, José María. *Radiestesia: cómo manejar el péndulo y la varilla*, Barcelona: Mundi Prensa, 1996

REANT, Raymond. *La parapsychologie et l'invisible*, París: Le Rocher, 1986

ROGNONI, A.; NORTA, G. *Los secretos de la reencarnación*, Barcelona: De Vecchio, 2003

ROGO, D. Scoot. *On the Track of the Poltergeist*, New York: Prentice-Hall, Englewood Cliffs, 1986

SMYTH, Frank. *Espectros y fantasmas*, Barcelona: Noguer, 1976

SPENCER, John & SPENCER, Anne. *The Poltergeist Phenomenon: an Investigation into Psychic Disturbance*, London: Headline Book, 1997

TANOUS, Alex & GRAY, Timothy. *Sueños y poder psíquico*, Barcelona: Robín Book, 1991

TART, Charles T. *Altered States of Consciousness*, New York: First Harper Collins Ed., 1990

TREJO, Carlos. *Casas embrujadas*, México: Planeta, 2003

TRESOLDI, Roberto. *Enciclopedia del Esoterismo,* Barcelona: De Vecchi, 2003

TUAN, Laura. *El gran libro práctico de la parapsicología.* Barcelona: De Vecchi, 2003

ULLOA, María del Mar. *Espiritismo. La respuesta de los muertos,* Barcelona: Uve, 1985

VVAA. *Misterios desvelados,* Barcelona: La Crujia Ediciones, 2003

ZARAYA, Leonidas. *El mundo de los espíritus. Espiritismo, médiums, fantasmas,* Barcelona: BRUGUERA, 1974

WILSON, Colín. *Poltergeist: a Study of Destructive Hauting. Saint Paul,* Minnesota: Lleweling Publications, 1993